国家文化公园

传承·共识·未来

杨保军 黄晶涛 彭礼孝 等编著

中国建筑工业出版社

图书在版编目（CIP）数据

国家文化公园 黄帝陵：传承·共识·未来 / 杨保军等编著 . — 北京：中国建筑工业出版社，2019.10
ISBN 978-7-112-24212-2

Ⅰ. ①国… Ⅱ. ①杨… Ⅲ. ①黄帝陵—介绍 Ⅳ. ① K878.8

中国版本图书馆 CIP 数据核字（2019）第 194680 号

责任编辑：李东 陈夕涛
书籍设计：赵茹 陈洋
责任校对：芦欣甜

国家文化公园 黄帝陵 传承·共识·未来
杨保军 黄晶涛 彭礼孝 等 编著

*

中国建筑工业出版社 出版、发行（北京海淀三里河路 9 号）
各地新华书店、建筑书店经销
北京雅昌艺术印刷有限公司印刷
*
开本：880×1230 毫米 1/16 印张：18¼ 插页：1 字数：283 千字
2019 年 10 月第一版 2019 年 10 月第一次印刷
定价：198.00 元
ISBN 978-7-112-24212-2
（34714）
版权所有 翻印必究
如有印装质量问题，可寄本社退换
（邮政编码 100037）

納天地於懷
籠精華於身
圓家國之夢
鑄文化之魂

黃帝陵工作營寄望
己亥白露
孟兆楨

黄帝陵国家文化公园规划设计大师工作营

特约顾问

吴良镛　　张锦秋　　孟兆祯　　何镜堂

学术顾问

刘庆柱　　李毓芳　　王其亨　　魏小安　　何　鄂
王向荣　　张茂泽　　吕仁义　　潘　冀　　郭　旃
王　琪　　陈战峰　　白玉奇　　刘克成

本书编委会

编委会主任

杨保军

编委会副主任

| 黄晶涛 | 彭礼孝 | 吴唯佳 | 周 俭 | 段 进 |
| 周庆华 | 武廷海 | 孟中华 | 卢 涛 | |

编委

白 杨	赵维民	柳 青	张广汉	王忠杰
谭 柳	黄 鹤	肖 达	张 麒	杨彦龙
刘圣维	赵 茜	刘 迪	谷月昆	韩继征
宋 梁	赵桠菁	朱慧超	古 颖	牛 帅
于伟巍	刘婷玉	谢汐聪	孙诗萌	王方亮
郑 耀	万 婧			

序　言

白驹过隙，转瞬间20世纪黄帝陵整修与保护工作启动至今已29年。人生易老，天难老。规划、建筑几代人为我们中华民族的人文始祖陵这无上的圣地不断在保护、发掘、探索、传承与创新，孜孜以求。

1990年启动至1994年由陕西省政府、建设部、国家文物局联合审定批准的《整修黄帝陵规划设计大纲》奠定了良好的基础，据此，陵寝区的保护与提升、陵区前区和祭祀区的建设都初见成效。并确定了在桥山之巅目之所及的山脊以内为保护范围。为解决陵、城的关系提出黄陵县发展重心西移，建设新县城的想法。2008年陕西省政府决定在黄帝陵及周边地区规划建设黄帝文化园区。2011年陕西省政府常务会议批准《黄帝文化园区总体规划》。2014年省政府常务会议审议通过《陕西黄帝文化园区重点片区修建性详细规划》。这些工作结合历史文化复兴、文化旅游等时代命题，侧重于解决文化展示和文化旅游保障等问题。同时强调为解决县城发展与陵区保护的矛盾县城重心必须西移，为陵区的保护与提升留出足够的空间，以加强陵区的圣地感。此后，据此规划实施了西部门户区和黄帝文化中心（现命名为"中华始祖堂"）的项目建设。由于种种原因规划大部分尚未能实施。

进入新时期，习近平总书记明确提出黄帝陵是中华文明的精神标识。他在陕西视察时提出"轩辕黄帝陵文化十分深厚，对历史文化要注重挖掘和利用，溯到源，找到根，寻到魂"。在《国家"十三五"时期文化发展改革规划纲要》里明确提出的五个国家文化公园试点项目中黄帝陵赫然在列。2018年启动了黄帝陵国家文化公园规划设计工作。与以往不同的是这次借鉴了雄安规划设计工作营的方式。由多家专家规划设计团队共同参与，不同学科、不同领域、不同角度的观点互相碰撞切磋，集思广益、群策群力、凝聚共识，这种工作方法值得肯定。

现在《国家文化公园 黄帝陵 传承·共识·未来》一书即将出版。这是一本有深度、有厚度、有温度的大作。多年来，在我内心深处一直为黄帝陵担忧的几个问题：圣地感还远远不够，谒陵和祭祀的路线与保障设施还很不完善，黄陵县的发展与陵区保护的矛盾日趋尖锐，等等。这些问题在工作营的工作成果中都迎刃而解。这套规划立足高远，能从中华文明、民族精神家园、海内外华人寻根之地的视角，提出营造"桥山为尊、目极环翠、沮水潆洄、立轴致远"的整修空间，有效地进一步加强了黄帝陵的圣地感。

规划能从对人的关怀出发，提出在陵邑和谐的原则下，让守陵人享受到发展所带来的成果，使坊州古城与陵相生相伴。而对谒陵人的交通流线、服务保障设施都作出明确的规划。从这套成果中我看到了规划师的职业精神和历史担当。

相信这套成果将成为今后有关黄帝陵规划建设的有力依据，将成为黄帝陵这座中华民族精神标识保护与建设史上的历史文献。

2019 年 9 月

前 言

从"黄帝崩,葬桥山"算起,黄帝陵距今已有近五千年的历史。五千年间,中华民族创造过举世瞩目的辉煌,也经历过忍辱负重的低谷,但依旧生生不息,延续至今越发生机勃勃。还看今朝,中华民族已经站在了伟大复兴的潮头,并且我们比历史上任何时期都更接近中华民族伟大复兴的目标。在这样一个关键的历史节点,中华儿女更应慎终追远,从优秀的传统文化中汲取力量与养分,谋求更大的发展与辉煌。作为中华民族的人文始祖,轩辕黄帝及其陵寝是中华文化源远流长的文化符号,是中华民族生生不息的民族象征,是凝聚海内外炎黄子孙的精神纽带,是中华儿女安顿身心的精神家园。正如习近平总书记在陕西考察时所指出的,黄帝陵是中华文明的精神标识。

作为占世界人口近五分之一的民族,中华民族在世界民族之林中占据着重要位置,炎黄子孙更是广泛遍布于世界各地。在新时代新起点规划建设黄帝陵国家文化公园,牵动着亿万海内外中华儿女的心弦,对于凝聚中华民族情感,增强中华文化自信,弘扬中华民族精神具有重大意义,其影响可以说是世界范围的。我们在参与这项工作的过程中,也无时无刻感受到工作的难度以及所肩负的重大历史使命。

首先,黄帝陵国家文化公园规划设计工作要有高度。我们思考的起点是要立足高远,要充分诠释轩辕黄帝及其陵寝在中华民族悠长岁月中乃至世界文明史中的历史地位与高度。在《国家"十三五"时期文化发展改革规划纲要》明确提出的五个国家文化公园试点项目中,黄帝陵与长城、大运河、孔府及卢沟桥等重大历史文化遗产一并赫然在列。众所周知,长城、大运河等文化遗产现如今在世界范围内的知名度极高,而将黄帝陵列入这一名单,我想主要是因为黄帝陵对于中华民族的意义与价值是非凡的。因为这个地方是全球华人能够认同的一个根本,是全球华人能够聚力的一个源泉。它是我们中华民族的精神家园,也是我们文明肇始的地方。从这里,我们能找到五千年源源不绝的精神意愿，使我们每一位中华儿女都能更加自尊、自信与自强。通过黄帝陵国家文化公园的建设，把中华文明与中华文化的底色铺陈好，在海内外的中华儿女身上唤起大家共同的历史记忆与追思，从而塑造和凝聚中华民族文化共同体。只有每一位中华儿女内心都充满着文化自信，中华民族才能以更加巍然的姿态屹立于世界民族之林。

规划设计黄帝陵国家文化公园"立足高远"思想内核的主要动力在于中华民族伟大复兴。实现这一目标需要靠我们每一位中华儿女的努力，要有共识，要能聚力。什么东西能把海内外的中华儿女联结起来？我想应该是中华文化。其实我们每个人就像一颗一颗散落的珠子一样，而文化是那根看不见的线，能把每个人串起来。只要你认同了这根线，很多东西不需要讨论我们就已经有共识了，这就是它的力量和价值。而中华民族能够生生不息延绵不绝，很大程度上就在于中华民族秉承了黄帝肇始的文化与文明基因。因此，对于海内外中华儿女而言，黄帝陵便是那根绵延千万里且历久弥新的线。用黄帝陵这根线串起一颗一颗的明珠，促进海内外华人来到这里寻根交往，凝聚共识，凝心聚力，共谋国事。欲民族复兴，可先复兴中华文化；欲复兴中华文化，可先复兴中华文化之根与源。通过黄帝陵国家文化公园建设，复兴轩辕黄帝及其陵寝文化，为复兴中华文化夯实基础与根本，最终为中华民族伟大复兴作出贡献。

规划建设黄帝陵国家文化公园是一项特殊且复杂的任务，涉及太多方面的内容。周干峙院士在当年整修黄帝陵的工作中就曾提到"我们感到整修工程是个非常特殊的工程，希望整修后的黄帝陵、庙成为全国乃至世界建筑宝库中的艺术珍品。"对于这项工作我们慎之又慎，在新时代采用了最高规格的"雄安"工作模式——大师工作营，政府、企业、社会各界以及多家规划设计单位集思广益，群策群力，凝聚共识。此外，为了更好地尊重历史并传承历史，我们还专程登门拜访了当年参与过整修黄帝陵的规划建筑界的老先生们，吴良镛院士、张锦秋院士以及对黄帝陵研究颇深的孟兆祯院士等专家学者。吴先生与张先生对黄帝陵的历史资源如数家珍，他们近三十年的实践与思考给了我们极大的启发，我们这样做的目的就是要充分地尊重历史，更好地传承历史,并希望为中华民族的下一代创造历史。

其次,黄帝陵国家文化公园规划设计还要体现历史的厚度。这种历史的厚度往往难以言喻,只有当你置身其中,穿梭于千余株经历了上千年岁月的古柏林中,古柏青葱,山风徐徐,你才会沉下心来去感受,去触碰。而当站在轩辕黄帝手植柏下,虽然历经近五千年岁月的洗礼,古柏依旧根深叶茂,这见证了中华文明的源远流长,历久弥新。

传承了五千年,四大文明中唯一绵延不绝的只有中华文明。从兴农事,作数术,制衣冠,创医学,划疆野,到推动文字、乐理、礼制、货币等的创立与发展,再到舟车、弓矢、房屋及指南车等的发明,都体现了黄帝对当时中华文明乃至世界文明发展所作出的突出贡献。可以说,轩辕黄帝是中华文明和中华民族精神的肇造者,其功绩在中华民族的历史中始终留有浓墨重彩的一笔。黄帝是树根,而后中华文明才开始逐渐地开枝散叶。

桥山、沮水、古柏林……陵寝中的一切都经历了历史的沉淀与岁月的洗礼,都在为当今的我们展示古人对自然的理解与敬畏,那种"天人合一"的人与自然关系是中华民族生生不息的源泉。在这项工作中,我们营造桥山为尊、目极环翠、沮水潆洄、立轴致远的整体空间,进一步加强了黄帝陵的圣地感,营造出了神圣、庄严、肃穆、古朴的氛围。在回首前五千年中华文化积淀的同时,立足当下展望后五千年的中华民族未来,为后人奠定情感基调,希冀着这片土地能够在他们的时代更加神圣,盼望着他们能够更加自信地创造出中华民族更加辉煌的未来。

同时,规划设计黄帝陵国家文化公园也是有温度的,这主要体现在对人的关怀。黄陵县当地人,我们把他们称呼为"守陵人"。他们多是世代居于此地,"先有陵,后有城",或许他们依稀存有"守陵"祖先们的血脉。在陵邑和谐的原则下,我们更多的是将他们的发展融入到了黄帝陵国家文化公园的发展中,并让他们能够享受到发展所带来的成果,从而与黄帝陵相生相伴,和谐美好有温度地生活下去。慕名而来的客人,我们把他们称呼为"谒陵人"。他们中有遍布世界的中华儿女,还有海外的国际友人。他们是黄帝陵国家文化公园重点服务的对象,为此要做好交通保障、设施保障、服务保障等一系列保障措施，确保他们在黄帝陵中感受到博大精深的中华文化魅力与精华的同时，感受到具有足够温度的服务与保障。

感谢工作营的全体同仁！他们怀着笃恭笃敬之心，对黄陵的一草一木倾注深情。无数章考据、无数次印证、无数场交流、无数回修改，生动地诠释了规划师的职业精神和历史责任；感谢来自规划、建筑、园林、文化、考古、旅游等各界专家学者的鼎立襄助！他们的真知灼见为工作营开拓思路、完善方案作出了重大贡献。

华夏子孙生生不息，对人文始祖的追缅代代相承。黄帝陵的保护与环境改善提升工作还将会由后人接续下去。为了记录20世纪90年代整修黄帝陵工作，西安建筑科技大学与黄帝陵基金会于2000年共同编写了《祖陵圣地 黄帝陵 历史·现在·未来》一书。为了延续规划设计脉络，我们将这次工作营的专业思考、学术探索与共识成果记录下来，取名《国家文化公园 黄帝陵 传承·共识·未来》，以全薪火相传之意。倘若对后人有些许启发，足慰心愿。最后，以一首诗表达参与此项工作的感受与期许。

《黄陵工作营有感》

黄帝桥陵何处寻？

沮流萦带柏森森。

千秋俎豆绵斯地，

百代衣冠同此心。

礼乐将兴承古义，

山河重丽奏新音。

昌明有象怀先圣，

勋业光华耀古今。

杨保军

2019年3月于北京

目 录

第一篇 传承与使命 ………………………………… 1

一、历史传承 ……………………………………… 4
（一）黄帝植柏，上古定冢 …………………………… 4
（二）汉武封陵，唐宋建庙 …………………………… 5
（三）明清筑城，民国共祭 …………………………… 6
（四）建国护陵，文化兴盛 …………………………… 8
（五）改革开放，整修黄陵 …………………………… 9
（六）官祀绵延，清明公祭 …………………………… 12

二、精神标识 ……………………………………… 14
（一）精神溯源 ………………………………………… 14
（二）时代使命 ………………………………………… 18

三、历版规划 ……………………………………… 21
（一）《整修黄帝陵规划设计大纲》…………………… 21
（二）《黄帝文化园区总体规划》及详细规划 ………… 27

四、今日黄陵 ……………………………………… 32
（一）驾升山川，守望苍生 …………………………… 32
（二）庙殿同祭，护佑中华 …………………………… 35
（三）霞披古柏，众星拱月 …………………………… 42
（四）城进陵退，陵邑失衡 …………………………… 47

第二篇 规划大师工作营历程 ……………………… 55

一、重大课题催生下的创新组织形式——规划大师工作营 ……… 58
二、驻场感知，黄陵精神 ………………………… 60
（一）追根溯源，解读黄陵之文脉 …………………… 61
（二）深入现场，感知黄陵之精神 …………………… 62
（三）亲临仪式，探寻黄陵之历史 …………………… 63

三、多学科叠加的工作平台——大师探班 ········· 70
四、设计争鸣，至勤且钜——以多重策略应对重点问题 ········· 78
五、指导评议，成果升华 ········· 104
六、薪火传承，共识凝聚 ········· 112

第三篇　共识方案 ········· 117

一、八大共识 ········· 118
二、风貌基调 ········· 122
三、山水格局 ········· 125
（一）山水形胜 ········· 125
（二）目极环翠 ········· 130

四、圣地保护 ········· 136
（一）保核心、保意境 ········· 138
（二）育生态、优环境 ········· 140
（三）控规模、融山水 ········· 142
（四）精管控、定指标 ········· 144

五、圣地营造 ········· 148
（一）功能分区 ········· 148
（二）空间营造 ········· 152

六、立轴致远 ········· 158
（一）强陵轴 ········· 160
（二）营支点 ········· 163
（三）显功德 ········· 164
（四）筑印台 ········· 166

七、八方拜谒 ········· 168
（一）拜谒理序 ········· 170
（二）设施保障 ········· 174

（三）交通保障 …… 178

八、寻根交往 …… **182**
　（一）寻根交往的需求增加 …… 182
　（二）增设寻根交往功能 …… 183
　（三）预留国事活动 …… 189
　（四）提供多样的寻根交往活动 …… 194

九、坊州古城 …… **196**
　（一）坊上古城，繁荣执理 …… 196
　（二）坊下文苑，汇文询道 …… 201
　（三）黄陵沮水，生生不息 …… 202

十、转型发展 …… **204**
　（一）生态保流域 …… 204
　（二）新城控风貌 …… 205
　（三）产业促转型 …… 206

第四篇　学术文章 …… 209

关于黄帝陵整修规划的追忆与思考 …… 210
黄帝陵国家文化公园承载国事活动相关研究 …… 214
黄帝陵空间结构形态的识别与规划传承 …… 226
基于"陵邑共生"视角下的坊州古城空间规划策略 …… 234
中国历代帝王陵总体布局特征与发展演变浅析 …… 250
山水意象　中华圣地 …… 264

本书编写人员名单 …… 271
参考文献 …… 272
后记 …… 275
插页：
黄帝陵国家文化公园规划设计大师工作营大事记
黄帝陵国家文化公园规划设计大师工作营人员名单

第一篇 传承与使命

2017年1月，中办、国办印发《关于实施中华优秀传统文化传承发展工程的意见》，指出："保护传承文化遗产……规划建设一批国家文化公园，成为中华文化重要标识"。同年5月，中办、国办下发《国家"十三五"时期文化发展改革规划纲要》，明确提出中华文化传承工程，其中就包括国家文化公园建设："依托长城、大运河、黄帝陵、孔府、卢沟桥等重大历史文化遗产，规划建设一批国家文化公园，形成中华文化重要标识"。2019年7月，中央全面深化改革委员会第九次会议通过了《长城、大运河、长征国家文化公园建设方案》，会议指出建设长城、大运河、长征国家文化公园，对坚定文化自信，彰显中华优秀传统文化的持久影响力、革命文化的强大感召力具有重要意义。

作为中华文明之肇始，黄帝文明是我们五千年绵延不绝的文化源流，是最持久、最强大、最神圣的文化基因，是增强文化自信的基础和源泉。黄帝陵是中华文明的精神标识，是中华民族的祖陵圣地。自轩辕黄帝起，中华民族传承五千年生生不息，并且在新时代愈发展现出蓬勃的生机与活力。在新时代将中华民族的祖陵圣地建设成为国家文化公园，是在习近平新时代中国特色社会主义思想指导下传承中华文化的一项重要举措。

国家文化公园概念的提出具有一定的开创性，其内涵应在国家公园范围之内。国家公园体系包括生态完整性、文化完整性、转变性的游客体验机会、社区发展等因素，它成功地保护了国家丰富多样的文化遗产。对标2017年9月中办、国办印发的《建立国家公园体制总体方案》中明确规定的"国家公园"设立主体、内容功能、建设目标及管控要求等方面内容，"国家文化公园"可以在一定程度上界定为：由国家设立并主导管理；具有国家代表性，代表国家形象，彰显中华文化；以国家文化保护与传承为首要功能，兼具展示、纪念、教育、研究及游憩等综合功能；保护标志性历史文化及遗存，展现中华文化的精髓与内涵，辅助文化教育，增强文化认同，提升文化自信，激发民族自豪感；严格规划建设管控。

国家文化公园是以保护、传承和弘扬具有国家或国际意义的文化资源、文化精神或价值观为主要目的，兼具爱国教育、科研实践、娱乐游憩和国际交流等文化服务功能，经国家有关部门认定、建立、扶持和监督管理的特定区域。在发展定位上，国家文化公园是象征国家精神、传播社会主义核心价值观、传承中华优秀文化、保护利用文化遗产、提升人民群众精神文化需求的重要载体。"十三五"时期，我国在文化建设中首次提出了建设国家文化公园。国家文化公园是一类文化资源的典型代表，对于阐释、解说或研究国家遗产的自然或文化主题具有独一无二的价值，是国家文化财富的宝贵载体。国家文化公园也是国家形象特征和文化传统的标志体现，饱含了一个国家的历史起源、民族精神与国家价值观的渗透。

黄帝陵国家文化公园拥有独特的文化资源、精神内涵、价值精粹，是象征国家精神、传承中华优秀文化、保护利用文化遗产、提升人民群众精神文化需求的重要载体。建设黄帝陵国家文化公园是传承发展中华优秀传统文化，保护利用历史遗迹的重大文化工程，是坚定文化自信的实践行动。我们需要固本溯源，溯黄帝文明之遗存；慎终追远，扬黄帝文明之内涵。

一、历史传承

轩辕黄帝是亿万炎黄子孙共同敬仰的人文初祖，早在五千年前，他辟鸿蒙，开草昧，开创了辉煌的原始文明，肇造了灿烂的民族文化，成为跨越历史时空的精神纽带。黄帝陵是轩辕黄帝的陵寝，位于陕西省延安市黄陵县北桥山之巅，是我国正史中记载最早的、唯一的一座黄帝陵寝，被称为"中华第一陵"。黄陵县是著名的祭祀文化之乡，早在春秋战国时期，官方祭祀轩辕黄帝的活动开始举办，秦汉以后，黄帝陵已然成为官方祭祀的场所，如今清明节公祭黄帝陵活动已成为国家大典，黄帝陵祭典被列为国家级非物质文化遗产。

追史溯源，明晰黄帝陵的历史脉络有助于我们发掘先人的营建智慧，探索黄陵的祭祀文化，寻求民族复兴的精神源泉。

（一）黄帝植柏，上古定冢

上古时期黄帝定冢桥山。《史记·五帝本纪》载"黄帝崩，葬桥山。"《索隐》云"桥山在上郡阳周县，山有黄帝冢也"，是黄帝葬于桥山的最早记录。《史记·封禅书》曰："（武帝）遂北巡朔方，勒兵十余万，还，祭黄帝冢桥山。"司马迁虑从汉武帝在元封元年北巡而归时，于桥山祭祀黄帝，这也是皇家在黄帝陵祭祀的最早记录，再次验证了黄帝定冢于桥山的史实。

轩辕黄帝像

黄帝手植柏

汉武仙台

桥山现有三万多棵千年古柏，轩辕庙"手植柏"为群柏之冠。1982年英国林学专家罗皮尔等人在考察了世界27个国家后来到我国，惊叹它是"世界柏树之父"。传说此柏是黄帝亲手所植，故称"黄帝手植柏"。"传说不免会有质疑声，为了验证其年代，我们特请专家组取样检测，经C14验证，'黄帝手植柏'确有五千年历史。"黄陵县文联苏峰说道。陵因木得古，木因陵得灵。千年古柏作为活化石，见证着黄帝陵的千年历史演变。

同时，公祭黄帝的历史渊源自《竹书纪年》记载黄帝之臣左彻"削木为黄帝之像，帅诸侯朝奉之。"这是第一次朝廷公祭黄帝的记录。之后，尧舜禹时代由虞氏和夏后氏用祭祖之礼的最高规格"禘"祭祀黄帝，古制中只有天子才有资格举行"禘"。夏商周时期，作为祖先象征进行祭祀。由此，秦汉之前祭祀黄帝是奉为先祖而祀，在这个阶段，祭祀仪礼开始得到承袭。

（二）汉武封陵，唐宋建庙

《史记·孝武本纪》载"汉武巡朔方还，祭黄帝，筑台祈仙。"公元前110年，汉武帝筑祈仙台，祈仙台"峙黄陵左侧，高出林表"，此台已有2100余年历史。千百年来在黄陵所流传的"十八万大军祭黄陵"就是描写汉武帝于黄帝陵祭祀的规模，开黄帝陵"国祭"先例，武帝采纳"天神贵者泰一"的主张，设置"黄郊"这样的季夏之日，专门祭祀黄帝以迎季气。

《册府元龟》载："大历五年，鄜坊节度使臧希让上言，坊州有轩辕黄帝陵。请置庙，四时享祭，列于祀典。从之。"唐代宗批准臧希让的谏言，于坊州轩辕黄帝陵置庙，庙修建在桥山之西麓。将坊州黄帝陵的庙祀纳入国家祀典，桥陵成为官方唯一指定祭黄场所。从此，在桥山祭祀黄帝，便成为一种带有国家公祭性质的官方行为。祭祀进一步制度化、规范化。此后历代君主，都将陕西黄帝陵作为祭祀黄帝的场所。黄帝四时享祭，祭天随祀、迎气之祭，列于祀典。同时注重祭祀的仪式感，包括陈设、器皿、引赞司仪、站位方向、仪礼程序等开祭的一应仪程都力图尽善尽美。

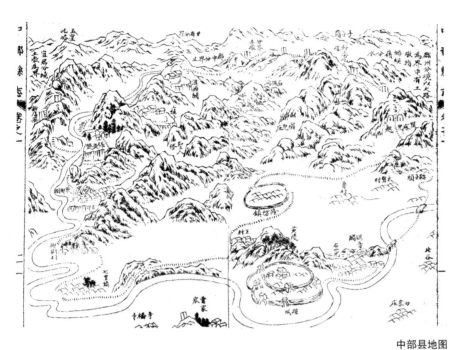

中部县地图
（民国重刊嘉庆《中部县志》）

《中部县志·祀典》载："（黄帝）葬于桥山。左彻立庙祀之……（庙）在桥山之西。宋开宝中移建于此。"宋初，宋太祖赵匡胤将原庙迁至桥山东麓（即今址），此处可仰望黄陵。且规定桥山黄帝陵三年一大祭，黄帝陵庙列入祀典。黄帝作为历代帝王庙中五帝之一受到祭祀。后元代设立"三皇庙"，将黄帝作为医家祖先之一进行祭祀。同时，保护黄陵的意识逐渐产生，1325年（元泰定二年），元代泰定帝颁布保护黄帝陵庙敕令，刻立《禁伐黄陵树木圣旨碑》。

（三）明清筑城，民国共祭

《中部县志·城池》载："坊州城成化始移于今治……隆庆六年筑城……崇祯四年始筑上城……顺治十二年复旧城制。"随着黄陵的建设发展，守陵护陵人口逐渐增加，需要筑城安家，以安居守陵儿女。黄陵县文联苏峰说道："坊州城就是世代守陵人集中的地方，这里的老百姓就是守陵儿女，和黄帝

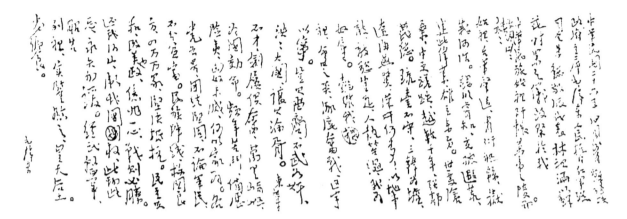

毛泽东亲笔撰写的《祭黄帝陵文》
（出自《祖陵圣地黄帝陵历史现在未来》）

陵关系是最亲密的。"明成化元年（1465年）坊州城迁至桥山下城（今黄陵县），隆庆六年（1572年）逐渐形成双套城形制，直至民国时期，双坊州城格局仍存。坊州古城的逐渐形成正是基于黄帝陵的发展，得益于黄陵祭祀文化的发扬。清代坊州城已形成上、下城兼有的套城形式，城内布有衙署、书院、庙宇等，正街为城内南北向唯一道路，为条石铺筑，直至民国时期，街道两侧商号、店铺门面多处，是县城内最繁华的商业街。

明太祖时，朝廷礼部已议定祭祀黄帝之地就在陕西中部县（今黄陵县）桥山黄帝陵，将桥山黄帝陵列为国家祭祀始祖的圣地，由皇帝亲撰祭文，派遣大臣赴桥山祭祀，庙设五品护陵官二人，后来县令即为护陵官。1644年（清顺治元年），清世祖登基后"以帝命肇祀于庙"，除常祭外，特祭频繁，祭祀的仪轨更为庄重繁复。

民国时期，国共共祭于桥山黄陵。1937年（民国二十六年）在国家遭受外敌侵略，民族面临生死存亡之际，国共两党共同祭祀黄帝陵，捐弃前嫌，停止内战，一致对外。中国共产党方面以中华苏维埃政府主席毛泽东、人民抗日红军总司令朱德名义致祭，致祭代表是林伯渠。毛主席为此次共祭亲笔起草了著名的《祭黄帝陵文》，成为历代祭文中之绝唱。文稿镌刻成碑现立于轩辕庙碑亭："赫赫始祖，吾华肇造。胄衍祀绵，岳峨河浩。聪明睿智，光被遐荒；建此伟业，雄立东方。世变沧桑，中更蹉跌。越数千年，强邻蔑德。琉台不守，三韩为墟。辽海燕冀，汉奸何多！以地事敌，敌欲岂足。人执笞绳，我为奴辱。懿为我祖，命世之英；涿鹿奋战，区宇以宁。岂其苗裔，不武如斯，泱泱大国，让其沦胥。东等不才，剑屦俱奋。

万里崎岖，为国效命。频年苦斗，备历险夷，匈奴未灭，何以家为。各党各界，团结坚固。不论军民，不分贫富。民族阵线，救国良方。四万万众，坚决抵抗。民主共和，改革内政。亿兆一心，战则必胜。还我河山，卫我国权。此物此志，永矢勿谖。经武整军，昭告列祖，实鉴临之，皇天后土。尚飨。"

（四）建国护陵，文化兴盛

中华人民共和国成立初期，黄帝陵因缺乏管理，一度荒芜衰败。直到1955年，著名爱国华侨领袖陈嘉庚前往黄帝陵拜谒，把当时破败的情况写信传达给了毛泽东。他在信中提到，"（黄帝陵）陵庙无人看管，庙宇木料多已腐坏，势将倾塌。院中草地，多为农民耕种，陵山附近，私坟如鳞"，

国共共祭黄帝陵

郭沫若手书"黄帝陵"

"鉴今想往，不胜差异"等内容，当时便引起了中央的密切关注。

仅隔一年，在毛泽东和周恩来的关怀下，黄帝陵得到专款，整修一新，并在当地成立黄帝陵文物管理所。最初的整修对象是黄帝陵祭祀亭，陵墓外的围墙以及庙内"手植柏""挂甲柏"周围的木栅栏。后来整修黄帝庙大殿，修建过厅、碑亭、大门等，逐渐包含陵区和庙区以及上山公路。至1988年，整修工作完成了围墙、石级台阶、树边围栏、停车场、庙区通水、棂星门、接待室、碑廊等工程项目，为黄帝陵的保护利用工作打下良好基础。

不仅是实质的整修工作得到了进展，从1955年开始，每年清明都在黄陵举行公祭轩辕黄帝陵活动，由陕西省人民政府主持，在精神上传承黄帝文化。为表达对于修缮的重视，1956年毛泽东委托郭沫若为修缮立碑题字。郭沫若手书"黄帝陵"三字，刻于石碑上，现存放在黄帝陵祭亭处。1961年，桥山黄帝陵被国务院公布为首批全国重点文物保护单位，列为古墓葬类第一号，成为"天下第一陵"，肯定其独一无二的地位和价值。

总体来看，中华人民共和国成立初期及时保护了黄帝陵遗址，并突出了其历史文化价值，肯定了其重要的纪念意义。美中不足的地方在于，当时的保护重心主要在文物本体及周边环境上，保护范围相对较小。

（五）改革开放，整修黄陵

改革开放是实现中华民族伟大复兴的必由之路。为了振兴中国经济与社会发展，促进海峡两岸交流，党中央、国务院决定凝聚全世界华人的力量共同促进中华文明的伟大复兴。而黄帝陵作为凝聚全世界华人的标识，其重要性不言而喻。为了更好地促进全世界华人寻根交往，同谋国事，黄帝陵迎来了中华人民共和国成立后最大的一次整修工程。

1990年4月，时任中共中央政治局常委、全国政协主席的李瑞环在陕西视察工作期间，专程对黄帝陵进行实地考察，极为关心黄帝陵的保护和整修状况。他曾作出指示："做好黄帝陵整修和保护工作，对弘扬中华文化、

1994年李瑞环清明祭拜黄帝陵
（出自《祖陵圣地：黄帝陵 历史·现在·未来》）

激励爱国热情、增强民族凝聚力、促进四化建设，具有重要意义"，得到了社会各界的响应。

在官方及各界人士的支持和关怀下，黄帝陵整修工程于1992年4月奠基，同年8月正式开工。1992年到1998年完成了一期工程，主要着眼于黄帝陵冢区域以及庙前区域，包含入口广场、印池、轩辕桥、桥北广场、龙尾道、谒陵道、陵区道路、棂星门、龙驭阁、陵道、神道，以及绿化工程等。2003年到2004年完成了二期工程，主要包含祭祀大殿、功德坛及环境治理等项目。其中，由张锦秋院士主持设计的黄帝陵祭祀大殿（又称轩辕殿）是二期工程的标志性建筑。它位于原轩辕庙以北庙区的中轴线上，直抵凤凰岭麓，占地10000m^2，可供5000人举行祭祀活动，陈列各种仪仗，举行祭祀演出。祭祀大殿的建设改变了原来简陋狭窄的祭祀场所，为大型祭祀典礼活动创造了条件。

不仅在落地实施方面作出了努力，这次整修还邀请了众多专家为黄帝陵的发展献计献策。1993年，周干峙、吴良镛、张锦秋、齐康等建筑和城市规划领域的专家齐聚一堂，和陕西省政府、建设部、国家文物局一同，审定

1994年海峡两岸黄帝陵整修学术研讨会
（出自《祖陵圣地：黄帝陵 历史·现在·未来》）

批准了《整修黄帝陵规划设计大纲》，为黄帝陵的整修、发展、管理等方面提供指导。为了吸纳多方建议，1994年4月，吴良镛、张锦秋、林长勋、吴夏雄、齐康、张启之等人召开海峡两岸黄帝陵整修学术研讨会，就黄帝陵整修的事情和海外同胞交换意见并达成共识。

相比中华人民共和国成立初期，这次黄帝陵整修扩展了内容，规范了方式，提升了效果。不足之处是由于当时经济基础薄弱，没能对黄帝陵周边地区及黄陵县城进行全面、系统的保护和提升。

为了进一步保护黄帝陵的历史文化风貌，2008年陕西省政府决定在黄帝陵及周边地区规划建设黄帝文化园区。由北京清华城市规划设计研究院和西安建大城市规划设计研究院联合编制的《黄帝文化园区总体规划》，和由北京清华同衡规划设计研究院有限公司和中国建筑西北设计研究院有限公司联合编制的《陕西黄帝文化园区重点片区修建性详细规划》将黄帝陵周边的县城、陵东片区、东湾片区、西部门户区和黄帝文化中心纳入规划范围，作为黄帝文化园区的一部分，并提出规划要求和建议。整个园区以轩辕大道和沮河为骨架，连接园区中陵区、城区和山区的遗产景观环境作为环状线索，串联八个功能区（西部门户片区、城市生活商业综合片区、古城历史文化旅游服务片区、黄帝陵祭祀片区、文化园旅游服务片区、东湾景区与两个外围山体生态保护区），完善了空间结构，保护了山水环境，促进了文化旅游的发展，营造了圣地氛围。

作为黄帝文化园区中最大的公益性建筑，黄帝文化中心由张锦秋院士主持设计，于2016年开始动工，2018年完成修建。通过将建筑隐藏于地下，在顶板上覆土营林的手法，黄帝文化中心与桥山古柏林浑然一体，维护了黄帝陵的"圣地感"。黄帝文化中心全面介绍黄帝传奇的一生，提供了解黄帝文化、民族文化以及弘扬爱国主义的良好平台。

（六）官祀绵延，清明公祭

作为对人文初祖的官方祭祀，5000年前公祭黄帝的传统绵延至今。尤其是1981年后，每逢清明节，黄帝陵都会举行公祭活动。目前，公祭主要由陕西省委、省政府，国务院台湾事务办公室、国务院侨务办公室等相关部门负责。关于公祭流程，除了继承传统的祭祀仪轨，多种形式的活动也在逐年增加，以2018年为例，清明公祭黄帝系列活动共有11项，均围绕祭祀典礼展开。同时，公祭系列活动所持续的时间也在增长。

对于公祭的延续和发展，社会各界纷纷表示支持。改革开放后，前来黄帝陵寻根祭祀的海内外同胞日益增多，并逐步形成了清明节公祭、重阳节民祭的惯例。1984年5月，李政道及夫人专程到黄帝陵拜谒祖先。此后，台湾、香港、澳门的同胞以及海外华人陆续到黄帝陵拜谒并捐资整修黄帝陵。不仅是海外同胞，近年来，党和国家领导人也重视黄帝陵祭拜。1988年，中共中央军委主席邓小平为黄帝陵题写"炎黄子孙"，勒石立碑。1990年，中共中央政治局常委、书记处书记李瑞环对整修黄帝陵作出指示，"通过整修黄帝陵工程，可以使所有的中华儿女在共同的祖先面前，找到共同的语言，达到最广泛的团结，从而振奋民族精神，实现中华民族的伟大复兴。"1992年9月，中共中央政治局常委、国务院总理李鹏为黄帝陵题词"发扬中华文化，

邓小平为黄帝陵题字

振奋民族精神"。1993年清明节,中共中央总书记、国家主席、中央军委主席江泽民为黄帝陵题词"中华文明源远流长"。1994年清明节,中共中央政治局常委、全国政协主席李瑞环专程赴黄帝陵参加甲戌年清明公祭轩辕黄帝典礼。1999年6月18日,中共中央总书记、国家主席、中央军委主席江泽民,国务院副总理温家宝拜谒黄帝陵。2015年年初,习近平总书记来陕视察时指出:"黄帝陵是中华文明的精神标识"。除此之外,乔石、朱镕基、刘华清、李岚清、姚依林、田纪云、吴官正、李长春、贾庆林等也曾到黄帝陵谒祭黄帝。除此之外,黄帝陵公祭也影响着社会各方面代表。2018年,中国国民党前主席洪秀柱、新党主席郁慕明等200多名台湾各界同胞出席了公祭典礼,全国道德模范、时代楷模代表、全国劳动模范和冬奥会冠军代表等也出席了公祭典礼。

经过千年的历史沧桑,时至今日,公祭黄帝的传统依旧绵延不绝,并且在继承中发展,在保护中发扬。

戊戌年黄帝陵公祭

二、精神标识

（一）精神溯源

黄帝陵是中华文明的精神标识，是黄帝精神的物质载体，是华夏文明的开创之地。华夏文明的独特性要求我们从世界维度、千年尺度和国家高度来标识黄帝陵。

1. 世界维度

黄帝陵因孕育华夏文明而在世界人类文明场所中独树一帜。华夏文明作为世界上唯一未曾中断的人类文明，在世界人类文明史中脱颖而出，并持续影响着世界。

纵观世界，四大文明是人类文明的源头，包括尼罗河流域的古埃及文明、幼发拉底河与底格里斯河流域的古巴比伦文明、印度河与恒河流域的古代印度文明和黄河、长江流域的华夏文明，人类文明就在这四大板块中不断碰撞和融合。华夏文明是四大原创文明中唯一不曾灭亡的文明，华夏文明以其强大的生命力，至今屹立在东亚大地上，并影响着世界。而黄帝陵作为华夏文明之根，必然成为全球华人心系的祖陵圣地。

黄帝陵是中华文明精神的物化空间载体，是文明脉络之根基，孕育和衍生茂盛的文明之树。凝聚团结、自强不息和开拓创新是黄帝陵的精神内核与灵魂。人类从洪荒时代进入文化时代，黄帝是一个开启文明的象征，一个共同文化及民族凝聚力的标识。黄帝精神具有无限的感召力、凝聚力和向心力，是海内外华人心驰神往和炎黄子孙寻根、铸魂、筑梦、聚心的民族圣地。

在中华民族源远流长的历史长河中，尤其是在中华民族陷于危难与困境时，由黄帝精神发源而出的民族凝聚力是极其强大的，并且是遍及全球的。20世纪90年代初期，中国面临着国际环境的严峻考验，史上最大规模的整修黄帝陵工程在党中央、国务院的决策下得以启动。塞缪尔·亨廷顿《文明的冲突》一书中提到,这段时期内全世界的华人华侨帮助中华民族渡过难关。1992年,中国外商直接投资(113亿美元)的80%来自海外华人。一位著名的日本人就曾妒忌地说,中国大陆得益于"中国香港、中国台湾和东南亚没有边界的华人商人网";李光耀也曾提到:"我们都是华人,我们共有某些由共同的祖先和文化而产生的特性……人们自然地移情于那些与自己有共同生理特征的人。当人们又拥有相同的文化和语言基础时,这种亲密感得到了加强。这使得他们很容易建立起亲密的关系和信任,而这是一切商业关系的基础。"在中华民族昌盛之时,全世界中华儿女与有荣焉;在中华民族危难之际,海内外炎黄子孙亦挺身而出。这份打不倒、冲不淡、吹不散的血脉联系,便发源于轩辕黄帝,它绵延五大洲,生生不息。

2. 千年尺度

华夏文明是中华文明制度的开创和延续。华夏文明以礼乐为制度,易经八卦、丹书朱文、上古汉语为源泉,是世界上最古老的文明之一,在历史上一脉相传。夏,大也。中国有礼仪之大,故称夏;有服章之美,谓之华。华、夏一也。华夏皆谓中国,而谓之华夏者,言有礼仪之大,有文章之华也。中国者,聪明睿知之所居也,万物财用之所聚也,贤圣之所教也,仁义之所施也,诗书礼乐之所用也。亲被王教,自属中国,衣冠威仪,习俗孝悌,居身礼义,故谓之中国。

"吾祖赫赫,伟业煌煌,肇始文明,光被遐荒。"黄帝陵是历朝历代国家祭祀的核心场所,记载了文明的延续,延伸着华夏文明的脉络,也寄托着各

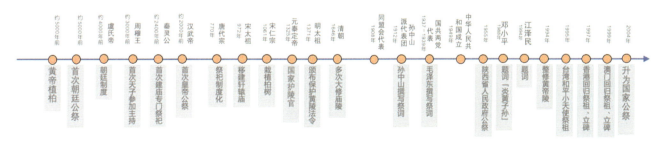

黄帝陵祭祀历史
(中规院团队绘)

朝所期望的时代印记，同时传承着华夏文明的核心内涵，因此黄帝陵是中华民族文明之根。华夏文明始于黄帝。黄帝作为古华夏部落联盟首领，中国远古时代华夏民族的共主、五帝之首，被尊为中华"人文初祖"，是中华文明的实际开拓者。《史记·五帝本纪第一》记载："黄帝者，少典之子，姓公孙，名曰轩辕""有土德之瑞，故号黄帝"。黄帝联合炎帝打败蚩尤后，由华族部落联盟首领成为天下共主，使华夏民族由蛮荒时代跨入了文明时代，黄帝的丰功伟绩受到后世的敬仰和崇拜。

黄陵风物传承千年。黄帝陵既镌刻了历代华夏儿女的时代印记，又孕育着生生不息的民族精神。黄帝陵每逢清明和其他重大节日，都会举行重大的祭祀活动，70余块历代祭祀黄帝的碑刻记录着民族每朝每代的殷切期望，

五千年文化示意图

（同济团队绘）

因此它是一座民族足迹的展览馆；黄帝陵所在桥山区域千年以来都是郁郁葱葱，上植古柏八万余株，千年以上古柏三万余株，其中更有轩辕黄帝手植柏树距今已有五千余年，因此黄帝陵又是一座"活"的博物馆，通过生命之柏沟通传承上下千年。

3. 国家高度

《左转·成公十三年》载"国之大事，在祀与戎。"黄帝陵历来是我国各朝公祭的核心场所。轩辕黄帝是中国历史上最有代表意义的一面旗帜，可以使所有的炎黄子孙在祖先面前搁置一切歧见，找到共同的语言，达到最广泛的团结，从而振奋民族精神，实现中华民族的伟大复兴。

实现中华民族伟大复兴，是全体中国人共同的梦想。当代中国是历史上最好的时代，比以往任何时候更接近国家复兴、民族统一的时代。黄帝是中华民族的始祖，是全世界华人、华侨的共同祖先。黄帝陵凝聚着中华民族情感，是中华文化自信的坚定磐石，是传播中华民族精神的交往场所。

传承和发扬黄帝文化，必能增强中华民族认同感，促进民族感情、民族自信、民族精神的传播。突出黄帝文化和黄陵祭祀的重大价值和意义，定能增强民族凝聚力，让港澳台同胞在内的全体中华儿女团结一心，顺应历史大势、共担民族大义，共同振兴中华。

强化黄帝陵以及黄帝文化盛事的文化纽带职能，通过黄帝文化弘扬与祭祀大典，促进全球华人的团结，增强民族凝聚感。逐步建设全球华人寻根祭祀、文化交流的重要场所，打造世界华人论坛的承载地。黄帝陵是中华儿女互相认同的文化标志，中华民族同宗共祖，黄帝陵可以凝聚人口比重占全球五分之一的华人力量，推动中华文明走向全球，具有很高的现实意义。

以"四个自信"的重要论述为核心指引，进一步彰显中国特色社会主义的文化根基、文化本质和文化理想，增强中华民族的文化自信，进一步挖掘、梳理黄帝文化内涵与价值，完善文化展示与宣传教育工作，进一步强化文化弘扬职能。

（二）时代使命

黄帝陵是中华文明价值观的传承载体，她不仅反映当代的诉求，更应在漫漫历史长河指引华夏儿女，铭记历史，开创未来。

1. 中华文明源远流长的文化符号

轩辕黄帝是中华文明的奠基人和开拓者，更是中华文化和中华民族精神的肇创者。黄帝时代结束了混沌蛮荒，开启了中华民族物质文明与精神文明的先河，成为中华文明的源头。经过五千多年的历史沧桑和历朝历代不断地祭祀、交往、认同、融合，黄帝陵已成为中华文明源远流长的文化符号。黄帝陵祭祀活动未曾中断，华夏文明未曾中断，海内外华夏儿女的联系未曾中断。黄帝陵有着无比崇高的地位。清明公祭轩辕黄帝是中华民族的传统盛事，是坚守中华文化立场、传承中华文化基因，追本溯源的民族盛典。放眼未来，黄帝陵作为华夏文明祭祀的图腾，将继续发扬和延续中华文明，在人类文明史中书写新篇章。

因此，站在历史长河的维度，我们必须研判黄帝陵山水格局，保护其山水形制和山水格局的完整性，划定黄帝陵圣地空间保护与管控范围，对生态保护、生态修复、城市更新疏解、祭祀旅游服务设施建设等内容进行系统管控。在生态保护与保育的前提下，通过立轴致远、因借织景、拜谒理序、理水疏脉、营林育山，着力塑造黄帝陵圣地感，使之成为全球华人心系祭拜的祖陵圣地。

2. 炎黄子孙团结凝聚的精神纽带

20世纪80年代以来，每年都有大批港澳台同胞及海外的华侨华人来祭拜黄帝陵。美籍华裔物理学家李政道和夫人1984年专程拜谒黄帝陵并留言："世界各族皆兄弟，黄帝子孙独人杰。"1988年，中国台湾"外省人返乡探亲团"一行25人拜谒黄帝陵，他们身穿特制套服，胸前印有"想家、想家、想家"的字样。美籍华人张良州1993年专门从美国赶赴黄陵参加清明公祭轩辕黄帝大典，声泪俱下地诵读了亲自撰写的祭文。2005年4月5日，国民党中常委蒋孝严专程来陕参加清明公祭黄帝大典。2009年4月3日，马英九在台北遥祭黄帝陵，后任内六度参加中枢遥祭黄帝陵典礼。中国国民党领导人连战及夫人、吴伯雄、江丙坤、林丰正，新党主席郁慕明，亲民党主席宋楚瑜等也先后来黄帝陵谒陵祭祖。

黄帝陵不仅仅是当代海内外华夏儿女祭祀的场所，更是未来中华民族的共有精神家园，成为海内外华夏儿女情感、精神、心灵的寄托，成为维系、凝聚中华民族的精神纽带。这是历史积淀的结果，是亿万华夏儿女长期追寻、认同的结果。随着历史的进步、社会的发展和文明的提升，尤其在世界局势激荡、风云变幻的今天，黄帝陵作为民族精神纽带愈来愈显其重要意义。

黄帝陵作为炎黄子孙团结凝聚的精神纽带，其核心功能是寻根谒祖，使黄帝陵成为中国特色、生态自然、国际一流的中华寻根联谊交往平台，同时预留开展非正式外交功能，着力吸引海内外、港澳台地区华人团体和个人，使其具备接待元首级领导人的能力。

3. 中华民族生生不息的民族象征

《礼记·祭统》亦说："礼有五经，莫重于祭。"中华民族自古就有慎终追远的传统。早在西周时期，中华民族就将祭祀先祖作为国家头等大事看待。祭祖的延续，小指一个家族，大指一个民族、国家的生存和延续。若丧失，则表明这个家族或民族甚至国家即将灭亡，即"亡国灭种"。黄帝陵祭祀自秦汉以来，历两千余年而不衰。唐代宗五年，鄜坊节度使臧希让上书："坊州轩辕黄帝陵阙，请置庙，四方享祭，列于祀典。"这里所说的坊州黄帝陵阙就是今黄陵县桥山的黄帝陵。宋元时期的黄帝祭礼中，黄帝陵庙的致祭受到格外重视。开宝五年（972年），赵匡胤下旨，将黄帝陵轩辕庙列为重点加以整修维护，同时规定朝廷每三年祭祀一次黄帝陵庙，为了祭祀方便，将唐代宗大历年设置的黄帝庙从桥山西麓移至今址。元朝对黄帝陵庙的祭祀也很重视。明清时期，祭祀黄帝陵是国家的一项政治制度。

除朝廷祭祀外，历代帝王将相、文人墨客也常到黄帝陵祭拜。如西汉著名史学家司马迁，唐代著名诗人杜甫，北宋名臣范仲淹三上黄帝陵；宋仁宗降旨黄帝陵栽植柏树；元泰定帝颁发保护黄帝陵庙令；元末著名道士张三丰上桥山，瞻仰轩辕黄帝陵庙并留诗篇；明嘉靖帝免除黄帝陵庙粮税；李自成回师陕北祭拜黄帝陵；台湾著名诗人丘逢甲祭拜黄帝陵并留诗篇……

历朝历代对黄帝陵的祭祀和保护整修，不仅说明中华民族的绵延、壮大和强大，而且充分说明黄帝陵是中华民族生生不息的民族象征。

作为民族象征的黄帝陵，是我国最重要的祖陵祭祀和国家公祭场所，维护好黄帝陵国家文化公园郁郁葱葱的生态与圣地环境是对未来炎黄子孙的历史责任。黄帝陵具有世界文化遗产价值的潜质，她将成为增进民族情感的教育基地、全世界华人寻根问祖的归属地、展示中华文化的重要窗口以及文化旅游的知名目的地。

经过五千多年的历史发展和历朝历代各族人民不断的交往、认同、融合，黄帝陵已经成为中华文化源远流长的文化符号，成为中华民族生生不息的民族象征，成为凝聚海内外炎黄子孙的精神纽带。新时代在中华民族复兴的目标下要重新认识到黄帝陵的价值和它的意义，要着眼于千年的时空来认识它。

黄帝陵国家文化公园所承载的历史使命是重大的，保护黄帝陵历史文化资源，打造全球华人的寻根问祖之地，对于形成中华民族生生不息的精神家园具有重要意义，黄帝陵国家文化公园的规划建设无疑成为中国规划设计领域的重要研究课题。

三、历版规划

20世纪90年代至今的整修黄帝陵工作主要以两次高水平的规划设计为指导。1993年由陕西省政府、建设部、国家文物局联合审定批准的《整修黄帝陵规划设计大纲》，是第一次就黄帝陵开展的全面规划设计工作，是黄帝陵"中华民族历史上最大的一次整修工程"系统、全面的技术纲领。2014年陕西省政府批准的《黄帝文化园区总体规划》及详细规划，从建立文化园区的角度将黄帝陵的保护与县城发展统筹协调，完善总体空间结构，梳理文化园区的保护与发展路径。汲取前两次不同时代背景下高水平规划设计的思想菁华与营养，为新时代编制国家文化公园规划提供依循及思路。

（一）《整修黄帝陵规划设计大纲》

20世纪80~90年代是我国初历改革开放、励精图治、整装再出发的重要年代。开放的国门带来了西方先进的技术、管理理念与资金，同样在文化界也引起了关于不同文明间哪一种文明更加适合现代国家发展的辩论。而随着我国政府与英国、葡萄牙政府就香港、澳门回归签订协议，国家统一、民族团结和海内外炎黄子孙同根共祖的文化认同也上升为我们国家、民族的统一意志。

在此时代背景下，对中华民族的"人文初祖"黄帝陵庙、殿的修缮与建设，既是很好地传承了两千多年来的文化传统，同时也是一次进一步凝聚与弘扬民族情感与文化的大事。1990年4月，在面临国际困局的这个特定历史时期，时任中共中央政治局常委、全国政协主席李瑞环同志在陕西视察工作期间，专程赴黄帝陵实地考察，对黄帝陵的保护和整修作出重要指示："做好黄帝陵整修和保护工作，对弘扬中华文化、激励爱国热情、增强民族凝聚力、促进四化建设，具有重要意义"。1990年5月陕西省政府组织中国建筑西北设计研究院、西安建筑科技大学、省城市规划设计院三家单位对黄帝陵进行实地考察，并形成了初步设计方案，同年6月，党和国家领导人李瑞环、王震、习仲勋等同志以及国内著名的建筑、规划及文物考古专家戴念慈、郑孝燮、吴良镛、谢辰生、罗哲文听取了陕西省的汇报，并肯定了设计原则。随后时任建设部副部长周干峙带队，戴念慈、郑孝燮、吴良镛、罗哲文、冯钟平以及清华、同济、天大等高校专家在黄帝陵现场对规划从总体构思到方案等方面提出了高水平的设想和见解。形成了规划与建设不仅是为完成一定阶段的任务而作，而且要考虑到万世之业，要使后人能做文章。做到不仅要使大陆的炎黄子孙满意，也要让港、澳、台的炎黄子孙满意，还要让海外的炎黄子孙满意的"三满意"共识。为此，整个规划设计过程中，通过多渠道积极向海内外华人进行方案介绍，征求宝贵意见。中国建筑学会在1991年的《建筑学报》刊登黄帝陵设计方案，向海内外征集设计方案及意见。1992年6月，向在京参加两岸建筑学术交流活动的我国台湾建筑访问团介绍整修黄帝陵规划设计情况。1994年4月，黄帝陵基金会分别在黄陵和西安举行了"海峡两岸建筑学人黄帝与黄帝陵整修"学术研讨会，由张锦秋院士及中华全球建筑学人交流理事长林长勋主持，探讨会汇集海峡两岸著名的专家学者，为黄帝陵整修工作出谋划策。规划大纲编制工作齐聚海内外专家、学者智慧与心血，高起点规划，集思广益，群策群力。最终于1993年，由陕西省政府、建设部、国家文物局联合审定批准《整修黄帝陵规划设计大纲》，从而形成了一个比较完整的黄帝陵保护、建设的纲领性文件。

作为第一次就黄帝陵开展的全面规划设计工作，《整修黄帝陵规划设计大纲》在深入研究陵区文化、景观资源基础上开展规划。重点针对主要问题进行深入研究，对于黄帝陵现状与中华民族始祖陵庙应有的环境不相适应和较大规模谒陵祭祀活动需求等核心问题，进行系统、全面规划。

规划大纲是黄帝陵整修工作系统、全面的技术纲领。提出应使黄帝陵具有"雄伟、肃穆、庄严、古朴"的氛围和"圣地"感，使黄帝陵成为弘扬民族文化、增强民族凝聚力的场所的基本目标。划定陵区、陵园界限，并制定陵区总体结构和空间序列，明确了陵轴作为陵区的主轴线，整体空间突出陵区的主体，陵靠桥山烘托，桥山靠整体环境烘托的要求，使山、水、陵、庙以及景点景区形成一个协调的整体。对于陵区保护，制定了三级保护范围，

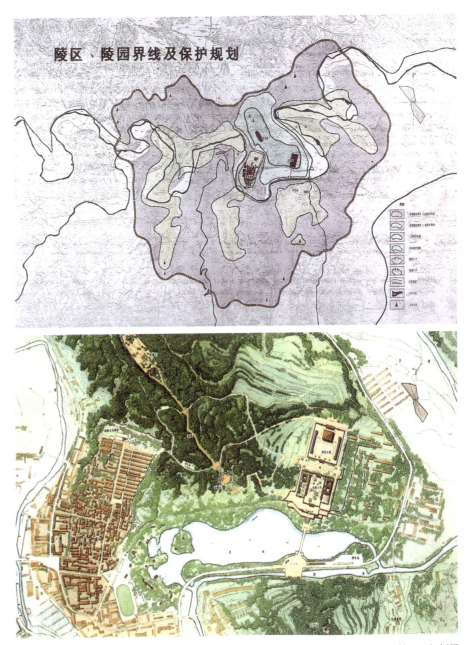

整修黄帝陵规划设计大纲规划图及核心区规划图
（出自《祖陵圣地：黄帝陵 历史·现在·未来》）

并提出相应的保护要求，保护文物古迹，古树名木，改善陵区环境质量，保护好桥山及其周围山水的生态环境和景观环境。针对陵区景观、生态环境严重破坏的问题，提出进行陵区综合环境治理，推动大气、水质、噪声污染治理。同时，规划陵区内部及对外联系的道路交通，完善给水排水、电力设施及防洪治理，提升谒陵及旅游服务设施，并对陵区雕塑、防火工程等支撑系统进行规划，以满足大规模祭祀活动及旅游要求。

规划大纲突出对重点问题的解决方案。针对陵区狭小，难以适应大规模公祭要求的突出问题，大纲提出按照春秋(清明、重阳)祭祀活动的特点，将陵祭与庙祭分离，春秋大祭在祭祀院进行，而一般群众祭祀活动在祭祀院与柏树院之间的场地和轩辕庙西侧的开阔地进行，并编制了庙区规划设计，满足了万人公祭的要求。针对县城建设与黄帝陵保护之间的矛盾，明确另建黄陵新城，推动县城向西发展，逐步拆除对陵区环境产生影响的现状建筑，为陵区保护腾挪空间。针对陵区风貌问题，提出"雄伟、肃穆、庄严、古朴"既是总体规划的设计原则，也是未来单体建筑的设计原则，整修后的黄帝陵陵区建筑，应能体现中国建筑文化的优秀传统，其形式和风格不应是古代建筑的复旧或翻版，应有所创造，有所发展，力求创造出为海内外炎黄子孙所认同的雄浑、古朴的建筑风格和既有历史文化内涵，又适应当代审美需求的建筑空间环境。

根据《整修黄帝陵规划设计大纲》的要求，现已实施两期黄帝陵整修工程，整修黄帝陵工程取得了较大的进展。1992年清明节中顾委常委肖克、全国政协副主席王光英为整修黄帝陵一期工程奠基，并于同年8月25日正式动工，开始了黄帝陵历史上最大规模的整修和保护工作。一期工程主要包括陵园区和庙前区，于1998年12月工程竣工，主要完成了入口广场、印池、轩辕桥、桥北广场、龙尾道、庙前广场、轩辕庙门、谒陵道、陵区道路、棂星门、黄帝陵墓冢整治、龙驭阁、陵道、神道，以及绿化工程等22项工程。二期工程包括祭祀大院(殿)、古柏防火续建、功德坛及大环境治理等项目。祭祀大殿是庙区的主体建筑，是谒陵祭祖的主要场所，是整修黄帝陵二期工程的重点，由张锦秋院士负责设计。为了更好地完成轩辕庙整修和祭祀大殿

黄帝陵整修学术研讨现场

（出自《祖陵圣地：黄帝陵 历史·现在·未来》）

的设计工作，使之成为代表全国建筑艺术最高水平的作品，张院士多次亲赴现场踏勘调研，对大殿的设计进行了多轮的方案修改与完善，从总体到局部，到每一个细节都悉心推敲，妥善处理。2002年10月27日，在北京召开了关于祭祀大殿设计方案评审会，与会专家一致认为，该设计方案符合"雄伟、庄严、肃穆、古朴"的规划设计指导思想，有鲜明的文化特征，能够体现出浓郁的圣地感，设计方案获得一致通过。并于12月3日，陕西省政府常务会议批准了祭祀大殿设计方案。2004年，祭祀大殿工程已全部完成，为万人祭祀活动提供了保障。

《整修黄帝陵规划设计大纲》作为黄帝陵整修工作的技术纲领，推动了黄帝陵整修工作持续进行。规划划定了陵区、陵园界限，并提出明确的保护要求和措施，有效地保护了黄帝陵的文物古迹、古树名木、桥山柏林等自然、文化资源，以及周边山水的生态环境和景观环境，提升了陵区的景观、空间的完整性。整修轩辕庙、建设祭祀大殿、修建印池公园，满足万人祭祀活动的需求，奠定了如今黄帝陵国家文化公园的整体空间基础。整修黄帝陵是从大的空间环境着眼，强调黄帝陵陵区"圣地"感的营造，并使之成为弘扬民族文化、增强民族凝聚力的场所。

整修黄帝陵具有凝结民族情感，弘扬民族文化的双重意义，是涉及建筑、文物、文化多方面工作的综合性工程，因此，整修黄帝陵规划设计工作从一开始就集合了规划、建筑、设计界等多方面力量，并得到了周干峙、吴良镛、张锦秋等专家学者的献计献策，汇集海内外华人的智慧，集思广益，凝结共识，最终形成了这一重要的纲领性文件，指导20世纪90年代和21世纪初的黄帝陵整修工作。

为了记录并纪念整修黄帝陵工作，西安建筑科技大学与黄帝陵基金会共同组织编写了《祖陵圣地：黄帝陵 历史·现在·未来》一书，并于2000年出版。书中整理了周干峙先生题为《把黄帝陵整修工程建成世界建筑艺术宝库中的珍品》的代前言。该书对黄帝陵的历史沿革及资源条件进行梳理，对整修黄帝陵规划设计进行全面解读，并对整修黄帝陵一期工程进行详细介绍。书中的图、文极具纪念意义与历史价值，为当代及后代人更好地保护并发展黄帝

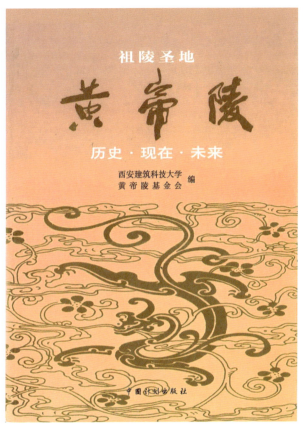

《祖陵圣地：黄帝陵 历史·现在·未来》图书封面
（出自《祖陵圣地：黄帝陵 历史·现在·未来》）

陵提供了重要的参考依据。书名中的"历史·现在·未来"也体现出了薪火相传之意，一代代中华儿女将传递好手中的接力棒，为保护并发展黄帝陵贡献力量。

（二）《黄帝文化园区总体规划》及详细规划

新世纪，我国经济迅速发展，人民生活质量提升，文化旅游的社会需求明显增加。为了进一步提升黄帝陵文化影响力，促进历史文化空间的整体复兴，促进文化旅游业的全面发展，2008年陕西省政府决定在黄帝陵及周边地区规划建设黄帝文化园区。

2009年年初，陕西省政府牵头为黄帝陵文化园区组织全国性招标，并确定北京清华城市规划设计研究院为黄帝陵文化园区规划设计单位。2010年，由陕西省黄帝陵管理局委托北京清华城市规划设计研究院编制《黄帝文化园区总体规划》。在2011年7月省政府常务会议上，获得省人民政府批准。为了落实黄帝文化园区总体规划的要求，北京清华同衡规划设计研究院有限公司(历史文化名城研究所)和中国建筑西北设计研究院有限公司(华夏设计所)联合编制的《陕西黄帝文化园区重点片区修建性详细规划》，2013年通过专家评审，并于2014年省政府第三次常务会议审议通过。

依据《整修黄帝陵规划设计大纲》，结合历史文化复兴、文化旅游需求以及建设文化园区的总体要求，《黄帝文化园区总体规划》进一步明确了黄帝文化园区是中华民族祖先黄帝陵寝所在地，是黄帝陵国家级风景名胜区的重要组成部分，是海内外华人开展国家级黄帝祭祀活动及相关文化活动的精神家园与圣地，是黄陵县文化旅游产业发展的重要分区。

针对城市发展、旅游发展与历史文化复兴的矛盾，规划重点提出了建设新城、东西分区、各得其所的区域空间战略，明确新县城和旧县城的职能分工，推动县城建设的西移，纯化东区功能，拓展东部地区文化旅游空间。明确城市整体带状发展的结构以及分区发展控制要求，进行了西部门户区、城市生活商业综合片区、城市历史文化旅游服务区、黄帝陵祭祀区、黄帝文化园旅游服务区、东湾景区、沮河、轩辕大道等重点片区分区规划性质与项目策划，提升城市文化旅游服务水平。同时，划定风景名胜区保护范围，提出景区保护分级、保护原则与措施，同时对历史文化资源保护也提出了相关要求，强化了黄帝陵陵区的"圣地感"，并加强地域历史文化风貌特征的保护与控制。并在保护规划基础上，重点制定了文化园区旅游发展规划，促进文化旅游产业有序发展，且同时进行了综合交通体系规划、生态景观及绿地系统规划、工程规划等系统规划。为后续规划编制提供了技术基础。

2011年11月，在《黄帝文化园区总体规划》得到批准后，北京清华同衡规划设计研究院与中国建筑西北设计研究院受管理局委托，开始《陕西黄

第一篇 传承与使命

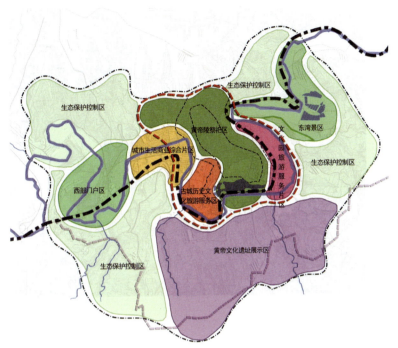

黄帝文化园区总体规划分区规划图
（出自《黄帝文化园区总体规划》）

黄帝文化园区总体规划核心区规划图
（出自《黄帝文化园区总体规划》）

29

帝文化园区重点片区修建性详细规划设计》编制工作。其中，北京清华同衡规划设计研究院有限公司主要承担西部门户区、东湾片区的方案设计，中国建筑西北设计研究院有限公司由北京清华同衡规划设计研究院有限公司协助，承担陵东片区的方案设计。

2011年11月，正式开始规划设计编制工作，期间在黄陵县及西安征求了张锦秋院士及县领导的意见，进行多轮的方案修改与完善。规划编制过程中张锦秋院士亲赴现场调研，并针对西部门户片区圣地感的营造，加强对生态环境的控制等规划设计中的一些重点问题提出建设性的指导意见。2013年4月，北京清华同衡规划设计研究院有限公司与中国建筑西北设计研究院有限公司合作完成陵东片区的修建性详细规划工作，并于当年通过专家评审，2014年省政府第三次常务会议审议通过。

《陕西黄帝文化园区重点片区修建性详细规划设计》按文化旅游园区的模式，在总体上针对园区的职能、景区结构，园区的文化产业发展与布局，交通和旅游线路，服务设施等四方面进行了深入研究。以此为基础，对陵东片区、西部门户区及东湾片区进行了详细的方案设计。

《黄帝文化园区总体规划》结合黄陵县发展与黄帝文化园区建设的要求，全面落实《整修黄帝陵规划设计大纲》三级保护范围内涉及的规划要求，为黄帝陵的文化遗产保护提供宏观保护基础与建设导引。同时，确定三级保护区范围内各片区（各片区包括陵区、黄陵庙东片区、东湾景区、黄陵古城片区、新县城片区与西部门户区）的发展建设目标，明确了各项建设要求。《陕西黄帝文化园区重点片区修建性详细规划》是对总体规划的落实，进一步深化了园区的空间布局和支撑系统，对三个重点片区作出了详细设计与安排，促进了整修黄陵二期工程的全面实施，目前西部门户区、黄帝文化中心（中华始祖堂）已基本建设完成，提升了园区的服务及文化展示功能。

黄帝文化园区详细规划

(出自《陕西黄帝文化园区重点片区修建性详细规划设计》)

黄帝文化园区黄帝文化中心实景图

四、今日黄陵

据《史记·五帝本纪》载："黄帝崩，葬桥山"。黄帝陵位于陕西西北部，今黄陵县境内的桥山之巅。黄帝陵地处桥山，沮水环绕，群山环抱，古柏参天，四季青翠，环境幽雅。1961年，国务院公布为全国第一批全国重点文物保护单位，编为"古墓葬第一号"，号称"天下第一陵"。黄帝陵为全国首批确定的5A级旅游景区。黄帝陵是中华民族的始祖轩辕黄帝的陵墓，被称为中国第一陵，千百年来，每逢清明，来此拜谒祭陵的人络绎不绝。

（一）驾升山川，守望苍生

黄帝姓公孙，名轩辕，因土为黄色，土能生万物，故称黄帝。据史料记载，早在五千年前，以黄帝为首的华夏部落就定居于黄陵桥山；而后，沿洛河南下，东渡黄河，逐鹿中原，历经五十二战，败榆罔、诛蚩尤、降炎帝，统一了三大部落，成为雄踞中原辽阔土地上的部落联盟首领，实现了中华民族的大融合、奠定了华夏民族和五千年文明的初基，黄帝也就自然成为汉、满、蒙、回、藏、苗、黎等各族人民的共同祖先。同时，黄帝又以其无与伦比的聪明才智，率领先民们创文字、造舟车、作弓矢、建医学、定历数、制音律、演算数、发明指南车、推行阴阳五行，黄帝的正妃嫘祖养蚕桑，制衣冠。黄帝创造了灿烂的华夏古文化。

黄帝最伟大的功德包括两方面的内容：一是开创文明、发展生产、创造发明，率领先民步入中华文明的第一台阶；二是内治外攘，促成部族和族群的整合，完成中华民族前身华夏族群的联盟。翻开中国历史，就是一部部族、民族冲突与融合的发展史，就是各个民族繁衍生息、开拓创新、分合交替、追求一统的大史诗。在华夏文明的源头时代，黄帝与炎帝的"阪泉之野"争斗，黄帝与蚩尤的"逐鹿之战"，都是在远古部族、集团之间斗争的基础上完成了部族的联盟共和，形成了更大的民族共同体。黄帝的贡献及成就主要包括五方面：一是文明初创，人文初祖；二是民族融合，华夏一统；三是治国方略，政治文明；四是文化基因，一脉相承；五是人神先祖，四海归心。

黄帝时代的天下大同思想、和合万邦观念，特别是轩辕黄帝家国同构、天人合一的理念，注重德治、礼贤下士、选贤任能、不耻下问的治国方略，开创了中华民族政治文明的先河。

1. 驾升山川

黄帝陵位于陕西省黄陵县城东北约1km处的桥山之巅，《史记·五帝本纪》载："黄帝崩，葬桥山。"陵墓创建于上古，封土于秦代。高4.57m，周长48m，面积约200m²，为环丘状土冢，是中华民族人文始祖轩辕黄帝陵寝之地，也是海内外炎黄子孙谒陵祭祖的场所。1961年被国务院确定为中华人民共和国古墓葬001号。

黄帝陵所在区域是中华文明的发祥地，位于陕北黄土高原腹地，子午岭东侧，为典型的黄土沟壑地貌。源起于子午岭的沮河由西向东，蜿蜒流过黄帝陵，绵延百里汇入洛河，洛河经由渭河，最终注入孕育了源远流长的中华文明的黄河。

黄帝陵山水格局示意图

（天规院团队绘）

桥山为黄帝陵之所在，其势北连昆仑，南去秦岭，来龙去脉、气势恢宏，曲折漾洄、龙脉相承。汇水于子午岭的沮河经过百公里，深切黄土高原，蜿蜒流淌，从涓涓小溪逐步汇聚成河，不断滋养着中华文明。山川-河流构架出龙跃山川的典型空间形态。祖陵之地，前有案山印台，朝山长寿，北有后照孟家塬，东接龙首、西扫虎尾，山水形制完整，山水脉络清晰。

黄帝陵既是体现中华民族祖陵圣地的人文象征，更是广大海内外华人举行祭礼，表达追思之情、崇敬之意和同根同源的精神场所。黄帝陵寝选址桥山，完美地体现出中国传统文化中人与自然和谐之美的价值观。

2. 守望苍生

胡焕庸线两侧的自然和人文地域情况迥然不同，在某种程度上也成为目前城镇化水平的分割线。线东南方36%的国土居住着96%的人口，绝大多数城镇的城镇化水平高于全国平均水平，以平原、水网、丘陵、喀斯特和丹

审图号：GS（2019）3758号

胡焕庸线位置示意图

（来源：《城市文化与城市设计》）

霞地貌为主要地理结构，自古以农耕为经济基础。线西北方人口密度极低，绝大多数城镇的城镇化水平低于全国平均水平，是草原、沙漠和雪域高原，为游牧民族纵横驰骋的广阔天地。陵轴线是由黄帝陵因山就势延展而成的轴线空间。西北接连着祖山昆仑，东南凌越华山，遥指台湾。黄帝陵位于国土中央，黄帝陵轴线与胡焕庸线垂直相交守望着芸芸众生，护佑着中华民族繁衍昌盛。

（二）庙殿同祭，护佑中华

中国 56 个民族，近 40 个民族都将自己的民族归宗于黄帝血脉的渊源，中国人把人类早期所有的伟大发明创造归之于黄帝，把最高的人格品质和神格待遇归之于黄帝，把黄帝陵的"禘黄"祭祀奉为国之大典、道之大统。所有这一切，都是在重复着一个重大的精神文化主题，即整个中华民族生生不息的创造精神和存异求同的凝聚精神，而这就是黄帝文化的精神实质。黄帝认同是文化同根和血脉同宗的双重认同，黄帝文化则是在历史长河中，在这双重认同基础上形成的国家和民族的精神财富和价值追求。

中国古时的信仰，是以祖先崇拜为中心。祖先崇拜的起源大约在原始氏族社会晚期，它是人们对和自己有血缘关系的死去先辈的信仰。黄帝陵祭祀是日常祭祀中最高的精神寄托，自古及今，我国祭祀黄帝的各种活动，包括公祭、散祭，陵祭、庙祭，例祭、常祭，大祭、小祭，拜祭、文祭等汇成了一条浩阔的人文长河。

1. 陵墓祭祀

我们的祖先轩辕黄帝头枕鄂尔多斯高原，足濯南海，溘然安卧四千六百余年，他的右手是昆仑山和喜马拉雅山，左手是大兴安岭，他用四肢将中国大地上的各个民族紧紧地牵连在一起，拉成一个有力的整体，在中部桥山之巅，聆听着中华民族和平统一的赞歌和各民族团结奋进的号角，并不时地为他们祝福。

从古代文献来看，在春秋时代，随着坟丘式墓的出现，也就有了墓祭。墓园中最重要之物为墓碑。根据《黄陵县志》（1995）记载，陵墓掩映于满山古柏之中，坐北面南，墓正南面立一石碑，上书"桥山龙驭"（意即黄帝在这里乘巨龙腾空升天）四个大字，旁题"大明嘉靖丙申十月九日滇南唐琦书"。碑前又有一座高4.3m、宽1.2m的巨大石碑，此碑三次立石，分别为：

第一次：上书"古轩辕黄帝桥陵"七字，旁题"陕西巡抚毕沅谨书"二十余字，左题"大清乾隆岁次丙申知中部县事董廷楷立石"十八字。

第二次：民国三十一年(1942年)国民党政府主席蒋中正先生，原计划到中部县(今黄陵县)致祭黄帝陵，因故未能亲自祭奠，十分懊悔，便亲笔敬写"黄帝陵"三字，以彰圣德而壮观瞻。民国三十二年(1943年)整修陵庙时，将"黄帝陵"三字刻于石碑上，旁题"中华民国三十一年冬"，左题"蒋中正敬题"。

第三次：1958年，黄陵县人民委员会上书中共中央毛泽东主席，请求为修复的黄帝陵题词，毛主席看后说，"我在抗战时期写过祭文，题词的事最好让郭老去写"。随后，他就把信批转给郭沫若。同年5月，郭沫若将写好的字交给秘书寄到黄陵县，1963年修复黄帝陵祭亭时，将郭沫若的手迹刻在石上，使之屹立至今。

陵墓前的亭子便是祭亭，该亭由八根柱子支撑，上部四角朝上翘起，系风铃。亭高7m、宽10m、深6.15m，正面四根柱子挂有：

树炎黄浩然正气民族精神炳千秋

奠华夏宏大基业始祖恩德泽百世

中华国脉承龙脉

黄帝英魂壮民魂

亭台上置放着供桌、香炉等祭祀时的用品。

陵园南侧有一正两侧、坐北面南的棂星门，正面两侧各有一米见方的彩绘龙的图腾画面。紧挨棂星门西侧有一土丘，为：

陕西省人民委员会

黄　帝　陵

国务院总编号 第 162 号

古墓葬分类号 第 1 号

陕西省人民委员会

一九六二年十二月九日

距黄帝陵正南数百米路旁立有"文武官员至此下马"的下马石，以示敬意。

我们的祖先轩辕黄帝以山为陵，四周群山环抱，中有沮水绕流，形如八卦，气势非凡，桥山之上，古柏参天，翠锁陵园，万绿丛中，古建掩映，形成了古老幽静、庄严肃穆的黄帝陵园，具有不可替代的文物历史和人文观赏价值，是亿万黄皮肤、黑头发、黑眼睛的华夏儿女崇拜的神圣殿堂，是维系海内外炎黄子孙缅怀先祖功德、弘扬民族文化、凝聚民族情感、振奋民族精神、激励爱国热情、促进祖国统一、振兴中华民族的强大精神纽带。

2. 百姓庙祭

百姓的日常祭祀主要依托黄帝陵核心建筑轩辕庙进行。轩辕庙是黄帝陵的重要组成部分，现状占地 9.33 hm^2，有照壁、庙门、碑亭、人文初祖殿、碑廊等。庙内有古柏 16 株，古碑数十通。其中，最珍贵的文物当数"黄帝手植柏"和"汉武挂甲柏"。此外，庙内还有文庙、长廊式碑亭、"四海归黄"接待室等仿古建筑；黄帝手植柏、汉武挂甲柏等古树名木和上至北宋、下到中华人民共和国的石碑 44 通、影碑 20 通以及新石器时期至明代的 1000 多件价值极高的文物。丰富的文物遗产和历史文化内涵，对研究中华文明五千年的发展史都具有重要的参考价值和观赏价值。

正殿是轩辕庙祭祀的核心建筑。正殿坐落在庙院最北边，建于明代，占地面积 282 m^2，屋顶为歇山顶，背面雕透花脊，屋面瓦件为灰布板，筒瓦相扣覆盖，檐部施勾头滴水，前檐及其他三面均有斗拱。前檐明间有六扇槅扇门，其他三面均为墙体。檐下有彩绘阑额，平板枋为和玺彩绘，斗拱、两侧及背面均为彩绘，华丽典雅，令人遐想。

此外，除正殿以外的其他祭祀点包括庙门、诚心亭、碑亭等。现庙门为

1997年3月建成，建筑形式以汉风为基调，屋面采用歇山顶。庙门为一正两侧，正门额上书原国民党陕西省政府主席蒋鼎文于民国二十七年(1938年)清明节祭陵时亲笔题写的"轩辕庙"三个大字，字体苍劲有力、浑厚自然。诚心亭为历代帝王将相及祭祖之人整理衣冠、平静心情、致备祭品之处。据清高麟勋《重修轩辕庙记》载：该亭修筑于乾隆二十五年(1760年)。亭子四边无墙，由60cm高的花形围栏围成。亭前柱上有"心寄神州儿女情，诚朝圣地人文祖"的对联一副；亭东南侧有一砖壁，上书："历代帝王将相，墨客骚人，现代政府官员，社会名流，同胞华侨，外籍华裔，谒拜黄帝时，先要在诚心亭整理衣冠，备礼品，静心情，消除杂念，然后缓步进殿，顶礼膜拜。"碑亭形式与诚心亭相仿，面积较之略大，中间仍为过亭，东西两侧有砖墙。亭内现置石碑三通：东侧前面一通上书孙中山先生祭黄帝陵文中"中华开国五千年，神州轩辕自古传，创造指南车，平定蚩尤，世界文明，唯有我先"的词句；后面一通是民国三十一年(1942年)蒋中正亲笔题写的"黄帝陵"三个大字。西侧前面一通上书毛泽东同志于1937年4月5日国共两党共祭黄帝陵时亲笔书写的祭文。中华民国二十六年（1937年）四月五日，苏维埃政府主席毛泽东，人民抗日红军总司令朱德，派代表林祖涵以鲜花时果之仪致祭于我中华民族始祖轩辕黄帝陵。

3. 国家公祭

公祭是最重要的祭典。在国家法定假日清明节举行的黄帝陵祭典，体现了中华民族的"文化自觉"和人文精神价值的回归。黄帝祭祀传承着中华民族同根共祖的理念，发挥着促进民族认同和增强团结的重要作用。清明公祭黄帝陵活动是极具传统文化和精神感召力的民族盛典，表达着中华儿女对始祖的感恩和对中华传统文化的崇尚。

由张锦秋院士主持设计的轩辕殿为轩辕庙祭祀大殿，位于原轩辕庙以北庙区中轴线上，直抵凤凰岭麓，为汉代风格的仿古建筑，内有黄帝碑像。轩辕殿前为大型祭祀广场，能同时容纳5000人参加祭祀活动。此项工程是为适应新时代的祭祀要求而建设的。其设计体现了山水形胜，一脉相承，天圆地方，大象无形。为了创造出宏伟、庄严、古朴的氛围，突出圣地感，工程建设从宏观上处理好与大环境山川形胜的关系，格局上有鲜明的民族文化特征，风格上与祖国建筑传统一脉相承又具有浓郁的新时代气息。

整体设计风格体现"雄伟、庄严、肃穆、古朴"和"圣地感"。修整后的黄帝陵陵区建筑，不仅体现了中国建筑文化的优秀传统，创造出了为海内外炎黄子孙所认同的雄浑、古朴的建筑风格和既有历史文化内涵，又适应了当代审美需求的建筑空间环境。

戊戌年（2018年）清明节，来自全世界的龙的传人汇聚陕西黄陵桥山举行隆重的大典，共祭中华民族人文初祖。在祭祀大典上陕西省长刘国中先生恭读祭文，这篇祭文凝聚着中华儿女对人文初祖深厚的感情，概括了一年来伟大祖国日新月异的发展变化，展示了在新征程上伟大祖国和三秦大地所取得的各项成就，寄托着全球华人对先祖的缅怀祈愿。

岁在戊戌，节届清明，桥山之阳，春和景明。华夏儿女以笃恭笃敬之心、八佾雅乐之仪，祭告轩辕黄帝曰：

吾祖赫赫，伟业煌煌，肇始文明，光被遐荒。制礼作乐，教民德尚，行造舟车，医重岐黄。青史源悠悠兮瓜瓞芃芃，斯民亿万万兮社稷泱泱。世代传薪，余烈久长，俎豆千秋，礼乐馨香。

壮哉中华，乾坤朗朗；自信在胸，正道康庄。国力宏勃兮光灿寰宇，民心齐荟兮奋发图强。盛会十九大，砥砺前行初心不忘；开启新时代，思想引领伟业恒昌。宪法修立兮万众尊崇，纲纪整饬兮政风和畅。一带一路连五洲命运，精准脱贫惠华夏山乡。翱空潜海创新加速，扩绿治污沃野新妆。一国两制，紫荆白莲繁花并蒂；两岸一家，四海宇内祈合共襄。万山磅礴，主峰雄踞；千帆竞发，舵手领航。励精图治，奋楫劈波斩浪；伟大复兴，圆梦百年沧桑。

三秦故地，再谱华章。追赶超越，其时正当。五个扎实并举，一幅蓝图宏昶。百姓广增福祉，经济新阶再上。高质量发展聚能增效；自贸区运转达海通江。牢记嘱托，埋头苦干开来继往；情系人民，上下同心共筑辉煌。

桥山巍巍，古柏苍苍，人文初祖，勋耀洪荒。冀佑中华祥瑞，福泽天下安康。大礼告成，伏惟尚飨！

4. 民族共祭

每逢清明节,中共中央、国务院、全国人大、全国政协、陕西省人大管委会、陕西省人民政府、陕西省政协、延安市人民政府、黄陵县人民政府暨各界群众代表,都要集中在黄帝陵,祭祀中华民族的始祖——轩辕黄帝。除清明节外,一年一度的九九重阳节,民祭黄帝陵的祭奠仪式也很重要。为了纪念黄帝,原邮电部还发行了一套特种邮票《黄帝陵》、首日封和明信片,受到海内外谒陵祭祖者的欢迎。

1946年9月,在台湾回归祖国怀抱一周年之际,为了表达台湾同胞重回祖国怀抱的民族感情和认祖归宗的情怀,增进两岸人民的相互了解,消除历史隔膜,台湾知名人士自发组织,并公推林献堂等台湾各界有一定影响力的15人,组成台湾光复致敬团赴祖国大陆进行了祭拜黄帝陵等一系列活动。此后,由台湾退役老兵组成的"返乡探亲团",台湾"外省人返乡探亲促进会"组织的"返乡探亲团",台湾"中国统一联盟"大陆访问团,台湾各界代表,香港同胞祭祖团,澳门同胞谒陵祭祖团以及泰国、新加坡、菲律宾、马来西亚华人华侨组团陆续来黄陵祭祖并捐资修陵。

黄帝为中华民族树立了民族观念与国家形式,同时为中华民族创造了深厚文化,是中华民族始祖。国民党为纪念黄帝功绩,将清明节定为"民族扫墓节",马英九于2009、2012、2013、2014年,数次亲自主持祭祀,表达对传统文化的重视。2018年4月5日,中国国民党前主席洪秀柱、新党主席郁慕明前往陕西黄帝陵,担任戊戌年清明公祭轩辕黄帝典礼的主祭。这是洪秀柱首次祭拜黄帝陵,也是郁慕明连续第七年清明节来大陆祭拜黄帝陵。

此外,在黄帝陵碑亭的西南方立有两块回归纪念碑,一块为香港回归纪念碑,一块为澳门回归纪念碑。香港回归纪念碑正面为香港特别行政区行政长官董建华先生在1997年7月1日亲笔书写的"香港回归纪念碑"。背面为"香港回归纪念碑铭",铭曰:

四方上下谓之宇,往来古今谓之宙。大千世界天元而地黄;中为人文之发祥,华为天地之阳和,古国文明九州尽舜尧。

香江古今流,港华日月辉。

香港自古乃为中国领土，1840年鸦片战争后，被英国占领达百年之久；1984年12月29日中英两国政府签署联合声明，确认中华人民共和国于1997年7月1日恢复对香港行使主权，从而实现长期以来中国人民收回香港之夙愿。在此庄严神圣之时刻，我等炎黄子孙捐资立碑见证历史。告慰先祖：

长城起舞，黄河长啸。长江扬波，香江唱和。明珠焕彩，凤鸣龙吟。亿兆同庆，五洲瞻仰。

立碑黄陵，刻不千古。定国铸魂，万世流芳。

颂曰：

沮水曲汤，桥山翠苍；人文始祖，源远流长；历史五千，饱经沧桑；民族多难，港沧英邦；华人自奋，心系故乡；百年雪耻，日月重光；游子寻根，欢聚一堂；捐弃前嫌，开来继往；中国一统，一脉兴昌；邓公小平，伟论无双；一国两制，港人治港；江总泽民，继承发扬；众心所向，再现辉煌；时不我待，业当共创；世纪东方，吾国恒昌；万变不改，国魂永扬；古国风范，包容大象；追古抚今，铭刻不忘；四海同一，感我炎黄；九七七一，集庆共享；世界和平，谱写华章；吾祖有灵，佑护国邦；长治久安，永放光芒。

澳门回归纪念碑正面为澳门特别行政区行政长官何厚铧先生在1999年12月20日亲笔书写的"澳门回归纪念碑"。背面为"澳门回归纪念碑文"，碑文云：

澳门位于珠江口之西南，含澳门半岛及氹仔路环，两岛自古乃中国领土，十六世纪中叶以后为葡萄牙逐步占领。根据一九八七年之中葡联合声明，我国已于一九九九年十二月二十日对澳门恢复行使主权，实现数百年来中国人民收回澳门之强烈期望。

毛公泽东，领导人民，建新中国，屹立世界；

邓公小平，高瞻远瞩，一国两制，伟论创建；

江总泽民，睿智英明，振兴中华，一统联绵；

澳门回归，普天同庆，喜见国耻，洗雪之日；

四海华裔，同声咏唱，神州圣耀，赫赫斯功；

澳门同胞，共议建碑，勒石告慰，始祖轩辕；

莽莽神州，巨龙腾飞，日月增辉，谱写新篇；

两岸统一，人民之愿，中华文明，亿万斯年。

公元二〇〇〇年二月二十五日

黄帝陵是海内外华人寻根祭祖、植木培土、联谊交往的祭祖圣地。中华人文始祖黄帝陵拜谒与祭祀，体现了中华民族一脉相承、祖先崇拜的传统文化，孕育了中华文明血浓于水、血脉同源的民族认同感，是维系中华文明传承发展的溯源之地，是海内外华人共有的民族精神家园。

（三）霞披古柏，众星拱月

黄帝陵是以桥山黄帝陵寝及其整体山水格局为核心资源的中华人文始祖陵寝，以历史文化传承与桥山古柏林及黄土高原雄浑地貌为依托，人文与自然交辉、意境天成的历史圣地类国家文化公园。

1. 霞披古柏

黄帝陵深藏在桥山巅的古柏中。黄帝陵区是古柏之林、柏树之海，是全国面积最大、保存最完整的古柏林。黄帝陵古柏林面积 160hm^2、8 万余棵，其中千年以上古柏 3 万余棵。黄帝陵古柏，不仅数量多、树龄长，而且品种齐全，以侧柏为主，兼有扁柏、圆柏、刺柏等。特别是黄帝陵侧柏，采撷日月精华，参天蔽地，森森然然，数千年昂然耸立，从容淡定，雄视天下。黄帝陵的"龙柏"如一柱擎天，直刺苍穹，树干螺旋上升，彰显龙的气度与神韵。

黄帝以及黄帝陵的古柏，为我们留下铮铮向上的气度和不屈不挠的精神。无论是国阜民丰的年代还是饱受屈辱之时，龙的传人总是保持内心强大与坚韧，佑我中华文明成为人类文明长河中唯一不曾断裂的伟大文明。在黄帝陵古柏中，最驰名最具影响力的首推"轩辕柏"。轩辕庙门内西侧一棵高大古柏，传为轩辕黄帝所植，人称"轩辕柏"，亦称"黄帝手植柏"，这是中华民族植树的先声。数千年来，人们敬仰黄帝，也敬仰黄帝所植之柏。自从有了在陵园植树的习俗之后，祭祀黄帝活动，增加了植树内容。在祖先陵区所植之树是与祖先心灵对话的追思之树，是歌颂祖先丰功伟绩的颂德之树，是向祖先报告后世发展成就的和平之树、繁荣之树，也是祈求祖先庇佑的护佑之树。

当地谚云："七搂八乍半，疙里疙瘩不上算。"轩辕柏历经数千年，枝干苍劲挺拔，柏叶青翠。树高19米，胸围11米，直径3.5米。轩辕柏赢得了"世界柏树之父""中华名木之首"的称誉。轩辕庙"人文初祖"殿前西侧，距轩辕柏不远处有一巨柏，称之"挂甲柏"，也称"将军柏"。汉武帝祭祀黄帝，令18万大军列队俯首默祭。武帝卸甲，挂在殿前一棵柏树上，登九转祈仙台祈祷黄帝保佑他长生不老，日后成仙升天；保佑大汉江山永远太平。此后，汉武帝挂过盔甲的柏树，周身斑痕密布，纵横成行，柏液中出，似断钉在内，枝干皆然。

在民间有"二月二龙抬头"的说法。据传说，农历是黄帝编制的历法，农历二月二是黄帝的诞辰日。2000年3月7日，农历的"二月二"，人们在黄帝陵栽植了一棵柏树，取名为中华世纪柏。为了栽植好"中华世纪柏"，共采集了34个省级行政区的土壤培植，掬黄河、长江入海口之水浇灌，以此表达中华各族对轩辕黄帝的仰慕、缅怀之情和对新世纪的祈福之意。"中华世纪柏"不是黄帝陵古柏，而是"中华精神"，它象征着民族团结、国家昌盛。

2. 众星拱月

以黄帝陵、庙为核心的中华人文始祖陵寝，包括桥山、沮水、印台山、凤岭、凤凰山、西山周围山塬的广阔地域并延伸于外围龙首、虎尾、马家塬、孟家塬的景源整体环境，区域内有古墓葬6处，古遗址40处，古建筑1处，石窟寺及石刻4处，具有传统风水格局特征及农耕文明时期葬地环境特征。6处古墓葬包括黄帝陵、狄青墓、刘仕墓、朱新堞墓、双龙汉墓群、上畛子汉墓群。其中，黄帝陵属于国家级文保单位，其他墓葬等级待定。40处古遗址包括五交地遗址、斜嘴遗址、前碛遗址、上城遗址、人大院内遗址、东阎塬商周秦汉居住遗址、周家洼—秦汉居住遗址、聂家洼西周居住遗址、唐坊州古城墙、杏城古城遗址、中部古城遗址、下古城遗址、东坪遗址、小塬峁遗址、火苗坪遗址、张寨遗址、店子湾遗址、二十亩地遗址、教场坪遗址、韩庄遗址、九庙台秦汉居住遗址、北塬遗址、瓦窑坪遗址、柳树台遗址、唐升平县城遗址、烧火园遗址、老坟台遗址、索罗湾秦汉居住遗址、石头坡遗址、石岔砭遗址、林湾革命旧址、革命旧址小石崖、上畛子革命遗址、秦直道遗址、沮源关遗址、艾蒿店遗址、下鸭龙山文化遗址、陕甘边区革命委员会办事处遗址、五里墩遗址、那坡岭遗址。其中，秦直道遗址为国家级文保单位。1 处古建筑为轩辕庙。4 处石刻为五圣祠石刻、深水尾石窟、万安禅院石窟、紫娥寺石窟。其中，万安禅院石窟为国家级文保单位。外围贾塬湫、侯庄湫黄土高原特有的水景资源独具特色，集黄土高原的雄浑与秀丽于一体。黄陵古城是黄帝陵的重要依托，与黄帝陵伴生而密不可分。黄陵古城的守陵文化与黄帝陵的祭陵文化共同构成了黄帝陵完整的文化资源，也是体现黄帝陵圣地感的重要文化内涵。

3. 坊州八景

由桥山、印台山、黄花峪、北岩、西山、玉仙山、凤岭、凤凰山、龙首川等构成，著名的"黄陵八景"中的七处位于这些地域（"凤岭春烟""汉武仙台""黄陵古柏""桥山夜月"位于桥山；"南谷黄花"位于黄花峪；"北岩净雪"位于北岩；"龙湾晓雾"位于龙首川）。水景由沮水东湾，西湾（黄陵八景之一"沮水秋风"景致所在），印池；十大泉水（暖泉、上善泉、一线泉、寒泉、滴珠泉、柳窟泉、阳武泉、普照泉、寒汎泉、东移泉）；侯庄湫、贾塬湫；以及官庄飞瀑等组成。

黄陵八景，原称坊州八景，是大自然和历史赋予黄陵这块轩辕黄帝发祥、安葬本土的特殊景观，每个景点景致奇特，别具风格，主要分布在黄陵县城周围。"桥山夜月聚风光，沮水秋风透体凉。南谷黄花开晚节，北岩净石耐寒霜。龙湾晓雾迷长案，凤岭春烟接暖岗。汉武仙台遗世界，黄陵古柏茂穹苍。"这是一首题为"黄陵八景"的诗，诗中生动地描绘了美景之意境。

（1）桥山夜月

桥山，位于黄陵县城之北，即现在的黄帝陵山。此山之所以称为桥山，是因为山形如桥，本来桥山脚下的沮水河是从东、南、西三面环绕桥山，然后向东流去，站在桥山之巅，向下望去，就像水潜其底，穿山而过，故得其名。白日望去，满山古柏，郁郁葱葱，山下水流映黛，每当中旬月圆之宵，但见如瀑月光泻入沮水，波光粼粼，银辉万点，给月夜中的桥山、沮水，笼罩上一层空灵神秘的色彩，令人浮想联翩，意境幽美缠绵，别有一番韵味。

> 桥山夜月
> 雨洗山偏净，风吹月未阑。
> 光分千里碧，影落一池寒。
> 只向云中觅，谁从水底看。
> 高崖非采石，醉后捉为难。

（2）沮水秋风

桥山脚下的沮水河，发源于陕甘交界子午岭上的沮源关，沮水河自西向东全长128公里，横跨黄陵县境。每当金秋季节，天高云淡，霜叶似火，风清之时，碧水如镜，青山倒影坠入河中，使人仿佛置身在彩墨淋漓的山水画中。漫游在沮水河畔，心中充满诗情画意，使人流连忘返。

> 沮水秋风
> 飒飒风初拂，寒从水上来。
> 谁知秋未老，不信节先催。
> 山骨疑翻瘦，云鳞顿觉开。
> 此心同皎洁，妙处静中该。

（3）南谷黄花

南谷即今县城南的黄花沟。这里坐南面北，并不向阳，可每在百花凋零的深秋，却奇迹般地盛开着金黄色的野菊花，一簇簇，一丛丛，漫山遍野，显示着勃勃的生机。

> 南谷黄花
> 坊州城外百花园，
> 未若峪南丛菊蕃。
> 采采落英陶令隐，
> 为携樽酒傍西轩。

（4）北岩净雪

北岩，指现在的北坡底政村，这里有一块丈余见方的怪石，霜雪均落不住，大雪霏霏，石上却如扫过一样。相传，这块石头是很早以前从天上掉下来的，亦有人称之为"廉石"。

> 北岩净雪
> 何年留净石，雪至望中消。
> 任尔能圭璧，难侵此介标。
> 不燃几自熟，著水倩谁浇？
> 扫径同情否？寻踪到北桥。

（5）龙湾晓雾

龙湾，即县城以东的龙首，龙首传为轩辕龙驭之首山，它与桥山山脉紧紧相连，宛如一道天然画屏，同沮水河相对。每当雨后初晴的早晨，但见那满山雾气蒸腾，瑞气彩云一朵朵、一团团从山间冒出来，摇曳着多姿的身影，在山腰聚集，慢慢地游向桥山，组成了一幅浓淡相宜的水彩画。无论是身临其境，还是遥相眺望，都会令人心旷神怡、流连忘返。

龙湾晓雾

乘龙迹已渺，志地去龙湾。
香雾空腾水，寒光半隐山。
人疑迷路远，鸟觉倦飞还。
捧出扶桑日，霏霏到处删。

（6）凤岭春烟

凤岭即凤凰山，也叫石山，传说在黄帝时代，这里的山岭上，常有凤凰栖息，并发出动听的鸣叫，黄帝从凤鸣中受到启发，就命伶伦采回西夏之竹，仿照凤鸣作音律，从此世间有了美妙动听的音乐，凤岭也由此得名。清嘉庆十二年《中部县志》记载："凤凰山，县东一里，其形似凤，又名二郎山。"《古今图书集成》上说："凤凰山逼邑城，烟浮其上，霭霭缭绕，久而不散。"现在，站在黄陵县城东边的阳洼山上，向北眺望，还能看到这只"凤凰"。凤头是石山村；凤身为桥山，满山翠柏为凤羽；凤翅为黄陵县城。春烟是指春天的如烟之雾；春天的凤岭周围烟雾缭绕，山势在晨雾中一起一伏、分外美丽，犹如一幅天然的水粉画。

凤岭春烟

共道春明媚，谁知亦异同。
水中浓淡外，山色有无中。
带雾几疑雨，连云不惹风。
迷离堪入画，妙理问天工。

（7）汉武仙台

《史记·封禅书》上记载：汉武帝"北巡朔方，勒兵十余万，还，祭黄帝冢于桥山"。汉武帝刘彻征朔方凯旋后，为夸耀武功，祭告祖先，祈求自己能够成仙长寿而筑祈仙台，它坐落于黄帝陵前，以

汉武仙台

披云履水谒桥陵，翠柏烟寒玉露轻。
衮冕霞飞天地老，文章星焕海山青。
巍巍凤阙迎仙岛，渺渺龙车驻帝城。
寂寞琼台遗汉武，一轮皓月古今明。

土堆砌台，高数丈，翠柏围之，高出林表，有曲径可攀，传说登此台可遥望三城的灯光(陕西省的洛川、宜君县，甘肃省的正宁县)。如今，它已成为人们缅怀始祖，登台观景的地方。

（8）黄陵古柏

据新编《黄陵县志》记载，在占地1300多亩的黄帝陵园，古柏有83000余株，其中很大一部分树龄在千年以上，为全国最大的古柏群，其中尤以黄帝手植柏、汉武帝挂甲柏、龙角柏等奇柏和名柏而闻名天下，是极其珍贵的特殊文物，中华民族的稀世珍宝。

（四）城进陵退，陵邑失衡

城市化是迈向现代化的必由之路。改革开放以来，我国经历了历史上规模最大的城镇化进程，极大地提升了综合国力，也改善了城市公共服务、基础设施和人居环境。但对经济发展速度的片面追求，也带来了一系列的问题，如发展的不均衡、不充分，冲突与矛盾伴随着发展的全过程。

黄陵县也面临着保护与发展的冲突与矛盾。城市的发展冲动不断蚕食黄帝陵的空间与圣地氛围，谒陵交通与城区交通重叠、冲突，对外服务能力严重不足等问题困扰着这座城市，也考验着决策者的智慧。周恩来总理曾经说过："只有身体好，才能学习好、工作好，才能均衡发展"。我们这次工作营工作的内容不仅是要不断挖掘黄帝陵自身的历史高度、文化价值与

黄陵古柏

轩帝天登去，陵高耸柏林。
风吹草动哎，日影带云阴。
叶拂晴霄翠，根盘石窦深。
仙踪应在此，踏莽一相寻。

精神之源，也要像医生一样去审视、调研、问询与检讨这座城市的方方面面，去查病因、找病灶。正如《黄帝内经》中蕴含的智慧，"执道循理，必为本始，顺为经纪"，要去理解在特定历史条件下城市发展问题出现的原因与机制。只有这样才能处理好当下的发展冲动与黄帝陵国家文化公园保护之间的矛盾，才能处理好"陵与邑"之间的失衡关系，这也是本次规划所面临的一个重大挑战。专家、学者、工作营、规划师的到来对地方来说，看到的是发展新机遇，期望可以为城市的建设提供专业指导。而呈现在工作营面前的却是城区对黄帝陵的不断挤压，如何说服地方政府改变思路，甚至成为该规划编制的关键。

黄帝陵是全球华人的祭祖圣地，但现状环境氛围与人们心目中的圣地意境相去甚远。现状进入桥山腹地要穿过嘈杂的县城，周边山体植被斑驳，无法提供让谒陵者静心拜谒祖先的肃穆环境，凸显不出黄帝陵高山仰止的神圣地位。

城市建设用地迅速扩张导致陵城主从关系失衡。对比坊州古城，现今县城建成区已是其数倍规模，并侵占了黄帝陵风水格局内整个西湾的川道空间。由西湾进入，黄帝陵、桥山仿佛被挤压在现代城市之下，高大的城市建筑吞没了桥山高山仰止的神圣，嘈杂的环境影响了黄帝陵的肃穆。而旅游小火车的实施破坏了沮河生态环境，切断了黄陵山水格局。

入陵线路是形成圣地感的关键，现状到达桥山的主要线路要贯穿县城，谒陵祭祀线路与县城交通和过境交通混杂在一起，相互干扰，且停车场又设置在桥山脚下。在清明公祭等大型活动期间，交通基本瘫痪，大量车辆和游人拥堵滞留在轩辕庙前，严重影响祭祀活动的开展和氛围的形成。

针对国家公祭及日常民祭和旅游的接待能力不足，本地旅游服务设施数量少、层次低，难以满足典礼及日常需求。此外，祭祀场所虽然已有祭祀大殿及广场提供，但随着祭祀人数的增多，已显容量不足。现状容量不足一万人，公祭仪式时民众大量涌入，十分拥挤，存在安全隐患，迫切需要开辟新的祭祀场地，满足拜祭祖先的需求。

1. 城陵失据

黄帝陵核心区面积是 1.7 平方公里，相对于黄帝陵这样的高规格，周边的自然山水格局以及文化意象无法承载发展的需要。城市的发展和陵区的保护之间产生了较大的矛盾。

历史上的城陵和谐共生。桥山为城，沮水为池，天造地设。

随着黄陵县城的城市化，城市建设规模扩大蚕食着自然环境；旅游事业的发展，使大批祭游人群不断涌入，影响着谒陵秩序；同时，从整体上看，古城空间尚存，但建筑风貌与文化特色已泯灭。

陵区内人工设施尺度偏大。黄帝陵作为中华民族以及全球华人的祖陵圣地，经过多年保护和生态修复，整体环境向好，却仍存在环境园林化、种植人工化、局部山体裸露等问题，陵区广场和印池公园游乐化，削弱了黄帝陵场域整体空间的圣地感。目前，黄帝陵与中山陵、麦加和耶路撒冷等世界知名圣地相比，圣地感明显不足，与黄帝陵国家文化公园的定位不相符。城市建设用地环陵发展造成了圣地"空间杂乱"，以黄帝陵为尊的传统陵轴线秩序被干扰，识别性差。现状建筑以1980年代以来建设的多层及中高层现代建筑为主，缺乏特色，建筑整体风貌与黄帝陵及周边环境不协调。

2. 谒陵规微

从交通区位来看，交通联系方向较为单一。黄陵县位于包（头）西（安）交通干线通道中部节点位置，区域性对外交通以南北为主要联系方向。景区旅游交通来源方面，西安、延安是黄帝陵景区对外交通联系最主要的中转集散点，其中西安方向承担超过70%的交通量，延安方向承担约30%的交通量。

客运结构以公路运输为主要方式，铁路运输服务能力相对不足。现状包西铁路（快速铁路）设黄陵南站（动车站），距离城市核心区超过20km，交通接驳衔接不便，旅客服务能力较弱。公路运输方面，包西高速、西延高速、国道210为主要公路通道，承担景区对外交通联系。根据旅游交通统计数据，自驾车、旅游大巴车是黄陵县旅游交通的主要方式，其中自驾车游客比例超过70%。

从旅游资源分布和线路组织来看，高速公路衔接通道单一。黄陵县为通道性旅游节点，其客流主要通过延安、西安组织南北旅游环线，区域性东西向客流需要转换到南北方向通道进入黄陵县，仅通过城市西部出入口节点接入包西高速、西延高速，景区对外交通需求集中于城市西部出入口节点，旅游高峰期交通压力较大。

旅游高峰期间，居游矛盾问题凸显。轩辕大道作为横贯城市的主干道，串联高速出入口、城市核心区、黄帝陵景区，通道具有唯一性，道路功能过于复合，兼具城市交通功能、旅游集散功能。受到黄帝陵清明祭典等重大活动影响，高峰期旅游交通与本地交通重叠影响，交通问题凸显。现状轩辕大道在旅游高峰期采取临时性措施应对，祭祀典礼期间，轩辕大道实行全线交通管制，对城市生产生活影响极大。现状轩辕大道东段过境性交通、城市联系交通、旅游到发交通等多重功能混合，交通环境凌乱嘈杂，与陵区庄严、肃穆的氛围不协调。

2018年清明公祭景区周边交通及配套情况

3. 保障不足

黄陵县是中华民族始祖黄帝的陵墓所在地，是全球华人寻根问祖的民族圣地，是享誉全球的中国黄帝祭祀文化之乡，具有极高的知名度，这是黄陵县发展旅游业，并以此为基础带动其他相关产业发展得天独厚的品牌优势和资源条件。

据不完全统计，自 1990 年以后，游人逐年增加，到 1995 年游人已增至 42 万人，且主要集中在春秋两季。从 1990 年以后，到黄陵县旅游的人数呈逐年递增趋势。2016 年，黄陵县接待国内游客共 106.6 万人。

根据大数据采集到的 2017 年黄帝陵清明公祭活动当日黄陵县人流情况、2017 年黄陵县旅游及接待能力等数据，可明显看出清明祭祀活动当日，人流峰值达到 13500 人，峰值人数远远超过了黄帝陵现状的接待能力。从祭游人员构成上可见，赴黄帝陵祭游人员以陕西省人员为主，约 16370 人，其他省祭祀人员和游客大约为 2713 人。由此可见，黄帝陵文化旅游影响力主要集中在省内，黄帝陵文化展示与发扬工作任重道远。

黄陵县旅游配套设施水平较低，餐饮、旅游导览服务和住宿服务需要加强。目前，全县有涉旅企业百余家，其中四星级饭店 1 家，涉外饭店 1 家，旅游宾馆、饭店 20 余家。

从数据之中可以明显看出三点主要问题。一是黄帝陵旅游人口聚集主要集中在清明及其他祭祀节日，即春秋两季，全年其他时日到黄帝陵祭游人员以当地人为主，说明黄帝陵现状旅游资源及配套服务不能持久吸引外地游客到此。二是旅游配套设施相对滞后，清明及其他节日祭祀活动期间，黄陵县接待能力有限，缺少相匹配的会议、联谊、非正式外交和会晤等功能。无法满足海内外炎黄子孙寻根交往、文化交流的活动需求。餐饮和住宿接待能力严重不足，致使大量游客从西安赶来参加祭祀活动，无法提供午餐，只能当日狼狈折返，影响祭祀感受。三是公祭拜谒理序不够庄重，拜谒人员全部聚集在轩辕庙外广场进行祭祀活动，场地空间狭小，没有完好体会到中华五千年中的祭祀传统文化和礼仪。

我们处在一个伟大的历史时代，肩负着伟大的责任，就是中华民族的伟大复兴。黄帝陵作为中华民族伟大复兴的思想和精神的高地和圣地,如何科学地编制规划,谨慎下笔,对身处其间的每一位规划师而言,都是个重大考验。

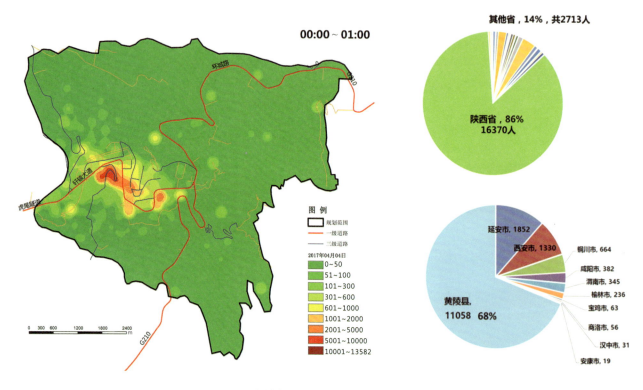

手机信令文化公园范围内人群分布
(中规院团队绘)

第二篇

规划大师工作营历程

2017年5月，通过的《国家"十三五"时期文化发展改革规划纲要》中明确提出要重视中华文化传承工程，其中包括国家文化公园的建设。陕西省政府也对黄帝陵国家文化公园建设工程高度重视。2017年8月，陕西省委相关领导来到黄帝陵文化园区实地考察并作出"精心谋划、系统推进"的指示。在黄陵县人民政府、陕文投集团和CBC建筑中心共同研究的基础上，规划设计团队最终采用了"黄帝陵国家文化公园规划设计大师工作营"的工作模式，建立起了一支高规格的研究型设计工作团队，以严谨、专业的态度应对这一重大课题。

一

重大课题催生下的创新组织形式
——规划大师工作营

　　黄帝陵有着深厚的历史积淀，承载着亿万炎黄子孙的民族情感，20世纪90年代曾进行过一次重大整修，凝结了大批规划设计前辈的心血和智慧。如今黄帝陵国家文化公园工作启动，团队采用"大师工作营"的工作模式。大师工作营由中国城市规划设计研究院院长杨保军任学术召集人、天津市城市规划设计研究院院长黄晶涛与CBC建筑中心主任彭礼孝任联合召集人，共同建立起一支高规格的研究型规划设计核心工作团队。

　　不同于以往的多家团队竞赛的方式，此次创新型的组织模式通过共同驻场对黄帝陵国家文化公园开展调研、研讨，分别提出对未来黄帝陵国家文化公园的规划设计理念及方案。不同于"背对背"式的设计竞赛，工作营采用开放、包容的态度，互相切磋、启发，在驻场数十次会议的不断碰撞、磨合、交流的过程中，逐渐统一思想、凝聚共识。工作营不仅仅聚焦于规划设计中的技术层面问题，更关注各大师对于黄帝陵文化公园未来定位的思想碰撞。期间，还邀请各领域专家探班指导，与设计师深入交流碰撞。

杨保军　　　黄晶涛　　　吴唯佳　　　周俭

段进　　　周庆华　　　彭礼孝

大师工作营模式受到雄安新区规划工作营的启发，但又有改进。雄安新区规划工作营的联合团队并非驻场共同设计，而"黄帝陵国家文化公园规划设计大师工作营"的"6+1"联合团队则面对面地开展驻场设计。六家团队包括由杨保军领衔的中国城市规划设计研究院、由黄晶涛领衔的天津市城市规划设计研究院与天津大学建筑设计规划研究总院联合团队、由吴唯佳领衔的清华大学建筑学院、由周俭领衔的上海同济城市规划设计研究院有限公司、由段进领衔的东南大学城市规划设计研究院、由周庆华领衔的西安建大城市规划设计研究院及技术支持团队西安市城市规划设计研究院齐聚黄陵现场，显著地提高了沟通效率。大师营团队的各家单位专业特色鲜明，各司其职。各方共同努力，各展所长，以严格的标准、严谨的态度，精益求精地完成该项工作。

"黄帝陵国家文化公园规划设计大师工作营"模式成效显著，为其他重大项目的工作组织提供了一个可借鉴的范例，值得规划设计界关注。

驻场感知,黄陵精神

开营仪式后,六家设计团队在几位院长的带领下组成近百人的团队,于黄陵县开启了为期20天的"黄帝陵国家文化公园规划设计大师工作营"驻场考察,大师团队通过驻地踏勘、调研及研讨,分别提出了未来黄帝陵国家文化公园的规划设计理念及初步方案。在此期间,各单位驻场期间均有心得,收益良多。CBC建筑中心记录下各团队的体验及收获,作为大师营驻场工作实录,为后续的设计深化和共识商讨工作打下了基础。

前期紧锣密鼓的资料调研、不辞辛劳的实地走访踏勘、体验文化内涵丰富、历史韵味厚重的公祭仪式,使参与的每一个人都能感受到,这不是一场单纯的规划设计,而是一种虔诚的体验和学习,甚至是一次精神的洗礼。由坊州古城到沮河景观,由杏城遗址到仓颉造字台;由驻场调研到规划设计,由空间组织形式到国祭职能构建,均是设计师内心向这一方土地虔诚的致敬。

置己于中,深读黄陵,彰显人文良知。"人文良知"是一种文化自觉,文化自觉是发自内心的动力,而只有内心的动力才能催发文化的担当,才将有深读黄陵的责任感。长此以降,何止千年!

大师营团队
（UED 拍摄）

（一）追根溯源，解读黄陵之文脉

开营之前，由彭礼孝主任带领的CBC建筑中心团队做了大量的准备工作：为每一家设计团队设立了工作室和档案室，方便大家在工作期间相互交流。大家在工作营期间，也经历了系统的踏勘、详细的座谈。

首先，大师营团队进行了一系列案头工作，黄帝陵规划研究需要足够的历史材料以资立论，无论是新材料的搜集，还是文献中旧材料的挖掘，多数著作仍需重新梳理，需要在整体结构或局部研究方面进行调整与补充。为求力免遗珠之憾，设计团队勤加检索，所阅资料既有学术史回顾，也有专门史研究；既有宏观梳理，也有微观考证，内容涵盖了黄陵历史文化的方方面面，可谓是黄陵历史文化研究的一次汇总。以独特的视角发掘新鲜的资料，是大师工作营诸多参与者的共同追求。此次大师营学术研究的原创性，也不仅体现在材料新，更体现在视角新、观点新。在研究视角和广度上的新开辟，进一步夯实了研究基础，有力推动了研究领域的扩展和研究工作的深入。研读过程中，千年前的黄陵在设计团队的眼中渐渐生动起来。

(二)深入现场,感知黄陵之精神

CBC 建筑中心团队策划组织了为期两天的调研座谈会。工作营各家规划团队共同讨论了对交通状况的集中调研,重点调研区域内的交通轴线、交通与景区连接口(轻轨、高铁等)、新老城区、坊州古城、沮河景观等。

黄帝陵管理局、住建局、文广局、交运局、水务局、林业局、规划办、旅游局、黄文投、桥山街道办、延旅集团黄陵公司等有关专业部门都参与了座谈会,为设计团队充分了解黄帝陵及周边区域状况提供了基础资料和信息。

同时,工作营对周边环境的集中调研状况进行了研讨,重点调研区域为黄帝陵周边区域文化遗址、自然资源等,考察路线为杏城遗址、黄帝教兵场、嫘祖养蚕织帛处、仓颉造字台等黄帝文化遗址、黄陵国家森林公园、万安禅院、小石崖革命旧址等。毋庸置疑,现场环境给我们深深的感染力。为了听取对黄帝陵区域规划建设的民情、民意,也召开了旅游局、文化局、文联、黄帝文化研究会秘书处等有关专业部门以及人大代表、政协委员、群众代表的座谈会。会场气氛热烈,别开生面,大家均以黄陵保护为主题,畅所欲言,积极建言献策,充分体现了对黄陵历史文化的责任感。大家并非只是正襟危坐地宣读论文和文章,而是积极地参与讨论并分享经验。

陕西省领导十分重视黄帝陵相关工作的推进,专程来黄陵进行调研,期间听取黄帝陵大师工作营中期成果的汇报,强调要以更高标准推进黄帝陵的

陕西省领导在黄帝陵文化园区调研

(陕文投拍摄)

保护与建设，深化体制机制创新，深入挖掘和展示独特文化价值。同时，陕西省黄帝陵文化园区管理委员会党工委书记、管委会主任、黄陵县委书记孟中华也指出，要精益求精搞好规划设计工作，使之与黄陵全域旅游发展、城市建设，及与老百姓的幸福生活相结合。

（三）亲临仪式，探寻黄陵之历史

2018年清明节上午9时50分，戊戌年清明公祭轩辕黄帝典礼正式开始。华夏文明绵延至今，历代后人通过祭祀黄帝陵等方式表达对人文初祖黄帝的追思与尊崇，同时反映了炎黄子孙血脉相连、同根同祖的赤子情怀。

祭祀过程中，大师工作营团队、技术支持单位、陕文投集团领导共同出席，万余名海内外中华儿女齐聚黄帝陵轩辕殿祭祀广场，共同祭奠人文始祖轩辕黄帝，场面庄严壮观。

公祭典礼结束之后，黄帝陵植树活动在桥山之巅展开。从黄帝亲手在桥山栽种柏树以来，至今桥山已经保存有八万多株古柏，植树造林也成了中华民族的一个优良传统，寓意让所有华夏儿女把"根"脉留在这里，传承下去。

黄帝陵国家文化公园规划设计大师工作营团队一行共同参观了黄帝文化中心，缅怀轩辕遗泽，瞻仰古柏虬龙。参与者体验了延续千年的庄重仪式与浓厚情感，为黄陵而执的规划之笔也将饱含深情，万般思量，慎之又慎。

大师营团队调研现场

（UED 拍摄）

大师营团队参与黄帝陵清明节公祭

（UED 拍摄）

开营前后我们系统地进行了现场调研，3月5日晚上，杨院长召集中规院团队成员进行研讨，主要为第二天拜访韩骥先生与张锦秋院士作准备。大家分享了所见所闻所感，最后杨院长提出了总体的工作思路，要求我们研究好黄帝陵在中华民族伟大复兴中的使命与作用，保护好黄帝陵的山水格局，营造好神圣的山水意境，完善好陵区的功能与风貌环境，处理好陵、庙、邑的关系并突出陵和陵轴的统领作用，解决好国祭、公祭与民祭的综合保障。切勿大动干戈，要采用"针灸式"方法，小范围、有针对性地改善与提升。第二天，我们带着思考与问题去韩骥先生家拜访。

韩骥先生与张锦秋院士对黄帝陵的感情颇深，在讲述当年整修黄帝陵的工作时如数家珍。韩骥先生特意在他众多的工作笔记中把20世纪90年代工作时的笔记找了出来，韩先生当时的观点就极具智慧与前瞻性。他说黄帝陵是中国古代风水思想的源脉，陵、庙、城、山、水是一体的，并共同构成黄帝陵的大山水格局。同时，大格局中的轴线至关重要，而魁星楼作为轴线延伸的节点也十分重要。

张锦秋院士事先专门列出了数页篇幅的要点。张院士首先强调了圣地感的营造，这一点最为关键。围绕圣地感的营造，黄帝陵内部要做减法，应以"藏"为主，目的是恢复古朴的自然环境。而明确黄陵县城新老城的定位，梳理新老城的关系也尤为重要。此外，要以人为本做好旅游与祭祀的服务保障。同时，关于黄帝陵历史价值的发掘与保护，也亟待进一步推进。

在有限的交流时间中，韩先生、张院士与杨院长达成了多点共识。首先就是要站在民族和国家的角度，慎之又慎，保护好并发展好黄帝陵。其次，黄帝陵的圣地感与山水格局要得到充分的彰显。同时，陵与邑的关系要得到进一步的梳理与明确。此外，要以人为本去提升并完善各项服务保障。交流中，我们体会到了二位先生对黄帝陵倾注的深厚情感，他们的点拨也更加坚定了我们开展这项工作的方向。在此基础上，中规院团队与其他团队相互学习与交流，共同为黄帝陵的保护与发展提供思路与方案。

——中国城市规划设计研究院团队　白杨

2018年3月5日天规院团队到黄陵驻场办公的第一个晚上，黄晶涛院长勉励我们团队，"对于黄帝陵国家文化公园规划，规划师应有大格局、大情怀，认知这项工作的高度以及我们所肩负的重大使命"。

当我们怀着敬仰的心情踏入黄帝陵，面对在香港回归纪念碑、澳门回归纪念碑之后的一个空位，我们对这种使命感有了一个新的认识，这就是新时代的要求，也是规划的使命。我们一直在思考这个问题，这个使命如何传达到我们的规划方案。黄晶涛院长启发我们团队，"要从大格局来看黄帝陵的格局，从民族复兴的意义来看黄帝陵的意义，要找到格局和意义的契合点"。最终，我们提出了一个在整个国土空间尺度上构建大陵轴的概念，也就是后来与中规院确定的立轴致远。

其实，每一个在黄陵驻场的工作团队都有一个属于自己的故事。工作营期间不仅有思想的碰撞，还有每个团队自己的思考。为了寻找一条合适的拜谒路线，我们团队五次调研了210国道，深入沿线的居民家中进行访谈，切身了解民众的诉求；为了恢复古城原有的风貌，我们团队无数次进入古城，寻找古树、古城墙、古建筑，还有原有的街巷，倾听守陵人讲的故事，都是一幕幕鲜活的记忆。

——天津市城市规划设计研究院和天津大学建筑设计规划研究总院联合团队

赵维民

黄帝陵是中华文化的精神标识，是海内外华夏子孙共同的精神家园。黄帝陵国家文化公园规划设计工作立足于格局恢宏的历史图卷，是一项极具使命感的任务。

在规划设计过程中，我们身临天下炎黄子孙祖陵、公祭国典场所、千年人居家园，于其境之中认知其地位与价值，辨析其当前的问题与矛盾，思考此次规划设计的定位与策略。我们力求站位国家高度、展现历史厚度、凝聚情感深度，尊重历史、发掘特色、因地制宜、积极创造。团队内教授专家们与规划设计师们各展所长，重点解决山水格局渐失、城庙关系失衡、城市特色零落、谒陵线路失序几大问题。在反复踏勘、观望、测量过程中分析、梳理空间格局，逐步形成设计策略。在此期间，多轮团队间交流学习和大师探班指导也提供了宝贵的帮助。

承蒙师长、同侪的倾囊相授与协力相助，此次黄帝陵国家文化公园规划设计工作顺利完成。我们兼顾历史与当代，寄望于对未来黄帝陵的发展提供些许借鉴。更大、更多的课题还需要在地区的发展与变化中持续探讨。

—— 清华大学建筑学院团队　黄鹤

古之祖陵圣地，今昔精神标识，黄帝陵是凝聚中华民族的精神纽带。黄帝陵国家文化公园的规划工作是一项触摸历史、与时代对话、饱含民族自豪感的特殊工作。

驻场工作营的几十个日夜，身处陵境圣地之中，我们一直在思考：如何描绘好黄帝陵与周边区域在新时代的关系，如何让古城居民从"守陵人"升华为传承者、参与者、受益者？经过六家设计单位的多轮思维碰撞，让我们深刻感受到对黄帝陵的保护与规划不仅是对独特历史空间的设计思考，更是一项担当历史使命，有温度、有厚度、有广度，关于人文关怀与历史传承的重要课题。在这个过程中有思维的碰撞、有互相学习与借鉴，还有不同学科的大师前来探班指导；这是一项复杂、充满挑战但富有智趣的工作，团队立足"圣地环境营造"与"古城设计"两个具体子项，经过反复讨论与修改融入凝聚共识的设计成果。

黄帝陵国家文化公园规划工作是文化传承与民族凝聚的重要举措，参与其中我们深感自豪，希望通过我们规划设计团队的思考与探索，为黄帝陵区域未来保护与发展提供多元的思路与技术参考。

——上海同济城市规划设计研究院有限公司团队　肖达

作为中华民族全球华人的祖陵圣地，期盼中的黄帝陵，是青山掩映，古柏森森，"云雾绕柏源，圣水倒高岗，鹤立孤石上，黄花深水旁"的诗意画境迎面而来。

但当团队初驻现场，皆对眼前反差感到惊诧和忧虑：山林斑驳、沮水不清、祭祀序列呈现不佳，难以形成直指人心的共鸣与感动，这与历史上"圣水深壑，灵山翠微"的中华圣地意境差距甚大。如何再现黄帝陵的"圣地感"、如何使黄帝陵名副其实地成为中华文明的精神标识，达到"以文化人，以史资政"，让人顿感责任重大。

为实现本次规划设计的"在地性"与独特性，避免模式套用和主观臆想，团队结合近年来"空间基因"的研究，将空间基因提取、解析和传承的技术体系，加入设计流程中，并通过长期驻场形成的浸入式构思，回归传统的匠人营造方式，希望能"溯到源，找到根，寻到魂，找到历史和现实的结合点"。

回想过程中，大师工作营各团队集思广益，零距离的交流让智慧的火花碰撞、沉淀。一日数次的谒陵踏勘、山头眺望分析、全程现场步量的过程中，我们也汲取了许多古代匠人择址与营造的智慧。多轮业内外的大师探班与讨论，让我们坚信：本次工作将为圣地文化的发扬与中华基因的传承贡献出一分力量。

——东南大学城市规划设计研究院团队　张麒

黄帝陵是中华文明的精神标识，是海内外中华儿女共同景仰的圣地。多年来，西安建筑科技大学的规划人就像忠实的守陵儿女，围绕圣地营造这一目标，用我们的专业智慧守护着我们的精神家园。

此次，西安建大团队在周庆华院长的带领下，与兄弟单位携手，再次走到黄帝陵脚下，心中既有忧虑，也有无限期待。忧虑的是，多年来，虽然黄帝陵的保护与整修工作成效显著，但现在的黄帝陵与人们心目中的圣地形象还有差距。期待的是，通过大师工作营众多大师、同仁以及社会各界有识之士的共同努力，能够解决城陵矛盾等长期困扰的现实问题，促进圣地氛围早日形成。

"黄帝陵国家文化公园规划设计大师工作营"无论是项目高度、组织架构、还是参与人员的广度和专业度等方面，都是高标准、高水平的。六家设计团队均由院长带队，同时还安排了大师探班，他们都是城市规划界的前辈和领军人物，他们身上那种"一辈子只干一件事，一件事做到极致"的精神，带给我们很大的触动。同时，团队中的每一个人都发挥着自己的光和热，精益求精的"匠人精神"闪耀在每一个优秀规划人的身上。

此外，本次工作营的意义还在于：各个团队不再是传统的"背靠背"模式，各自为营，而是"面对面"取长补短，组成工作大家庭。孔子曰："君子和而不同"，六家团队各有所长，协同合作，在驻场工作的二十二个日夜里，大家热烈讨论，思想碰撞，逐步明确了各自后续工作的着力点，为最终共识的形成打下坚实的思想基础。

在中华民族伟大复兴的大时代，黄帝陵保护与发展任重而道远，但我们脚步亦坚定。

——西安建大城市规划设计研究院团队　杨彦龙

多学科叠加的工作平台
——大师探班

　　大师工作营期间，CBC建筑中心邀请中国著名建筑师、规划师、历史学家、文化学者、文化旅游投资运营专家等，在工作营期间与工作营设计团队进行深度交流及研讨，共同探索未来如何将黄陵县打造成承载中华文化复兴的世界文化高地。团队内知名专家学者众多，且专业涉及广泛。六位大师分别分四期来到黄陵对设计团队的工作进行探班。探班大师多为老辈学人，所言或便于入门，或有助提高，绝无应酬之言。大师探班的间隙，CBC建筑中心对探班大师进行了见缝插针的访谈，通过细致地拟定访谈内容，与大师面对面地访谈，经由整理，力求得到生动、鲜活的研究资料。

黄帝祭祀与中华民族的国家认同

刘庆柱

中国社会科学院考古研究所学术委员会主任、郑州大学历史学院院长

关于文明，世界上有一个通用的标准，即国家、城市、金属器和文字。

国家不同于野蛮社会，是地缘政治和血缘政治的结合。什么是地缘政治呢？比如黄帝当上了"国家领导人"，他抚养其孩子接班，或者安排其亲属居高位。黄帝在政治上使得地缘和血缘相结合，国家时代的文明就此开启。

关于城市，有文献记载，五帝时代大禹的父亲叫鲧，《吴越春秋》里记载，鲧说道，"城以卫君，郭以居民"。"郭"在外，"城"在里，古代所有的都城、王都都是消费型城市，因此有城有郭。现存的距今五千年前的城市不止一个，至于黄帝在何处建都城统治这个国家，仍然存在争论。但可以肯定的是，在黄帝的时代，城市就已经普及。

黄帝发明了金属器，历史上记载黄帝铸九鼎。历史上的金属冶炼不仅仅是传说或文献记载，我们很早便在黄河流域找到五千年前中国炼铜的遗址和冶炼出来的青铜。文字则更不必说，历史明确记载，黄帝的史官叫仓颉，那时便有了仓颉造字。

习近平总书记常提及我们的文化基因，黄帝陵便体现出了五千年来的文化基因，它凝结了中华民族五千年不断裂的文明。中国引以为豪的并不仅仅是历史悠久，更重要的是"不断裂"这三个字，五千年来一脉相承。黄帝陵不但要将时代风格体现出来，还要将五千年不断裂的文脉体现出来，让人知道一脉相承的文化基因核心在此处。这样，建设国家文化公园的目的就达到了。黄帝不是我国每个民族血缘上的祖先，而是人文初祖。

刘庆柱教授的主要研究领域为中国古代都城考古学、古代帝王陵墓考古学和秦汉考古学，他先后参加并主持了秦都咸阳遗址、西汉十一陵、汉长安城遗址、秦阿房宫遗址等地的考古发掘工作。在演讲中，刘教授强调了整个黄帝陵文化的"不断裂性"及黄帝陵国家文化公园大师营项目的独特性。

从西汉帝陵到黄帝陵祭祀溯源

李毓芳

中国社会科学院考古研究所研究员、中国社会科学院研究生院教授

西汉汉宣帝杜陵发掘了许多"长乐未央"瓦当,皇后的陵墓则"长生无极"的瓦当较多。陵墓旁边的建筑便叫"寝",主要的祭祀活动都在此处,祭祀时,"日祭于寝,日上四食",每天都在这里祭祀,每天都要烧香摆饭,一天要摆四次饭。祭祀时一边敲钟一边祭祀。我们所发掘的大范围寝园,一般包括寝殿和便殿。

汉武帝茂陵的一些建筑出现了砖瓦,只要有瓦便有房顶,有房顶便有建筑。墓旁或墓上只要出现瓦,就一定有建筑。墓园附近的建筑物及墓上的建筑物,就是祭祀用的。秦始皇陵北边有寝殿建筑,西北边是便殿建筑,跟汉宣帝杜陵一样,有寝园和便殿来进行祭祀。

战国时期,墓之上有五个房子,中间是王,两边是后妃。春秋时期邑城的秦公陵墓上出了板瓦、铜瓦,以及柱子洞。河南安阳商代妇好墓的墓上有柱子洞,柱子洞就是挑房顶的,有房顶就说明有房子。在商代也是墓上建筑,在墓上祭祀。

黄帝陵的祭祀规模很大,每年都是在旁边的轩辕庙里进行。如今的祭祀应参照自西汉直到商代的祭祀方法。黄帝陵后面是一个山头,周围有水渠,水渠前便是几千个牛坑、马坑、羊坑。现在祭祀黄帝陵也可采用这种方法。由此我们可以看出,国家祭祀的传统,从战国时代发展到汉代便已经具有很大规模。

李毓芳教授曾任中国社会科学院考古研究所汉长安城考古队队长、阿房宫考古队队长等职,先后参加并主持了汉高祖长陵陪葬墓、秦都咸阳、汉唐帝陵等勘探与发掘工作。李教授几十年如一日地坚持工作在田野考古工作的第一线,曾被《中国文物报》誉为"大地的女儿"。

大国工匠——古代建筑设计管窥

王其亨

天津大学建筑学院教授、
博士生导师

"仁者乐山，智者乐水"，这是中国人的思维方法，是中国传统文化的核心价值观，没有丝毫迷信，它的精髓是尊重大自然，将自然当作我们生存、设计的准绳，人和自然本来就是一体的。

中国古建陵寝最重要的是尊重人、自然和秩序感，在尊重自然山水格局的基础上去选址、测量、建设，其空间是一个让后人和祖先在精神上、心灵上进行对话的场所，黄帝陵即是一个典型。黄帝陵选址非常注重自然水系，古人顺应自然，去理解环境，这是古代智慧带给今天后人们的最大收获。朱熹提到"参天地，赞华宇"，所谓"参天地"就是了解、认识、掌握、驾驭、顺应自然，最后促进自然的演化，这是极高明而道中庸的，中国古代的天地境界，就是和自然一体。中国古代陵寝虽然仅仅是一个小小的山丘，但蕴含着中国人的大智慧，非常现代的设计理念，值得全世界人民学习，所有的神道也是如此，绝对不盲目地去破坏自然原有的文脉。

纵观黄帝陵环境的山形水势，尽可能恢复黄帝陵古时山水风貌，首先就是要确定底线，保护的红线。在建筑形制方面，借鉴中国传统建筑的制度，结合古人智慧，体现出神圣感，从形到内心皆可使人产生崇拜的感受。对于黄帝陵的山水环境，梳理功能、交通等系统，使其形制相对完整，给后人留下比较好的自然环境或者是人文环境。规划当中要留有后续发展的空间，设计师不可一手遮天，前无古人、后无来者，如果这样就没有华夏民族，也就不会有生生不息的文化。

王其亨教授对中国古建筑测绘、明清皇家陵寝与园林等都有比较深入的研究，被称为黄帝陵中国风水集大成者。在演讲中，王教授从传统建筑的设计理论与方法，尤其是风水理论方面，给大家带来了扎实而深厚的分享，颇可成一家之言。

黄帝与黄帝祭祀

张茂泽
西北大学中国思想文化研究所教授、陕西省轩辕黄帝研究会副会长

习总书记指出，黄帝陵是中华文明的精神标识。黄帝不仅是一个历史人物，更是中华文明的人文初祖，经过几千年传承弘扬，成为凝聚中华民族的精神纽带、团结华夏儿女的精神旗帜。

近代以来，国人纷纷认同黄帝是中华民族始祖。如同盟会机关报《民报》第一期开篇四幅图画中，第一幅就是黄帝；毛主席在抗战期间也代表中国共产党作《祭黄帝陵》诗，有"赫赫始祖，吾华肇造"句。

黄帝被确认为华夏族和其他一些少数民族的始祖和共祖，其实也适应了汉帝国维护和巩固多民族统一大国的需要。黄老学无为而治，在实践中被理解为君主无为，臣下有为。再具体落实为君主不管事，各地方诸侯国自治。黄帝始祖、共祖地位的确立，也适应了这一政治需要。

朝廷在黄陵公祭黄帝的传统至少有2000年以上的历史，而祭祀黄帝的历史则长得多，历史上有以下几个"第一"：第一次祭祀黄帝。大约在距今5000年前，由黄帝的大臣左彻"削木为黄帝之像，帅诸侯朝奉之"（《竹书纪年》）；距今4000年，祭祀黄帝第一次成为朝廷制度；距今约3000年，西周周穆王第一次主持祭祀黄帝仪式；距今2400多年的周威烈王四年，最早建起庙宇祭祀黄帝；公元前110年的汉武帝元封元年，第一次由皇帝主持进行黄陵公祭……

由此可见，祭祀黄帝及由地方诸侯甚至由中央朝廷在黄陵公祭黄帝，都有悠久的历史和久远的传统。黄帝祭祀的实质不是祭祀神灵，而是缅怀先贤、感恩祖先，是人文、理性的。

张茂泽任西北大学中国思想文化研究所教授、陕西省轩辕黄帝研究会副会长，主要研究领域为中国儒学史、中国宗教思想史和中国现代学术思想史等。他在演讲中提出，黄帝祭祀的实质不是祭祀神灵，而是缅怀先贤、感恩祖先，是人文、理性的。

维护圣地环境的纯粹性

王向荣

北京林业大学园林学院院长、中国风景园林学会副理事长、中国风景园林学会教育工作委员会副主任

在遥远的英国，公元前2300多年一组巨石阵"从天而降"，人们至今也不知道它为何建造，猜测与祭祀或观天象有关。史前人们的技术十分有限，因而建造活动受到极大限制。建造这样神圣的场所须借助自然的力量。自然环境成为整个构筑的一部分，因此史前所有构筑一离开环境则丧失存在的意义和价值——这些沉重的石块放置别处便无任何意义，它们被置于英格兰一片广袤的草原之上，显得十分突出、壮观。天空、大地与石头融合在一起，成为一种非常有纪念性的场景。如今的巨石阵周围的环境仍非常纯粹，与几千年前的整体气氛无异，保持着一种非常纯粹的面貌。周围的环境与之相辅相成、融为一体、无法分离。

在广袤的非洲大地，金字塔是法老的陵墓，它们特别单纯地屹立于大漠之中，特别雄伟壮观。非常可惜的是，环境尚存，而序列丧失。1960年代阿斯旺水库大坝的建设导致大量文物被编号、移往高处。由于离开了原来的位置，纪念性随之减弱甚至消失。

而在离中国不远的印度，释迦牟尼静坐顿悟的菩提树，仍在原来的位置，如今是世界上佛教徒的圣地。它的气氛非常纯净，一切皆围绕着这棵菩提树。释迦牟尼传道之时，也即孔子在中国讲学之时。孔子带领弟子周游列国，他招徒授课，授课之所也是树下。树同人的情感颇具关联。

因此，从不同地区史前文明或早期文明的角度来看，我们对待中国的黄帝陵要十分慎重。它不仅仅是一个旅游地，它的神圣感会给人们以触动。黄陵最重要的因素是地貌，高山、河流、柏树，这些因素都要完整地保护起来，唯有如此，才能赋予黄帝陵单纯的神圣感。

王向荣教授为景观设计、建筑设计方面的专家，曾主持设计杭州江洋畈生态公园、杭州西湖西经四合院等项目。对于黄帝陵整修工程，他提出了三点建议：加强圣地感、保护好山川地貌和植被延伸、尽量采用单纯的设计方法。

旅游经济带动黄陵文化发展

魏小安

著名旅游经济和管理专家，
旅游、酒店研究专家

如何通过黄帝陵这个项目，将我们56个民族的文化很好地贯穿融会到一起，是此次课题项目的难点所在。

从文化的角度来说，黄帝陵本身所容纳的"黄帝文化"和"黄陵文化"要有机融合；祭祀流线应与游览观光相结合；从"陵与思""陵与情""陵与园""陵与城""陵与人""陵与仪式""节日与日常""园区与生活"等几个方面思考，让黄帝陵国家文化公园能够很好地带动周边发展。

此外，从旅游规划的角度，我们要注重市场、强化消费、强调人文内涵及文化生活。在开发式文化遗产的保护模式下，旅游经济将会对黄帝陵国家文化公园遗产保护带来众多积极影响。在新时代下，我们完全可以借助市场激活文化遗产，对国家文化遗产公园重新予以重视、赋予中国传统文化崭新的境遇、为宝贵的文化遗产创造源源不断的经济价值。

此次规划工作同时得到了国内活跃的旅游学者魏小安专家的指点，魏小安在旅游经济、旅游政策、旅游规划等方面有很深的学术造诣。对于此次课题他强调，旅游开发将会对于文化遗产保护带来积极影响，应从市场、消费及人文生活的角度加强与文化的融合。

20世纪90年代黄帝陵整修回顾

刘克成
西安建筑科技大学建筑学院教授、博士生导师

我介入黄帝陵至今已接近30年，犹记1990年，我研究生尚未毕业，4月份正准备答辩时，李瑞环同志来西安召集大家共同建设黄帝陵，促进中国继续朝前走。当时便决定做一个规划设计。座谈会上，吴良镛先生提出了一个共同的原则，"雄伟、庄严、肃穆、古朴"。

何为圣者？古语有云"不可言说者为圣"。一定要与日常生活形成距离感，才会有圣地感。这也是1990年我们青年组谈方案时一个非常重要的起点。当时我们20来岁，掌握的资料不多，设计大致历时三个月。对于圣地感的考虑，有两个很关键的点：第一，要想形成圣地感则一定要超越日常；第二，此地应为禁地，没有任何建设。我们提出结合防洪防汛，把注水扩大，变成一个水面。当人俯视周边、俯瞰流水时，并非人潮如涌、车来车往的，而是一个清静之地。

对此，我们也提出了三个概念。第一个概念是"圣域"，也可叫"陵域"，该区域所有的植被、生态，都应得到特别好的保护；第二个概念是"陵区"，陵区即桥山本体加上庙区、城区、东湾、西湾、中湾以及印台区，这是国家公园的本体；第三个概念是"陵寝"，陵寝即桥山本身，以山为陵。陵区是旅游的主体部分，而陵寝则要控制进入，以保证圣地感。

今天，令我感到遗憾的是目睹县城的建设区域越来越大，我认为选址不当，距离陵区太近。庙区与陵区的矛盾愈发突出。希望在今天，我们的领导、规划师、建筑师都能够以一个更成熟的心态来面对这些问题。

刘克成教授任陕西省古迹遗址保护工程技术研究中心主任、国际建筑师协会遗产及文化特征组主任、国际现代建筑遗产理事会中国工作组组长。他先后主持规划了秦始皇陵保护及遗址公园规划、汉阳陵保护及遗址公园规划等一系列规划项目和博物馆工程，为建筑设计方面的专家。

四

设计争鸣，至勤且钜
——以多重策略应对重点问题

在工作营前期，大家共同制定了整个大师工作营的工作框架，在工作框架基础上进行分工合作，确保了各个问题都有两家以上规划设计团队协同研究，其中一些重要问题则由六家团队合力探讨。比如在总体空间布局上，六家单位都拿出了规划设计方案，同时在规划设计过程当中相互比对、相互启发，达成了一个具有基本共识的方案。

对于圣地陵核心区营造，中国城市规划设计研究院团队、天津市城市规划设计研究院和天津大学建筑设计规划研究总院联合团队、清华大学建筑学院团队以及东南大学城市规划设计研究院团队，均拿出了多轮规划设计方案，在不同阶段以不同的方案互相印证，促进方案的逐步深化。古城更新方面，上海同济城市规划设计研究院有限公司团队和天津联合团队提出了极具创意、切实可行的规划控制方案。这是未来提升整个黄陵国家文化公园非常重要的板块。西安建大城市规划设计研究院团队、天津联合团队和中国城市规划设计研究院团队选择了三个不同的地点，提供了多个不同的备选方案，引发大家的思考。同时，还有一些具体的设计方案，如印台阁的方案由东南大学和西安建大城市规划设计研究院团队提出，功德碑的方案由清华大学建筑学院团队提出，每家单位都十分严谨地拿出了多个方案进行比选。

中国城市规划设计研究院团队方案

　　该方案立足时代使命，从千年尺度看待黄帝陵。在中华民族伟大复兴事业中找准黄帝陵国家文化公园的定位。针对现状圣地感不足、陵邑失协、公祭保障不足等问题，采取扩大黄帝陵的保护管理范围、制定更严格的保护措施和采取分层保护的方式进行分区、分级保护，量化控制指标，设立22项管控细则以确保圣地区域得到多层次、多维度的立体管控与保护。同时，采用立轴致远、和谐陵邑、拜谒理序、理水梳脉四种方式进行圣地空间营造。通过强化陵轴以平衡庙、邑关系，采用虚实结合、画龙点睛方法，以恢复实轴延伸虚轴，重塑原来陵庙邑之间的和谐秩序。结合古城更新，增强祭祀仪典之前的祭祀空间序列营造，提升沿线的景观体验，以营造肃穆、神圣的圣地感氛围，同时带动古城的经济发展，使居民共享发展成果。围绕沮河展开生态保护与修复，强调圣地空间的生态性。规划以拜谒黄帝陵为核心功能，布局寻根、交往等活动场所，加强祭祀活动综合保障能力。在寻根交往区预留国事活动场所，补充非正式外交职能。通过安排一系列文化研究交流设施，提升黄帝陵的影响力和感召力。

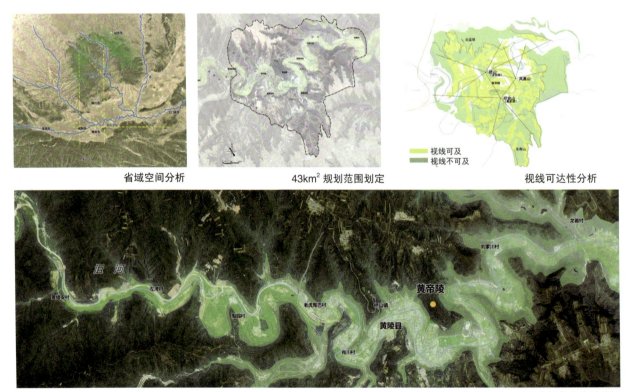

省域空间分析　　　　　43km² 规划范围划定　　　　　视线可达性分析

沮河龙形山水格局分析

总体规划

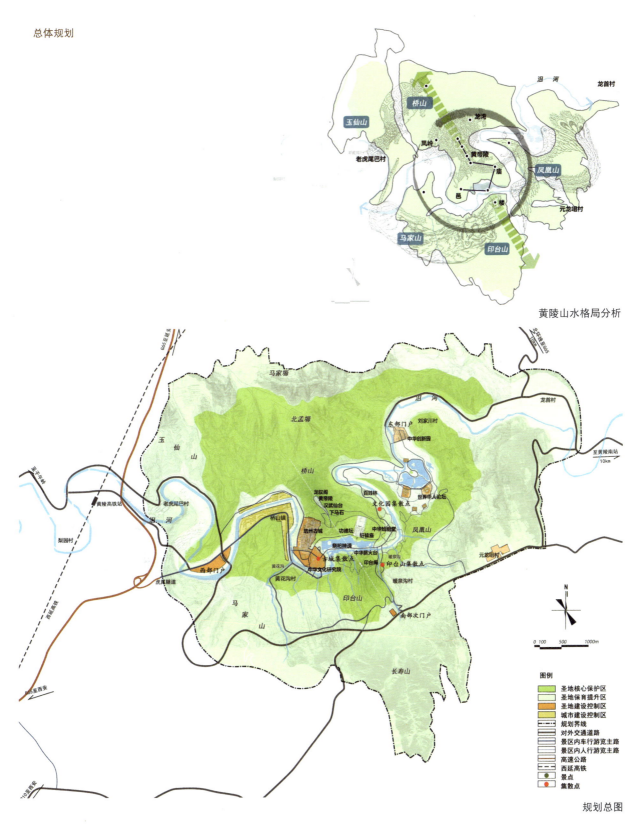

黄陵山水格局分析

规划总图

国家文化公园 黄帝陵 传承·共识·未来

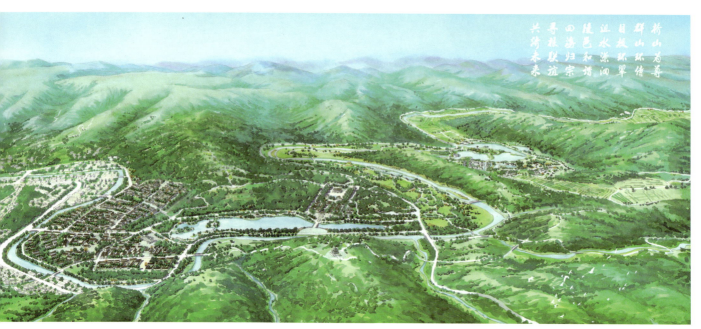

桥山苍翠
群山环倚
目极深远
泜水湲洄
陵邑和塔
四海归宗
吾祖默谊
共缮未来

规划鸟瞰

圣地核心区规划设计图

1 黄帝陵
2 龙驭阁
3 下马石
4 汉武仙台
5 轩辕庙
6 黄帝文化中心
7 扬州古城
8 古城游客集散中心
9 交通转换站场
10 中华文化研究院
11 龙形祭祀神道
12 印池
13 印台阁
14 印台山游客集散中心
15 暖泉沟
16 肇造园
17 百林寻宗（百姓林）
18 田园广稼
19 凤凰岭观景点
20 风景道
21 国宾酒店
22 贵宾下榻
23 世界华人论坛
24 四海归宗
25 寻根小镇
26 中华创新园
27 东部门户
28 四海华人街
29 中华文化博物馆群
30 中华薪火坛

古城街区效果　　拜谒入口神圣感效果

拜谒道路效果

下马石效果

内外交通组织

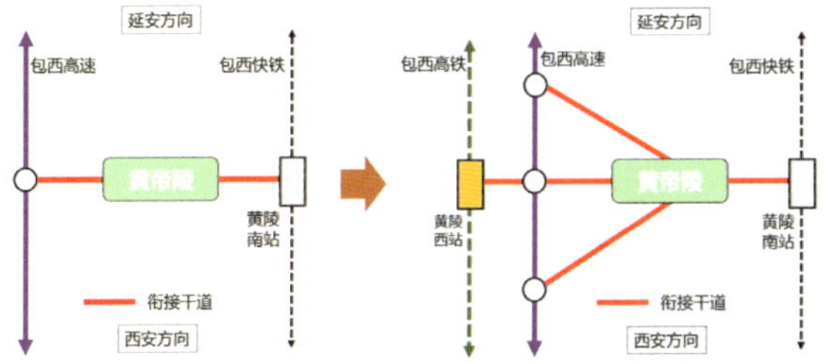

黄陵区域外部交通格局优化模式图

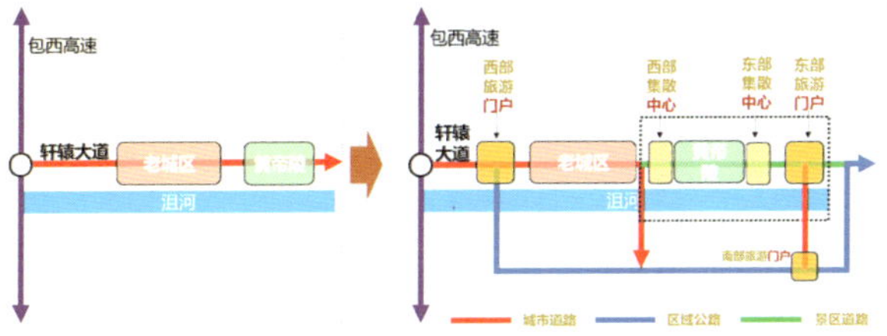

黄陵县城内部交通布局优化模式图

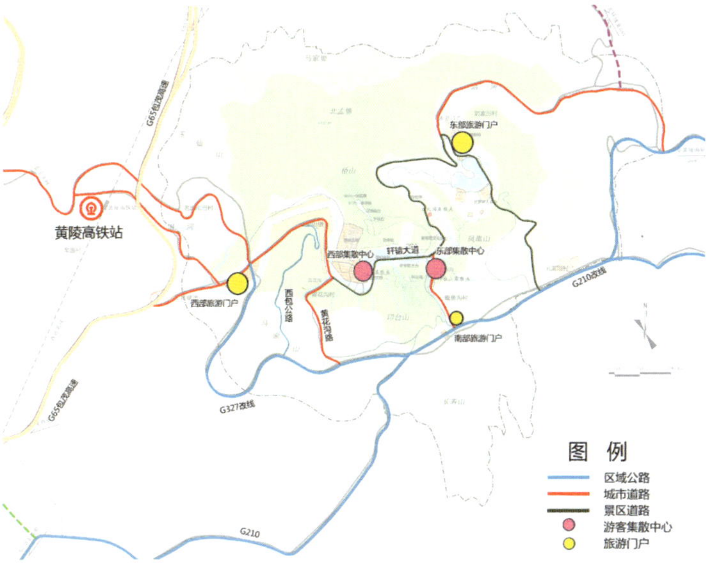

黄陵交通布局优化方案图

东湾概念方案

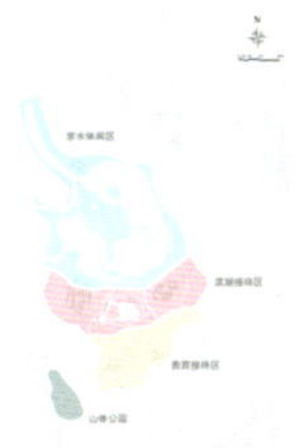

功能分区分析图 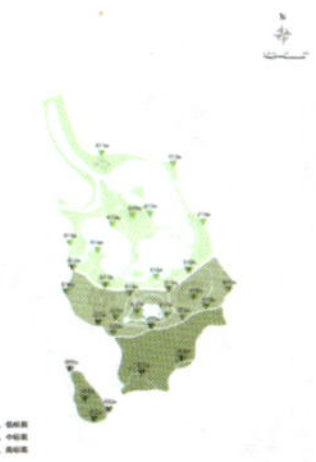　　竖向设计分析图

车行交通分析图 　　人行交通分析图 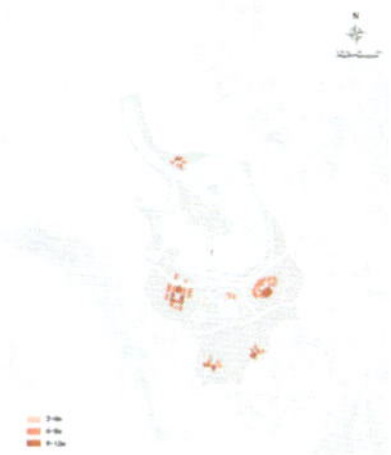　　建筑高度分析图

东湾概念方案图

东湾方案鸟瞰图

天津市城市规划设计研究院和天津大学建筑设计规划研究总院联合团队方案

天津联合团队重点围绕黄帝陵文化公园总体规划、祭祀区遗址保护及周边地区生态文化脉络与园区功能拓展等内容展开。针对现状黄陵圣地势弱、城陵失矩、谒陵规微三个问题，规划确定目极环翠、圣地圣境、同宗共祖三方面目标，并针对性提出北陵南川、西邑东湾、八方拜谒三大策略。

第一是北陵南川，以黄帝陵区为核心，以沮水为主脉，"复山理水"，修复黄帝陵桥山周边山体，恢复山脉及沮河自然延伸走向，构建大生态体系。

第二是西邑东湾，协调陵和邑的关系。西邑为坊州古城城市更新区，保留城市肌理，提升城市功能，引入教育、文化、商业及服务等业态，减量提质；东湾以"山灵水动，文明肇造"为规划目标，形成"一核两带三区"的规划结构，通过展示黄帝丰功伟绩，引导后人感悟黄帝精神的伟大。

第三是八方拜谒，通过西东谒陵道的景感塑造，形成"西乐东礼"的规划结构。"西乐"注重谒陵规制，重点建构谒陵空间；"东礼"注重在自然山川中，感悟神圣，强化谒陵礼制。

规划整体鸟瞰图

规划整体鸟瞰图

规划总平面图

坊州古城鸟瞰图

坊州古城空间结构图

坊州古城规划总平面图

东湾鸟瞰图

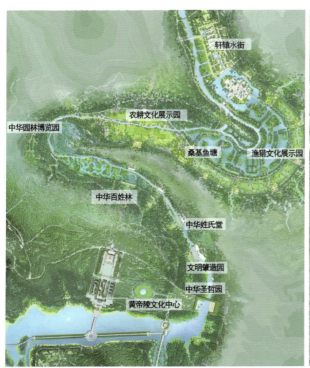

东湾规划总平面图

谒陵道规划图

清华大学建筑学院团队方案

方案提出黄帝陵国家文化公园的规划建设应立足国家高度，展现历史厚度，凝聚情感深度，在规划设计中尊重历史，发掘地方特色，解决现存问题，立足于长远，因地制宜地积极创造。

整体方案强调维护和强化黄帝陵的独特性，从国家公园、核心地区、古城范围，以及黄陵中轴四个空间层次展开。国家公园层面"目极还翠"，总体减量还绿，"七星曜洹"以北斗七星组织地区功能组团和景观；核心地区"左庙右城"，通过功能和交通优化重塑地区原有陵–庙–城的整体格局；古城范围"重振而兴"，通过上下城及城外的不同空间策略，实现千年城邑复兴；黄陵中轴"三分而成"，通过谒陵线路的再组织和黄陵中轴上功德碑综合体的设置，突出黄帝陵最为核心的空间序列组织。整体方案从文化图式解读、文化内涵发掘的角度紧密围绕黄帝陵"圣地感"的营造进行。

壹. 黄陵认知 家国天下

第二篇 规划大师工作营历程

贰. 桥山气魄 目极还翠

以龙驭阁极目四望的可视范围，划定黄陵"山水格局保护区"。其中，在建成区内，划定三类地区；通过控制特定视域内的建筑高度，保护主要节点的桥山山体景观；在城市建成区外，修复生态，减量还翠。

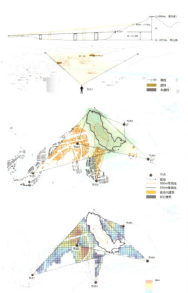

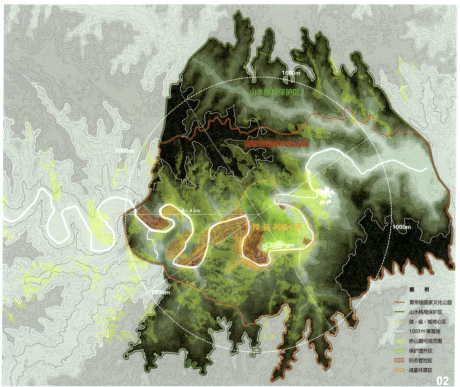

叁. 斗为帝车 七曜临沮

斗为帝车，运于中央，临制四方。
——《史记·天官书》

斗柄西指，天下皆秋。
——《鹖冠子·环流》

中国古代，黄帝与"北斗"有着种种联系，以"斗为帝车"为其代表。规划以"北斗七星"概念组织沮水沿线功能组团，滨水布置标志性公共"建筑+景观"组合节点，形成引领各区的"黄帝文化精华项目"，以丰富黄陵城市公共空间的文化内涵。

图：山东武梁祠北斗帝车石刻画像

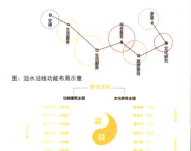

图：沮水沿线功能布局示意

图："建筑+景观"黄帝文化精华项目

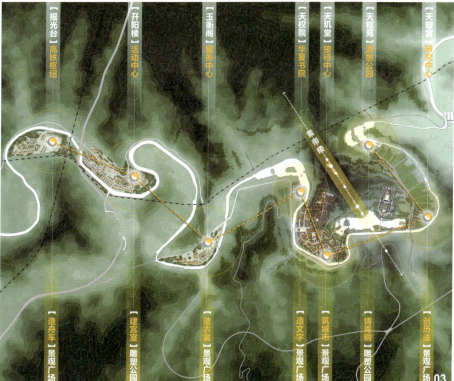

国家文化公园 黄帝陵 传承·共识·未来

肆. 九州之势 左庙右城

历史上黄陵布局依山川而定位，形与数相结合，形成山-水-陵-庙-城浑然一体、古朴、庄严、肃穆、宏伟之整体意境。山川尺度形成九宫格局，格方汉制一里有半，合今420m；陵、庙、衙等关键建筑定位均受网格控制。规划延续并强调这一空间格局，突出"陵轴居中，左庙右城"的空间特色，并在网格控制下增加新的空间节点。

□ 九宫体系，格局控制

□ 城庙分工，重整而彰

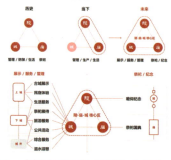

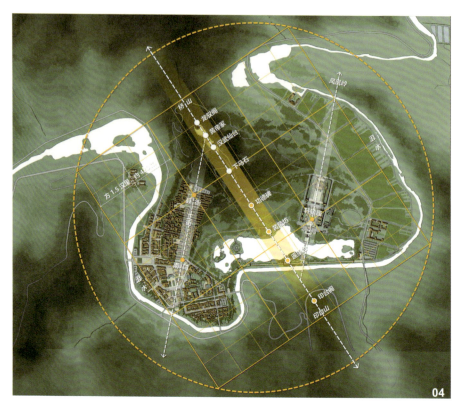

伍. 培根守魂 枢轴中亘

加强黄帝陵轴线，强化圣地感。基于对自然山水地形和黄帝文化价值的研究，将轴线分为"望-思-拜"三个段落，望山陵气势，思黄帝功德，拜人文始祖，层层抬升，渐入圣境。在现有重要建筑物的基础上，增加关键节点，强化轴线。

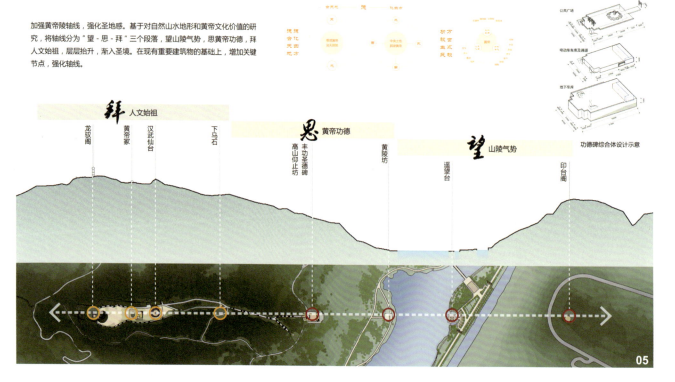

功德碑综合体设计示意

90

陆. 千年城邑 重整而彰

上海同济城市规划设计研究院有限公司团队方案

在新时代背景下参与黄帝陵国家文化公园的规划设计，上海同济城市规划设计研究院有限公司团队一直在思考：

黄帝陵为了谁而保护？

黄帝陵应该向世人传递什么信息？

黄帝陵与周边区域应当如何延续共生？

我们的团队从传承与保护历史文化遗产的角度，提出"以境化邑、以陵养邑、以文塑邑"的新型"陵－邑－城"关系，通过划边界、立轴线、保格局、定序列、理项目、优管控等六个策略开展规划设计。重新梳理陵邑秩序，重塑古城格局，活化古城文脉文化。坚持从人本角度出发，在城市功能业态的完善、公共服务配套的布局、谒陵线路的组织等方面进行规划设计。着力于将古城居民从"守陵人"升华为传承者、参与者、受益者。

县城总体鸟瞰

第二篇 规划大师工作营历程

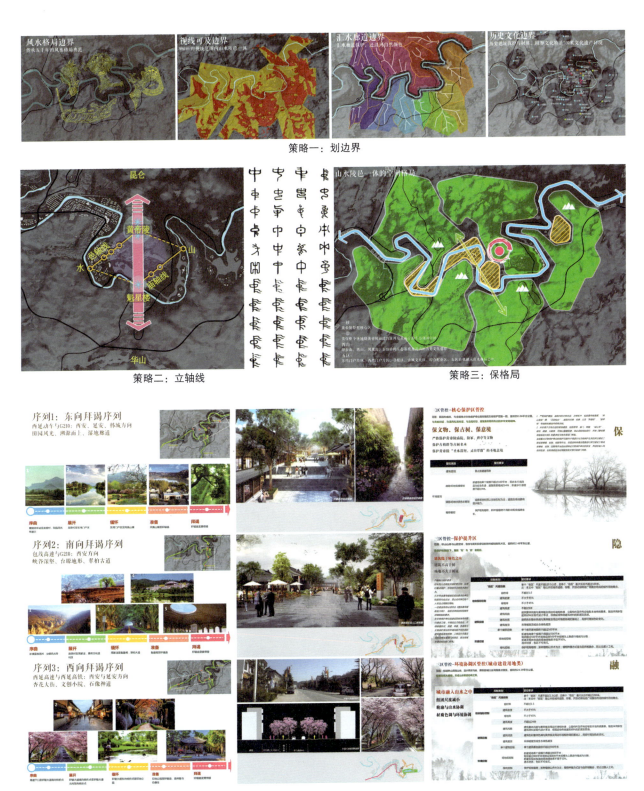

策略一：划边界

策略二：立轴线　　策略三：保格局

策略四：定序列　　策略五：理项目　　策略六：优管控

以境化邑　　以陵养邑　　以文塑邑

坊州古城鸟瞰效果图

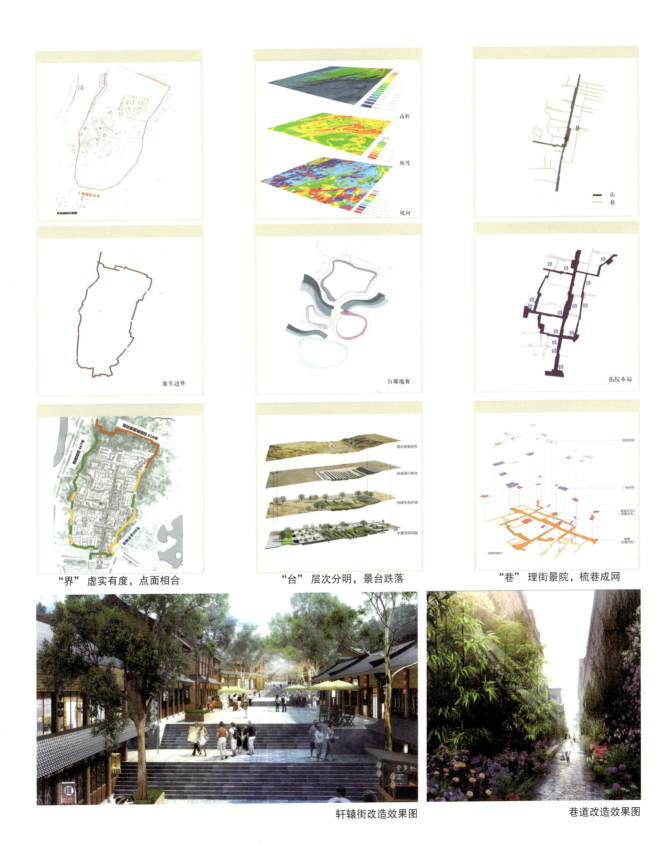

东南大学城市规划设计研究院团队方案

东南大学城市规划设计研究院团队主要承担的工作是黄帝陵圣地空间的保护与提升。围绕这一主题，团队有针对性地提出一系列规划策略：①通过打造陵东百姓林、修复印台山生态和轩辕大道林荫化，延续黄帝陵古柏荫护的环境特征；②顺应黄帝陵轴"源出昆仑，南望华山，遥对台湾"大格局，详细设计了印台阁、文明薪火、黄帝祭坛、望陵桥、黄帝陵陵城等轴线节点，全面强化黄帝陵陵轴的统领作用；③有机借鉴中国传统山水画"平远、深远、高远"三种意境的艺术塑造手法，将谒陵所需要的各种建筑和空间以准确相宜的尺度组织在一起，营造出顺序展开、富有变化的新谒陵空间体验；④采用自然生态的方式将沮水沿线现状过于园林化的景观恢复为原先的河流漫滩湿地生境系统，从而为黄帝陵"圣水深壑，灵山翠微"这一山水格局的全面再现和可持续发展提供了强有力的生态支撑。

黄帝陵规划谒陵路线

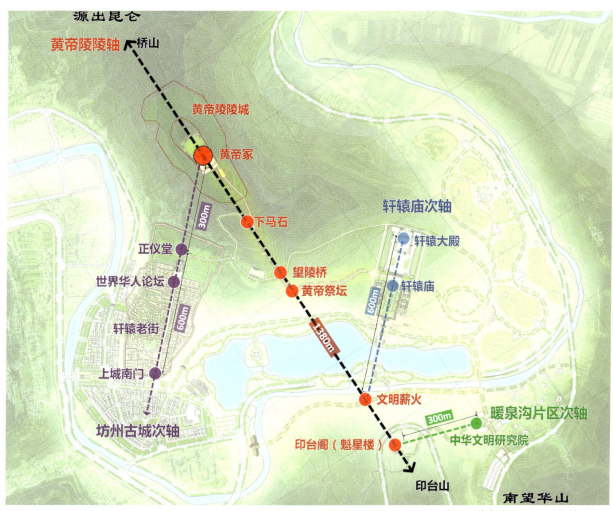

黄帝陵"一主三次"轴线体系

黄帝陵陵轴空间景观

国家文化公园 黄帝陵 传承·共识·未来

屋顶：借鉴战国"古印"造型，紫铜材质，方9.9m，高4.0m

四柱：借鉴古代重要礼器——玉琮的形制，内圆外方，采用墨玉材质

四门：四面开四门，门上分设青龙、白虎、朱雀、玄武浮雕，象征"黄帝四面"

墙身、台基：采用夯土材质，与黄土高原融为一体，并契合黄帝"有土德之瑞"

印台阁详细设计尺寸

"平阴都司徒"印，战国（来源于网络）

二层藻井：篆刻"黄帝之印"

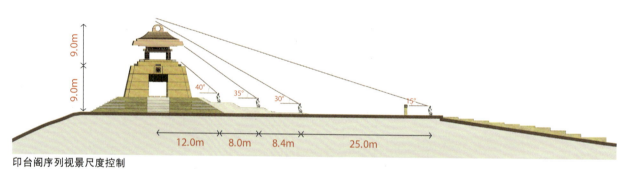

印台阁序列视景尺度控制

印台阁空间效果

98

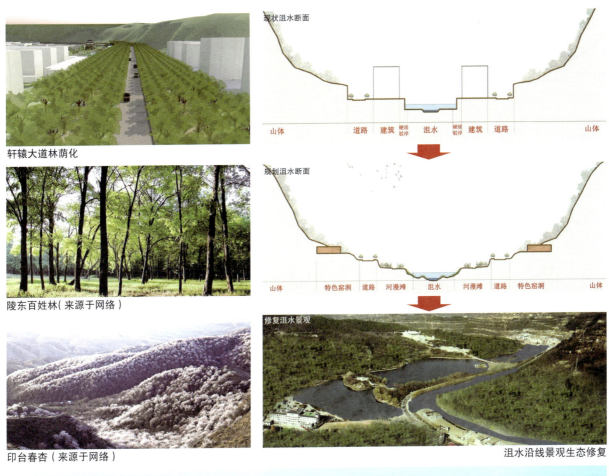

轩辕大道林荫化

陵东百姓林（来源于网络）

印台春杏（来源于网络）

沮水沿线景观生态修复

黄帝陵总体空间效果

西安建大城市规划设计研究院团队

西安建筑科技大学自20世纪80年代开始集中参与黄帝陵整修规划工作，曾先后完成了整修黄帝陵规划、黄帝文化园区规划设计、黄帝陵风景名胜区总体规划等核心工作，为祖陵圣地的保护和发展作出了不懈的努力。

此次，西安建大城市规划设计研究院继承历次规划主旨，紧扣圣地营造主题，直面城陵矛盾现实问题，从山水陵塬大格局切入，统一梳理祭祀流线和县城交通，通盘布局祭祀、旅游和生活设施，统筹考虑分区定位和景观特质，提出了黄帝陵整体格局新的构思。并指出保护和营造好东湾对圣地感的形成具有极为重要的作用，也是破解现实困局的关键。

在此基础上西安建大城市规划设计研究院团队将东湾定义为凸显圣地环境的神道区域、诉说中华文明的心灵之旅、感知黄帝伟业的时空场所、触摸华夏血脉的引领之路。以天人同构、道法自然、大象无形、有无相生的理念，通过大地生态景观方式和时空叙事手法组织湾域主题序列，最终升华为中华文明源远流长，中华民族生生不息的表征意境！

此外，西安建大城市规划设计研究院团队还对国事区的选址和方案、旅游服务新城远景选址等内容进行了深入探讨，值得借鉴！

功能分区及交通系统图

国事区选址图

元龙咀国事区概念方案效果图

沼泽湿地　农耕漫坡

天地同祭　　文明肇造

华夏共祖　百脉归宗　农耕部落

东湾景观序列图

东湾设计总平面

五

指导评议，成果升华

大师工作营期间，学术召集人杨保军院长带领工作营团队专门拜访吴良镛院士、张锦秋院士、孟兆祯院士，认真听取三位先生的指导评议。大师们的精辟论断充分显示了他们对黄帝陵国家文化公园规划的高度重视与热情。

大师营团队拜访吴良镛、张锦秋、孟兆祯院士
（UED 拍摄）

吴良镛

中国科学院和中国工程院两院院士,中国建筑学家、城乡规划学家和教育家,人居环境科学的创建者。

吴良镛先生曾先后获得"世界人居奖"、国际建筑师协会"屈米奖""亚洲建筑师协会金奖""陈嘉庚科学奖""何梁何利奖"以及美、法、俄等国授予的多个荣誉称号。2012 年 2 月 14 日,荣获 2011 年度"国家最高科学技术奖"。曾主持参与多项重大城市发展战略、城市规划研究、城市设计、建筑设计等项目。

黄帝陵历史上有一条轴线，沿桥山山势从龙驭阁到郭沫若题字亭。这条陵轴线十分重要，我们以前每次到黄帝陵，对这条陵轴线都要调研很多次。它与印台山相呼应，陵轴线居中，一侧是县城，另一侧是庙。同时，这条陵轴线地势高，长度长。强化这条陵轴线，同时强化一些其他的附属设施，整个黄帝陵就突显出来了。因此，本次对黄帝陵国家文化公园的规划设计工作要重视这条陵轴线。

我觉得现在的工作，主要是定一个基调，一个长远的基调，以便把握黄帝陵未来的发展方向。在这一基调下，我们这代人可以根据时代背景与使命再增添一些东西，但切忌大动干戈。我们的后代，则要慎重秉持这一基调，去保护并发展黄帝陵。

张锦秋

张锦秋,中国工程院首批院士、全国建筑设计大师、中国建筑西北设计研究院总建筑师。

张锦秋院士于1954年至1960年在清华大学建筑系学习、毕业,1962年至1964年被选为清华大学建筑系建筑历史和理论研究生,师从梁思成、莫宗江教授。1966年至今在中国建筑西北设计研究院从事建筑设计工作。期间,主持设计了许多有影响的工程项目。1994年当选为中国工程院首批院士。2000年荣获梁思成建筑奖,2010年获"科学与技术成就奖",成为何梁何利基金历史上第一位获得该奖项的女性,2015年宇宙中一颗以"张锦秋"命名的小行星问世,这是一项国际性的、永久性的崇高荣誉。

工作营的工作方式非常好，可以共同调研、共同学习，并且有各个领域的专家参与互动。十几年前，我有幸作为建筑师参加整修黄帝陵工作，与黄帝陵结下了不解之缘。

这个地方存在的最大问题是缺乏圣地感，表现在交通组织、生态环境、服务设施等方面。

我们对黄帝陵的认知是由黄帝陵到黄帝陵文化园区，再到黄帝陵国家文化公园这样不断提高的。我们务必要认真研究黄帝陵国家文化公园的定位，就是总书记所说的中华文明精神标识。共识是具有纲领性的，我们现在形成的共识定位将"雄伟"改为"神圣"更好。我们过去追求的是保护范围，如今，通过科学的方式划定控制范围以明确责任，这样非常好。

大型祭祀活动谒陵路线的组织十分重要，在规划上要有专门章节安排。轩辕大道至今没打造出来，我们需要仔细考虑轩辕大道怎么进入陵区，同时还可以遥望龙驭阁。祭祀大道氛围要庄重、神气，不要和县城搅和在一块，祭祀路线应尊重传统，从正南往北走，不能从陵的后面走回来。

东湾的山水环境若天然图画，有山有水有湿地，不要有太多人为打造，加一点旅游服务设施，形成生态旅游区。国事功能应放置于东南方向，因为古代皇帝祭祀住的寝殿一般在东南或西南向。

老县城西迁要在规划上更明确坚决执行，并且限期执行。坊州古城是守陵人的住处，如今老城需要进行改造提升，需作为专题研究，这个是关乎百姓的生计问题。

孟兆祯

中国工程院院士,风景园林规划与设计教育家,现任北京林业大学教授、博士生导师,住房和城乡建设部风景园林专家委员会副主任,中国风景园林学会名誉理事长。

孟兆祯教授长期从事园林艺术、园林设计、园林工程、园冶例释等课的教学与科研工作,有志于研究中国传统园林艺术的系统理论,将学习传统文化理论和风景园林实地踏察、设计实践相结合,测绘、绘图、摄影,以现代的科学知识和方法来认识和发展中国传统园林艺术。

中国人很讲究问名，孔子曰："名不正则言不顺，言不顺则事不成"，认为正名是成败的关键。我认为"黄帝陵国家文化公园"之名需斟酌。黄帝陵是中华民族神圣而至高无上的祖陵圣地，是遗世独立的文化景观遗产，然而文化公园是公共休闲的游赏地，黄陵圣境的"圣"不是名胜的"胜"，而是神圣的"圣"。

东湾的自然山水环境很优越，为我们提供了良好的设计条件。中国传统建筑选址为负阴抱阳，背山面水。现在方案中的建筑选址仍然需要调整，东湾南侧主水空间过小，湖心岛调整后的形状不佳。这种情况下，我们可以进行改造，使其达到天人合一的状态。大自然不会赐给我们一个完整的方案，不合适的就要完善。

建议调整东湾水面面积，增加水岸线变化和层次，建筑因山就水构室，可做成"连屋广厦"，多屋相连、屋盖各具而有主次。我这个方案的题名为东湾紫辰，是地域名称与诗意化的景名联系在一起。广场题名为清风月朗坪，广场为坪之意。中间主体建筑为"连屋广厦"，象征人类命运共同体。岛上设有小体量建筑，俯瞰万紫千红总是春。水岸石坊为乘龙九天坊，寓意同洲共济。

关于治山治水，都江堰有几个大字，叫"安流顺轨"，意思是想要安定水流，就须有使水流畅行的轨道。将来的设计要预留泥石流通道，把危险的坡地改急为缓，同时"深淘滩，低作堰"，注意清理河道淤积。在沮水的生态修复与环境提升规划设计中需要考虑这点。

黄帝要榆荫子孙，对于现有空白的点要见缝插针，在不破坏原有建筑格局的基础上，与山水进行协调。所以，树木的种植方法不可以用规则的行列式，宜从规划线形、种植形式及品种选择这几方面考虑。如轩辕庙前坡带宜改层台，台内可种太平花，太平花是北京山梅花，清明节花开呈白色，具有梨香味，很符合这儿的意境。挡土墙下面可以设计几组爬满紫藤的花架，内壁刻诗词以渲染氛围。乔木种植需采用特植或对植，以松柏、白皮松为主，树种不宜多，树形需多加考虑，要显出其庄严、伟大的特点。特植单株大树须给其留有充分的生长空间，真正体现出长宜子孙、余荫子孙的理念。

只有社会美寓在自然美里才能创造风景园林的艺术美。我们始终要做到"胸中有山，方许做水。腹中有水，方许做山。"

六

薪火传承，共识凝聚

2018 年 4 月 11 日至 8 月 21 日，在为期 20 日的驻场工作结束之后，大师工作营共开展了 5 次研讨会，陕西省黄陵县人民政府、黄帝陵文化园区管理委员会、陕文投集团领导、规划大师、各设计团队代表出席会议。在 CBC 建筑中心的组织策划下，经诸位大师的恳挚指导及各方团队多次交流研讨，黄帝陵国家公园大师工作营达成了有关目标定位、规划要求、控制范围、空间结构、功能完善、转型发展等方面的设计共识。

在长达四个月的时间里，通过 CBC 建筑中心的组织策划和各位大师、前辈的指导，六家规划设计团队经多次商讨深化，最终达成一个"共识"。

管控分区划定重点

2018 年 3 月 19 日黄帝陵项目大师工作营中期交流会上，大师工作营共同交流设计共识内容。各家设计单位代表汇报了中期方案成果和思路，并达成设计共识。为了落实"共识"，联合团队对整个建设空间的管控进行了分区，具体地提出了管控的要求。在商定各设计团队分别完成项目定位、概念规划及空间规划、内外交通流线组织之外，还划定了六家设计团队各自的专题重点。

共识草案初拟

4 月 11 日，大师工作营共同商讨《黄帝陵国家文化公园规划设计大师工作营设计共识（拟）》。总共包括 10 条：①景区作为包含祭祀黄帝内容的国家文化公园，必须通过景观的规划设计，彰显庄严、神圣、肃穆的气氛，充分体现对始祖的尊崇与敬仰。②景区要尊崇上位规划，科学落实省政府批准的《黄帝陵文化园区总体规划》，强化刚性约束，突显黄帝陵寻根谒祖的核心功能。③科学划定黄帝陵国家文化公园的规划范围和控制保护范围，以"环目极翠"为视觉标准，与山水格局协调划定公园范围，以沮水水质和生态环境、桥山主陵区及周边空气质量和景观环境的优良为标准进行环境保护和产业控制。④处理好陵、庙、邑的空间关系，在生态环境修复的基础上，适当增加文化体验、文化交流、旅游配套设施，在规划范围内预留国事活动场所等。⑤突出景区国家文化公园属性，项目应当具有国家高度、民族高度，代表国家形象和民族形象，不仅体现我国的悠久历史和文化自信，还应面向世界，成为传播中华文明的基地。⑥可以适当调整文化公园入口，通过自然的环境塑造，净化寻根祭祖的心境，疏解城区人口和非国家文化公园的功能。将沮河和桥山的生态用地恢复生态功能。控制建筑高度，将建筑掩映在苍翠的景观环境之中。⑦重新营造参观线路，提升神道、谒陵道路文化景观品质，适当增加文化景观，形成环形的景观游线。⑧增添展现中华文明、同根共祖、凝心聚力的文化场所，进一步增强全球华人文化自信和民族自豪感。⑨增加适合当代人进行文化交流、活动组织、住宿餐饮的服务场所，推动中华文化的国际传播。⑩根据黄帝陵祭祀和拜谒活动的要求，按照国家文化公园的要求，适度提升和改造文化公园的建筑和活动场地。

反复商讨，深化共识

4月16日，"黄帝陵国家文化公园规划设计大师工作营"工作推进会邀请到陕文投集团领导、规划大师以及来自六所设计团队的代表汇聚一堂，为接下来的工作深化集思广益。会议的召开旨在最终成果提交之前对现阶段最新工作成果进行汇报和研讨，陕文投集团领导、规划大师、各设计团队代表出席会议，共同探讨设计共识，推进后续工作深入、细化和完善。

5月5日，学术召集人最终成果审定会上大师工作营专家领导就六家规划设计团队提交的最终成果进行审定，并对大师工作营工作共识提出修改意见。

大家齐聚，达成共识

5月20日，在黄陵县举办"大师工作营评议会"，各设计团队汇报最终成果，评议嘉宾提出评议意见并就《共识》进行探讨。

8月21日，召开了黄帝陵国家文化公园概念性规划成果汇报会。会上，工作营相关领导均提出了宝贵的建议、意见。

第二篇 规划大师工作营历程

成果评议会现场
（UED 拍摄）

方案整合

达成共识后，由中国城市规划设计研究院、天津市城市规划设计研究院、西安建大规划设计研究院组成整合团队，对各家方案进行梳理整合，于11月形成最终整合成果。

薪火传承，共识凝聚。此项工程涉及面广，是一个复杂的系统工程，需要多层次、多视角、全方位予以审视。通过长期共同探讨与系统回顾，可积微成著。各团队领衔大师字斟句酌，武廷海执笔，杨保军修改——"共识"的形成体现了黄帝陵整修工作的研究在深度和广度上的延伸。既有对黄帝陵整体的宏观展望，亦有对专题问题的深入探讨；既有理论分析，也有个案剖析；既有定性分析，也有定量分析，其中不乏真知灼见和诤言良策，此次大师工作营的"共识"成果，无论对政府决策、学者研究抑或对公众认知，皆有所启发、有所裨益。

115

第三篇 共识方案

一、八大共识

新时代要有新思路、新方法。站在国际舞台高度，放眼五千年的时间跨度去规划设计黄帝陵国家文化公园，要求我们立足高远，或许不必毕其功于一役，但一定要为后世子孙，为中华民族的下一个五千年，在整修黄帝陵这件事上定下一个调子。

建设国家文化公园对坚定文化自信，彰显中华优秀传统文化的持久影响力、革命文化的强大感召力具有重要意义。黄帝陵国家文化公园建设首先要坚持保护第一、传承优先，保护是基础，以保护与传承中华文化为首要功能，兼具纪念、教育、研究等综合功能；对文物本体及环境实施严格保护和管控。要保护好黄帝陵的历史文化遗存，建立一套合理的保护与管控体系以严格规划建设管控；合理保存传统文化生态，保护原生性的、历史性的文化生活，适度发展文化旅游、特色生态产业。

工作营伊始，国内各领域的知名专家学者与各个团队均从各自的领域与角度提出了意见、建议与方案，这些观点有相似，有分异，诚然也有矛盾与冲突。经过反复的讨论与论证，大家求同存异达成共识，认为规划设计黄帝陵国家文化公园既要围绕大的山水格局展开，也要关注实体空间与文化载体。在吴良镛院士、张锦秋院士、孟兆祯院士、何镜堂院士等大师的指点下，工作营最终形成纲领性的八条原则，为未来黄帝陵保护与发展指明方向。在共识的基础之上，近期可以延伸出具体的空间方案，解决当下问题，并为未来奠定基础。远期在共识的指引下，后代可以结合时代命题提出更加智慧的空间方案。

黄帝陵国家文化公园规划设计大师工作营共识

【目标定位】 面向中华民族伟大复兴的目标，从国家的高度、民族的广度、千年的尺度，重新认识黄帝陵的独特文化价值。黄帝陵国家文化公园是凝聚中华民族情感、增强中华文化自信、传播中华民族精神的中华文明精神标识。

【规划要求】 黄帝陵国家文化公园规划科学落实陕西省政府批复的《黄帝陵文化园区总体规划》，完善黄帝陵寻根谒祖核心功能，划定圣地神圣、庄严、肃穆、古朴的总基调。结合新时代目标定位新要求，突出黄帝陵的国家文化公园属性，加强生态保育，提升环境品质，完善服务功能。

【控制范围】 综合考虑山水格局、文化格局、生态格局和建设格局，科学确定黄帝陵国家文化公园的规划范围，划定圣地核心保护区、圣地保育提升区、圣地建设控制区等不同圈层管控地带。突出桥山与印台山"日极环翠"的环境效果，保障黄帝陵整体山水格局的完整与生态环境优良。

【空间结构】 以黄帝陵为核心，以桥山为屏、沮水为脉，构建山水格局，处理好山、水、陵、庙、邑的功能组织、空间关系与环境演变。突出桥山作为圣地主体的地位，增强黄帝陵核心区的圣地感；突出沮水龙形河谷空间特征，对沮河及支流开展系统生态恢复；黄陵县城市发展应尽早落实上位规划要求，加快向新城疏解，提升西部门户区的文化旅游门户职能；古城进行有机更新，充分保障原住民利益，增强文化和旅游服务功能；东湾寻根交往区为海内外华人交往提供高端配套服务保障，在不影响黄帝陵整体山水格局的前提下预留国事接待活动的可能；向南构建黄帝文化遗存展示区，增强文化挖掘与展示。

【功能完善】 完善祭祀配套服务职能，保障大型国家公祭活动需求；面向全球华人，增强旅游服务接待能力，保障高端寻根交往联谊活动开展；增强文化展示功能，增加教育功能设施，促进文化交往活动，争取国事活动承接。

【建设控制】 严格控制圣地核心区内建筑高度、密度和布局方式，保证建筑隐映在苍翠的山水环境中。桥山周边地区布置建构筑物时，要保障桥山的可视性，无关建构筑物不能进入主要景观视域。强化黄帝陵轴线对核心区空间秩序的统领作用；黄陵县东部片区从严管控，项目和设施建设应隐于林中。恢复沮水自然河流景观，注重山水景观相融合。

【交通组织】 构建居游分治交通系统，将国道和城市等穿越交通采取下穿或改线至南部等上通行，国家文化公园内逐步禁止社会车辆穿越，实现圣地核心区交通环境净化。优化陵区调陵线路布置与流线组织，提高陵区可达性。远近结合，增加东部和南部旅游门户，构建两主一副旅游门户体系，在更大空间范围布局城市南部和北部机城交通，改善黄帝陵国家文化公园对外交通。

【转型发展】 结合黄帝陵国家文化公园建设，推进县域产业结构转型与布局调整。加强沮水流域生态环境保护，积极推进沮河上游厂矿转型发展，修复破损生态空间，构建完善的城镇污水处理系统，改善水生态，提升整体生态环境品质。疏解县城人口和非国家文化公园功能。

黄帝陵国家文化公园规划设计大师工作营共识

【目标定位】 面向中华民族伟大复兴的目标，从国家的高度、民族的广度、千年的尺度，重新认识黄帝陵的独特文化价值。黄帝陵国家文化公园是凝聚中华民族情感、增强中华文化自信、传播中华民族精神的中华文明精神标识。

【规划要求】 黄帝陵国家文化公园规划科学落实陕西省政府批复的《黄帝陵文化园区总体规划》，完善黄帝陵寻根谒祖核心功能，划定圣地神圣、庄严、肃穆、古朴的总基调。结合新时代目标定位新要求，突出黄帝陵的国家文化公园属性，加强生态保育，提升环境品质，完善服务功能。

【控制范围】 综合考虑山水格局、文化格局、生态格局和建设格局，科学确定黄帝陵国家文化公园的规划范围，划定圣地核心保护区、圣地保育提升区、圣地建设控制区等不同圈层管控地带。突出桥山与印台山"日极环翠"的环境效果，保障黄帝陵整体山水格局的完整与生态环境优良。

【空间结构】 以黄帝陵为核心，以桥山为屏、沮水为脉，构建山水格局，处理好山、水、陵、庙、邑的功能组织、空间关系与环境演变。突出桥山作为圣地主体的地位，增强黄帝陵核心区的圣地感；突出沮水龙形河谷空间特征，对沮河及支流开展系统生态恢复；黄陵县城市发展应尽早落实上位规划要求，加快向新城疏解，提升西部门户区的文化旅游门户职能；古城进行有机更新，充分保障原住民利益，增强文化和旅游服务功能；东湾寻根交往区为海内外华人交往提供高端配套服务保障，在不影响黄帝陵整体山水格局的前提下预留国事接待活动的可能；向南构建黄帝文化遗存展示区，增强文化挖掘与展示。

【功能完善】 完善祭祀配套服务职能，保障大型国家公祭活动需求；面向全球华人，增强旅游服务接待能力，保障高端寻根交往联谊活动开展；增强文化展示功能，增加教育功能设施，促进文化交往活动，争取国事活动承接。

【建设控制】 严格控制圣地核心区内建筑高度、密度和布局方式，保证建筑隐映在苍翠的山水环境中。桥山周边地区布置建构筑物时，要保障桥山的可视性，无关建构筑物不能进入主要景观视域。强化黄帝陵轴线对核心区空间秩序的统领作用；黄陵县东部片区从严管控，项目和设施建设应隐于林中。恢复沮水自然河流景观，注重山水景观相融合。

【交通组织】 构建居游分治交通系统，将国道和城市等穿越交通采取下穿或改线至南部等上通行，国家文化公园内逐步禁止社会车辆穿越，实现圣地核心区交通环境净化。优化陵区调陵线路布置与流线组织，提高陵区可达性。远近结合，增加东部和南部旅游门户，构建两主一副旅游门户体系，在更大空间范围布局城市南部和北部机城交通，改善黄帝陵国家文化公园对外交通。

【转型发展】 结合黄帝陵国家文化公园建设，推进县域产业结构转型与布局调整。加强沮水流域生态环境保护，积极推进沮河上游厂矿转型发展，修复破损生态空间，构建完善的城镇污水处理系统，改善水生态，提升整体生态环境品质。疏解县城人口和非国家文化公园功能。

大师签署共识原则

【目标定位】

面向中华民族伟大复兴的目标，从国家的高度、千年的尺度，重新认识黄帝陵的独特文化价值。黄帝陵国家文化公园是凝聚中华民族情感、增强中华文化自信、传播中华民族精神的中华文明精神标识。

【规划要求】

科学落实陕西省政府批复的《黄帝陵文化园区总体规划》，完善黄帝陵寻根谒祖核心功能，保持整个地区神圣、庄严、肃穆、古朴的总基调。结合新时代目标定位新要求，突出黄帝陵的国家文化公园属性，加强生态保育，提升环境品质，完善服务功能。

【控制范围】

综合考虑山水格局、文化格局、生态格局和建设格局，科学确定黄帝陵国家文化公园的规划范围，划定圣地核心保护区、圣地保育提升区、圣地建设控制区等不同圈层管控地带。突出桥山与印台山"目极环翠"的环境效果，保障黄帝陵整体山水格局的完整与生态环境之优良。

【空间结构】

以黄帝陵为核心、桥山为纲、沮水为脉，构建山水格局，处理好山、水、陵、庙、邑的功能组织、空间关系与环境效果。突出桥山作为黄帝陵主体的地位，增强黄陵核心区的圣地感；突出沮水龙形河谷空间特征，对沮河及支流开展系统生态恢复；黄陵县城市发展应尽早落实上位规划要求，加快向新城疏解，提升西部门户区的文化旅游门户职能；古城进行有机更新，充分保障原住民利益，增强文化和旅游服务功能；东湾寻根交往区为海内外华人交往提供高端配套服务保障，在不影响黄帝陵整体山水格局的前提下预留国事接待活动的可能；向南构建黄帝文化遗存展示区，增强文化挖掘与展示。

【功能完善】

完善祭祀配套服务职能，保障大型国家公祭活动需求；面向全球华人，增强旅游服务接待能力，保障高端寻根交往联谊活动开展；增强文化展示功能，增加教育功能设施，促进文化交往活动，争取国事活动承接。

【建设控制】

严格控制圣地核心区内建筑高度、密度和布局方式，保证建筑掩映在苍翠的山水环境中。桥山周边地区布置建构筑物时，要保障桥山的可视性，无关建构筑物不能进入主要景观视域。强化黄帝陵轴线对核心区空间秩序的统领作用；黄帝陵东部片区从严管控，项目和设施建设应隐于林中。恢复沮水自然河流景观，注重山水景观相融合。

【交通组织】

构建居游分治交通系统，将国道和城市等穿越交通改线至南部塬上通行，国家文化公园内逐步禁止社会车辆穿越，实现圣地核心区交通环境净化。优化陵区谒陵线路布置与流线组织，提高陵区可达性。远近结合，增加东部和南部旅游门户，构建两主一副旅游门户体系。在更大空间范围布局城市南部和北部绕城交通，改善黄帝陵国家文化公园对外交通。

【转型发展】

结合黄帝陵国家文化公园建设，推进县城产业结构转型与布局调整。加强沮水流域生态环境保护，积极推进沮河上游厂矿转型发展，修复破损生态空间，构建完善的城镇污水处理系统，改善水生态，提升整体生态环境品质。疏解县城人口和非国家文化公园功能。

二、风貌基调

20世纪90年代，整修黄帝陵规划设计大纲提出的黄帝陵规划设计原则为"雄伟、肃穆、庄严、古朴"，在这一原则的指导下，黄帝陵的建设实施取得了良好的效果。但随着时间的推移，一些问题也逐步显现，其中圣地感的缺乏尤为突显。

"这个地方存在的最大问题是缺乏圣地感，这主要是由交通、生态、无序建设等因素造成的"。张锦秋院士对黄帝陵圣地感的缺乏直言不讳，她认为在近二十余年的发展建设中，黄帝陵及周边地区的交通、生态及城市建设等方面的低质量发展在很大程度上抑制了黄帝陵神圣感的彰显。

"中山陵圣地感的营造较为成功，我们应该认真研究中山陵的空间及圣地营造等。孙中山是中华民国和中国国民党的缔造者，而放眼五千年历史，轩辕黄帝是超越党派、超越学派、超越宗派的……百尺为形，千尺为势。形即在势之内，势即在形之中。黄帝陵的圣地感应体现于'藏'之一字。"在与张锦秋院士交流过程中，杨保军院长也认为黄帝陵目前的神圣感仍有较大提升空间，以千年的历史尺度来看，黄帝陵的神圣感理应更加强烈，更为突显。同时，杨院长从形势论的角度提出圣地感的营造关键在于"藏"。

"到黄帝陵来，大家想到这个地方是精神的向往、精神的家园，是个圣地，感觉到自豪感，这是我们把握的主要精神……我们清明节做这个事（拜谒祭祀），是为了美好的生活，清明清明，我觉得这种感觉要好好把握。"武廷海教授同样强调了黄帝陵的圣地感，并将黄帝陵的圣地感加上了一抹"自豪"的余韵。他认为黄帝陵理应是中华儿女的精神向往与家园，前去拜谒祭祀是为了美好的生活，是为了充满希望的未来，因此基调应该是神圣的，但同样也应当是积极的、乐观的。

而在黄帝陵传统的"陵-庙-城"格局中，"庙轴"上的建筑更加雄伟与醒目，使得本应以黄帝陵为尊的传统"陵轴"显得不易察觉，秩序感被干扰，神圣感更加无法彰显。因此，弱化以"庙轴"为代表的建筑雄伟性，成为突出"陵轴线"神圣感的关键。后经各方的一致同意，决定在规划原则中去"雄伟",重"神圣"。

　　针对黄帝陵神圣感不足的问题,大师们提纲挈领,直指问题要害。

　　"轩辕大道一直没打造起来,现在大型祭祀活动谒陵路线到底怎么走……祭祀大道要神气……大型祭祀活动在规划上要有专门章节安排,安排不好达不到圣地感"。张锦秋院士从微观、细致的角度为提升黄帝陵的神圣感指出了方向并给出了抓手。她认为,目前针对黄帝陵的祭祀谒陵活动缺少起承转合的序列组织,祭祀线路短,使得祭祀心理铺垫不足,祭祀情绪酝酿不够,缺乏直指人心的仪式策划,进而削弱了祭祀圣地的神圣感。她以普通游客为出发点,指出要对祭祀路线与祭祀活动更加斟酌,在祭祀过程中逐步完善游客的情绪酝酿,由内而外地激发出游客心目中黄帝陵的神圣感。

　　"黄帝要榆荫子孙,对于现有空白的点要见缝插针,不破坏它的建筑格局,用自然来协调。所以,树木的种植方法也不可以用规则的行列式,从规划线形、种植形式到品种选择,都要与各山水是协调的。胸中有山,方许做水;腹中有水,方许做山,山水是相映衬的"。孟兆祯院士则从园林设计的角度出发,提出要"把园林看做为一种科学的艺术,从自然方面、人文方面寻根,把大量历代的诗词集中起来,在这个基础上进行设计"。他认为,黄帝陵自然环境整体虽较为优越,但植物多为人工种植,且局部山体裸露,加之沮河两岸人工干预明显,这些都为黄帝陵的自然环境蒙上了一层"违和"的薄纱。在设计手法上,应更加注重与自然相协调,打造山水相映衬的自然环境,提升黄帝陵的圣地生态感。

　　经过各位大师与各参与方的交流与讨论,大家一致认为"神圣、庄严、肃穆、古朴"是黄帝陵的风貌基调,并且神圣感是黄帝陵风貌控制的重点,应着重突出。纵览国内外相关案例,诸如日本伊势神宫、中山陵等,其神圣感体现在"藏"之一字,藏于山林,藏于自然。黄帝陵的神圣感应主要通过自然环境来体现,且主要从人的体验去解读。游人置身其中,目力所及的范围内尽是生生不息、枝繁叶茂的森林。参天的大树、高郁闭度的林木,原生的氛围等,不禁让游人回溯远古时代,在原始生态下完成人与自然的对话。同时,庄严的意境由具有仪式感的祭祀序列营造,肃穆的环境氛围由满目苍翠的山林环境渲染，古朴的氛围由大巧若拙的设计语言诠释。

"神圣、庄严、肃穆、古朴"的风貌基调不是我们创造出来的，而是我们试图去读懂当初黄帝陵的格局，并恢复黄帝陵传统的风貌。我们是从先人的智慧中传承中国传统的山水文明、生态文明，并去解读，去学习，去弘扬。

黄陵鸟瞰图
（整合团队绘）

三、山水格局

司马迁《史记》载："夫国必依山川，山崩川竭，亡国之征也。"足见山水对立国之本的影响。黄帝陵是具有千年历史的山水胜境，是全天下炎黄子孙公祭的祖陵，是国家公祭人文初祖轩辕黄帝之国典场所，也是历千年经营建设形成的人居家园。《礼记·祭法》曰："山林川谷丘陵能出云，为风雨，见怪物，毕曰神。"说明天地万物都具有一定规律。得天独厚的山水环境在黄帝陵选址与营建的过程中起到了举足轻重的作用。孟兆祯院士在评议会上提出"需充分利用此处的地宜，自然山水的地宜。"杨保军院长在黄帝陵大师工作营中期交流会上讲到"山水陵是一体的，感知这个地方不光是看陵，更是看大山水格局。如此秀美山水滋养了我们中华民族五千年，这个也跟总书记提出来的开辟生态文明新时代主题相吻合。"

（一）山水形胜

《明世宗实录》载："陵制当与山水相称，难既同。"《孔丛子》道："高山五岳定其差秩，祀所视焉。"因此，山水格局的规模与特色至关重要。《中部县志·山川》总概黄帝陵的山水环境为"桥山，县城北，沮水从山下过，故曰桥。今地形下水由县城南绕而东。"与炎帝陵、舜帝陵、大禹陵所依托的炎陵山、九嶷山、会稽山相比，桥山黄帝陵的山水格局尺度宏阔、朝对清晰、特色鲜明。黄帝陵山水格局开创了中国帝陵与自然环境融合的新方式，是天人合一表现。

1. 曲折潆洄，龙脉相承

沮河与桥山均发源于黄陵县西部的子午岭，沮水与桥山相随相伴自西北往东南绵延数百里，深入黄土高原，横贯黄陵全境。桥山北连昆仑，南去秦岭，来龙去脉，气势恢宏。沮河环绕黄帝陵桥山和历史文化名城黄陵，形成山环水抱的"仙岛"形势。同时，在桥山东西两侧，形成对称的"东湾"和

"西湾",东湾连着"龙首",西湾接着"虎尾",中华民族山水文化的源头就在这山水之间。

明朝大学士韩爌曾道:"(陵寝)因山增筑,庶称尽美。"黄陵"依山为陵",桥山是黄帝陵之为黄帝陵的重要依据,也是构成祖陵气势的山水基底与空间要素。

站在桥山俯瞰沮河县城段,山川与河流共同构架出龙形的具有典型中华文明特征的空间形态。整体形成"龙首、龙颈、龙背、龙尾"的"龙形"序列,呈现出起伏有致、一气呵成的山水景观。杨保军院长在黄帝陵大师工作营中期交流会上讲道:"黄帝陵的山水环境是有生命的,每一座山、每一条河都是生机勃勃的,其东边是龙首村,为龙形山水形势之首,生龙活虎,非常生动。"

2. 依山就势,藏风得水

黄帝陵山水格局完整清晰,陵依山势、群山环抱、沮水绕前、前案后镇、东崎西屏。祖陵之地,南有案山印台,朝山长寿,北有后照孟家塬,北接祖山昆仑,左砂山为龙首山,右砂山为虎尾山,恰形成山环水抱、桥陵居中的理想山水格局,是为桥山黄帝陵空间独特性之首。子午岭东延与桥山龙脉相连于孟家塬塬头,形似龟盖,犹如"玄武垂首";桥山正南方的南城塔被张三丰称为"凤阙";山形向东、西两侧徐徐展开,仿佛"朱雀翔舞";桥山南塬向北延伸,形如"白虎俯卧";桥山之东25华里,名为"龙首",与桥山之西的"虎尾"遥相呼应,山形与沮水湾形成"青龙蜿蜒"之象。

黄帝陵山水格局的显著特点为山环水抱、阴阳相合;九龙朝圣、藏风得水。《葬书》曰:"(北)玄武垂头,(南)朱雀翔舞,(东)青龙蜿蜒,(西)白虎驯俯。"马山与桥山隔河相望,分别引领南塬与北山回环合抱,负阴抱阳,形似太极。环陵区域冲沟水系支脉汇于沮河主脉,包括印台山暖泉沟在内的九条冲沟朝向黄帝陵,有九龙朝圣之势。沮水为桥山所阻,从桥山西麓向南绕,再绕向东、北,回环到桥山东麓与西麓相对处后,继续东行。桥山与沮水,在黄帝陵形成了绿水环绕的"藏风得水"的风水环境。

第三篇 共识方案

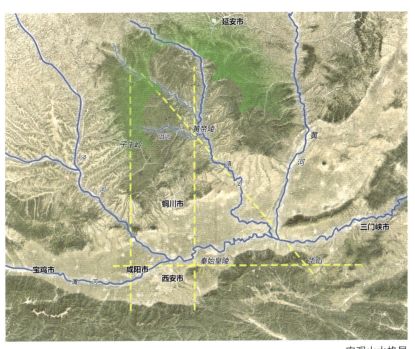

宏观山水格局
（中规院团队绘）

山水龙形空间形态
（中规院团队绘）

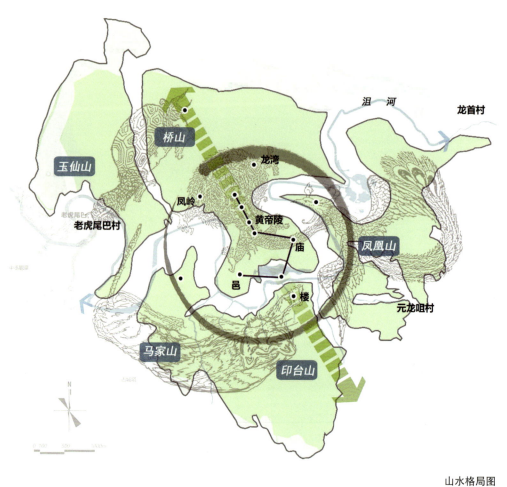

山水格局图
（中规院团队绘）

3. 自然山水，九宫形势

王其亨先生在黄帝陵大师探班"高山仰止的艺术"讲座中引用《国语·周语》记载周灵王太子姬晋论述人类居住环境的生成和保护，其中强调："山，土之聚也；薮，物之归也；川，气之导也；泽，水之钟也。夫天地成而聚于高，归物于下。疏为川谷，以导其气；陂塘汙庳，以钟其美。是故聚不阤崩，而物有所归；气不沉滞，而亦不散越。"山川薮泽的产生有其自然规律，是为自然山水。明嘉靖朝工部尚书赵璜也说："陵制当与山水相称，概难同。"不同的山水环境会形成不同的陵墓格局，其中自有规律可循。

杨保军院长多次要求我们理解桥山黄陵中"形"与"势"的关系，用"百尺为形，千尺为势。形即在势之内，势即在形之中。势止形就，形结势薄；势欲其伸，形欲其缩"等理念分析黄帝陵的山水形制和陵祭序列，明晰黄帝陵山水格局中的文化意义。王其亨先生也提出黄帝陵是"形借山势"，并引用由此，势以形得显。

黄帝陵据九州之势，左庙右城，此为势。九宫体系，格局控制，此为形。《礼记·王制》所载九州与山川关系："自恒山至于南河，千里而近；自南河至于江，千里而近；自江至于衡山，千里而遥。自东河至于东海，千里而遥；自东河至于西河，千里而近；自西河至于流沙，千里而遥。"说明九州之势尽可千里形控。

黄帝陵的山水之势也尽在形中。历史上，陵－庙－城结构蕴藏于一个格方 1.5 汉里（合今 420m）的九宫体系中。桥山东西两侧，相距一里有半；山东至于沮水，一里有半；山西至于沮水，一里有半。西不尽西山，东不尽凤岭，南不尽印台，北不尽桥山。凡山环水绕之区，断长补短，方四里有半，呈九州之势。桥山之阳，沮水之滨。帝陵安处，池台映照。下马石，汉仙台，黄帝陵，龙驭阁，中轴线，中准绳。自下马石至于汉武仙台，半里而近，一百五十步；自汉武仙台至于龙驭阁，半里而近，黄帝陵居于中间。自下马石至于印池中，一里有半；自印池中至于印台山，一里有半。

黄帝陵开创了帝陵形制与自然山水融合的新范式，黄帝陵借山势、理水脉，与中国整体山水形势相统一，体现人与自然的和谐关系，有强烈的东方文明标识性，体现了中国人的智慧。

（二）目极环翠

在划定黄帝陵国家文化公园保护范围的时候，清华大学团队首先提出"目极环翠"理念，得到大家的广泛认可。杨保军院长在工作推进会上说道："我觉得在国家文化公园的范围上大家有了共识，考虑了三个方面因素。第一个是考虑了自然环境，实际上就是说视野所及的范围，这是表面的；第二个是考虑了山水格局的组合，风水格局的完形；第三个是考虑了文化内涵，文化内涵包括形势尺度、方位等内容"。将黄帝陵的山水格局、文化内涵、目极环翠纳入衡量标准，以确定黄帝陵国家文化公园的保护和控制范围。

1. 文化山水，界定范围

圣地保护范围在逐步扩大。1993年，陕西省政府、建设部、国家文物局联合审定批准《整修黄帝陵规划设计大纲》。规划大纲划定了陵区、陵园界限，划定的一、二级保护范围为2.4km²，并提出明确的保护要求和措施。整修轩辕庙、建设祭祀大殿、修建印池公园，以满足万人祭祀活动的需求，奠定了如今黄帝陵国家文化公园的整体空间基础。2011年，《黄帝文化园区总体规划》将黄帝陵、黄陵县城等区域整体划定为黄帝文化园区，作为黄帝陵历史文化遗存的整体保护区域，划定圣地保护范围为24km²。

如今划定黄帝陵国家文化公园的范围，需综合考虑山水格局、文化格局、生态格局和建设格局。以"目极环翠，格局完整"为指导，在桥山、凤凰山、印台山三个制高点环眺黄帝陵，通过地理信息数据模拟分析，将视线敏感、目力所及3~5km范围的生态空间纳入规划范围内。周庆华院长在中期评审会上说道："龙首是黄帝陵大格局中重要的一点，不可分割。"因此，方案中将东侧龙首村、西侧老虎尾巴村、南侧长寿山、北侧孟家塬等格局元素统一纳入规划范围内，以保证黄帝陵完整山水格局，最终划定保护范围面积约为

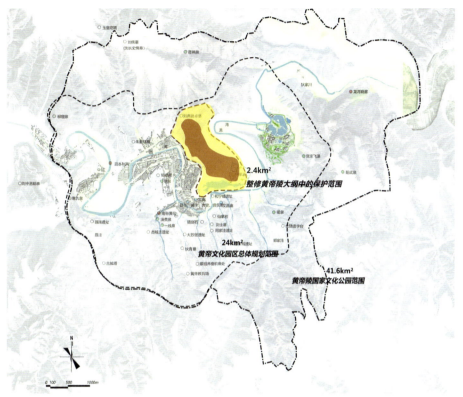

圣地保护范围逐步扩大
（中规院团队绘）

41.6km²。

同时，划定圣地核心保护区、圣地保育提升区、圣地建设控制区等不同圈层管控地带进行分层管控。系统开展生态修复，推进破损山体修复，加快荒山、荒坡、荒地植树绿化和退耕还果还林，增加森林植被，让山体"绿起来"。恢复沮水自然河流景观，注重山水景观相融合，从而突出桥山与印台山"目极环翠"的环境效果，保障黄帝陵整体山水格局的完整与生态环境优良，以恢复自然山清水秀的环境目标。

2. 疏解功能，藏于自然

桥山、印台山、凤凰岭等山体有被城市建设蚕食的现象和趋势，破坏了黄帝陵山体稳定的生态环境。为突出桥山与印台山"目极环翠"的环境效果，

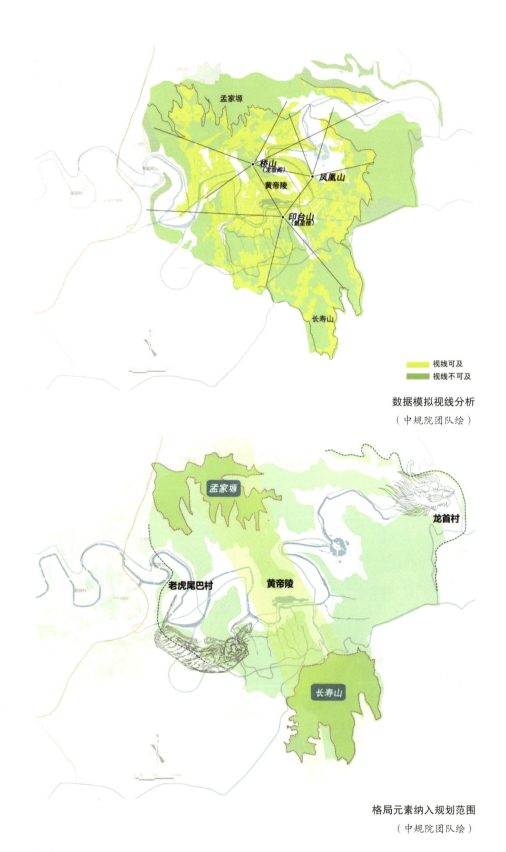

数据模拟视线分析
（中规院团队绘）

格局元素纳入规划范围
（中规院团队绘）

保障黄帝陵整体山水格局的完整与生态环境之优良，规划借助地理信息数据模拟综合分析，从宏观、中观、微观三个尺度提出目极环翠的生态修复理念。

在宏观尺度，以视线分析为方法，营林育山为措施。计算出站在龙驭阁顶上目之所及的范围，并与黄土塬边界进行修正，得出需要进行营林育山的范围。修复范围内的破损山体，如桥山、凤凰山、玉仙山、马家山等，营造"桥山为尊，目极环翠"的山脉环境，塑造陵区以及视觉范围内的"圣地感"。主要包括稳定边坡，增加植被覆盖率，控制水土流失，恢复自然生态环境等修复工程。

在中观尺度，选取东西门户至黄帝陵线路上的主要公共节点地区，眺望黄帝陵，保证远望桥陵获得较完整的山形景观。同时，对视域内建筑高度提出控制要求，禁止在圣地核心区内新建建筑，非圣地核心功能的现有建筑应逐步搬迁疏解至新城，对超高现状建筑，进行降层改造。在圣地保育提升区不得在生态用地中新建建筑，并对建成区进行更新优化。

在微观尺度，分析主要祭祀线路轩辕大道至印池广场中城市建设与祭祀环境之间的关系，提出临水 30m 以内及临路 30m 以内不得进行建设，范围外建筑高度不过树木，保证建筑掩映在森林之中。

不断扩大的保护范围，不断提高的规划定位，不断加深的文化挖掘，对黄帝陵国家文化公园的保护与管控措施提出了更高的要求。

黄帝陵鸟瞰图（中规院团队绘）

四、圣地保护

"保护是一切的基础，从国际眼光来看，黄帝陵是重要的文化景观遗产，国际社会关于文化景观遗产保护利用的一贯原则是需要遵循的；从历史视角来看，中国崇尚传统的天人合一世界观，重视山水保护，古已有之的'极尽自然之美，少费人工之法'理念，是我们应该弘扬的国故。"因此，杨保军院长在本次工作营开营仪式上，就明确强调了做好保护的重要性，保护的理念也贯穿在本次大师工作营八大共识的始终。

对于黄帝陵圣地的保护，早在 20 世纪 80 年代就有共识。得益于历届政府和各界同仁多年不遗余力的保护，世代守陵人不计得失的辛勤付出和奉献，黄帝陵"陵、邑、城"的基本格局得以留存，黄帝陵西侧的坊州古城内只有一座高层建筑，风貌根基尚在。但同时我们也能看到，在过去以发展经济为主要目标的时代，迫于发展的压力，纠结于保护与开发建设的矛盾，历史文化保护往往较为被动，城市的快速发展已影响到陵的圣地空间，陵、邑、城也呈现失协的趋势。

如今，习总书记提出要开辟生态文明新时代，要加强生态文明保护，要把文化、把自然环境保护好，要能体现当地的特色。这就要求我们转变发展思路，顺应中国新的发展趋势，站在生态文明的高点定位，"像保护眼睛一样保护生态环境""像爱惜生命一样保护好历史文化遗产"。这既是新时代的要求，也是当今人类追求美好生活的共同愿望。

对自然、历史人文资源保护的过程中，一般会建立一套合理的保护与管控体系，以平衡协调资源保护和发展利用的关系。在大师工作营中，各团队均提出了各自不同的保护与管控方案，其中，中规院提出的功能分区以及团队提出的分区管控策略，在结构体例、管控角度上较为适合黄帝陵国家文化公园。在此基础上，大师营中各位专家学者经过不断的讨论与推敲，形成了扩大园区的保护管理范围、制定更严格的保护措施和采取分层保护的共识，将国家文化公园分为圣地核心保护区、圣地保育提升区以及圣地建设控制区等三区进行管控。

第三篇 共识方案

黄帝陵周边现状
（中规院团队拍摄）

黄帝陵国家文化公园规划总图
（整合团队绘）

在具体操作中，三区保护分别以保核心、育生态、控规模为主要目标。

（一）保核心、保意境

从世界范围来看，作为全世界知名的祭拜、朝拜的场所，麦加穆斯林禁寺、耶路撒冷老城等宗教圣地享誉世界，其圣地所在就是核心。

何谓圣地，黄帝陵寝之所在，是中华儿女溯源寻根之地，在精神上是至高至上的文化符号；轩辕庙殿承载了官祀、民祭历史，是中华民族生生不息的见证之地，在物质上是无可替代的文化遗产；桥山阴阳相生的山水环境，是东方文明世界观的完整体现，是天人合一信仰的文化表达。

保护方案把构成圣地的黄帝陵园、轩辕庙、桥山及其视域范围所构成的完整山水格局作为黄帝陵的核心保护区，加以严格保护，总面积为13.21km²，是资源最集中、价值最突出、最应体现圣地感的核心区域。

目前，核心区内最突出的就是人工化和商业化的问题，大大降低了文化和美学价值，当人们慕名而来时，却与进入一个普通的城市公园感受雷同，体会不到预期的神圣感。

"突出桥山作为黄帝陵主体的地位，增强黄帝陵核心区的圣地感"是大师工作营的共识，如何增强黄帝陵核心区的圣地感是大师营工作的重要的课题之一，从保护的角度来说，最重要就是要净化环境和保护意境。

1. 净化环境，突出桥山作为黄帝陵主体的地位

在大师探班期间，园林领域的专家王向荣教授讲道："必须有的东西才要有，不需要的东西尽量少，让它尽量纯粹，只有纯粹的东西才能触动人心。"在大师营的评审会上，文化遗产领域的评审嘉宾也就圣地感表达了自己的看法，包括"喧宾夺主的太多了""突出黄帝陵原有的景色""抓好边界管控问题"等一些关键意见，不难看出，对于净化圣地环境这件事，各个领域的专家是有高度共鸣的。因此，在大师营方案整合阶段，将关于净化圣地环境明确写在了最后敲定的大师营八大共识中,"在桥山周边地区布置建筑物及构筑物时,要保障桥山的可视性,与主题无关的建筑物及构筑物不能进入主要景观视域范围内,而对于已经建设的建筑物及构筑物,应启动逐步疏解工作。"

2. 不砍一棵树,保护黄帝陵的传统山水意境

圣地意境的表达,不同文明有不同的表达方式,但相通之处就在于要有触动精神的气场,打动灵魂的环境。黄帝陵传统的山水意境的表达,桥山、印池、印台山所构成的完整山水格局是空间基础。

至关重要的是桥山数以万计的古柏,没有这些柏树,就没有此地的特色意境。黄帝陵区是全国面积最大、保存最完整的古柏林区,是古柏之林、柏树之海。黄帝陵拥有 8 万余棵古柏树,其中千年以上古柏 3 万余棵,且轩辕黄帝手植柏距今已有近五千年历史。黄帝陵古柏整体呈现出的环境和意境,

桥山上的古柏
(中规院团队拍摄)

是黄帝陵区别于埃及、希腊、印度等其他古老文明最独特的表达。

因此，保护好这个地方的山川地貌和植被环境是关键，大师营共识提到，"突出桥山与印台山'目极环翠'的环境效果，保障黄帝陵整体山水格局的完整与生态环境之优良。"我们要求在核心保护区和培育提升区，做到不砍一棵树、不进行土方开挖填埋等地表改变活动，严格保护林地，培育圣地气氛。

（二）育生态、优环境

大师工作营团队最开始调研的时候就发现，站在桥山上放眼望去，好像就只有桥山郁郁葱葱、苍山翠柏，外围就差了很多，中国人要营造意境，而意境是整体的，现在的状态显然还不够理想。

分层保护的重要理念就是对核心区外围生态和环境的培育，营造一个良好的生态背景，以加强整体感，并且能形成更理想的环境过渡效果。

因此，我们划定的圣地保育提升区范围包括圣地核心保护区外围山体、沮河流域及两侧绿地，在更大的尺度上覆盖了沮河和黄帝陵周边的台塬，是黄帝陵的生态背景，总面积为 27.31km²。这个区域一方面是要培育生生不息

的生态基底，形成整体感；在此基础上，还要优化景观环境，传递中国传统特色，大美不言的审美意趣。

1. 生生不息的生态基底

杨保军院长把对生生不息的生态环境的解读，上升到了文明的高度，"生生不息是中国的一种哲学、思想。黄帝陵这个地方要能感觉到生生不息。""中国文明延年不断，沮河五千年没断过，沮河绿带加上桥山的古树，再加上周边的环境，它孕育出来的氛围给我们整体的印象就是生生不息。"我们能更深刻地理解到，黄帝文化、中华文明与生态环境保护之间相生相伴的联系。

规划中强调要保护培育黄帝陵周边的整体环境，围绕山体修复疮面、固土复绿，针对黄土边坡的修复策略，针对坡向的树种选择形成根深叶茂、生机勃发的祖陵圣地景观风貌；同时，根据大师营共识"突出沮水龙形河谷空间特征，对沮河及支流开展系统生态恢复"，围绕沮河展开生态保护与修复，如疏浚河道、提升水质、改造堤岸等工作。重点聚焦圣地空间内沮河主干河道、支流以及印池的生态保育、修复，恢复生态复岸、林水交织的生态基底。

2. 大美不言的景观环境

"中国有句古语叫做'天地有大美而不言'，不用你去做过多的雕琢，大自然本身就是美的"，杨保军院长这一席话为圣地保育提升区的规划要求奠定了基调，同时他还讲了西湖的故事，鼓励大家不要只着眼于当下的效果，要从长远角度认真对待环境提升，他说："不要考虑两年、三年，五十年以后这些树还长不出来吗？西湖在1949年山上是没树的，那个时候兵荒马乱，老百姓要砍树烧饭，包括西湖堤上那些垂柳都是中华人民共和国成立后栽的，我们用五十年这个环境就会得到改善，这个意境也会营造出来。"

为此，团队专门就如何通过园林设计手法表达这种意境，请教了孟兆祯院士，他强调，"要充分利用自然地形，极尽自然之美，少费人工之法，既有自然美又有人工的诗意。"

规划中强调恢复沮水自然河流景观，注重山水景观相融合；要做到建设

桥山环望
（中规院团队拍摄）

融于环境、清晰美观；同时，要求种植乡土树种，确保新种植植物与现有植物和谐生长。逐步恢复黄帝陵山水萦绕，大美不言的景观环境。

（三）控规模、融山水

关于对建设的管控，在大师营开营的时候，杨保军院长就解读过习总书记关于保护和利用之间关系的指示，"总书记说过对待历史文化资源既要保护好，也要利用好，首先是要保护好，如果都没有保护好，就谈不上利用，更谈不上可持续地利用，但是保护不是最终目的，保护是为了更好地利用，让文化资源在今天、在明天，对我们所有人能够起到正面的作用，焕发出更大的力量，这是总书记明确的指示，所以我们不要把保护和利用简单地对立起来。"

基于这种认识，在做好全域保护的基础上，保护方案中还针对建设较为集中的区域划定了圣地建设控制区。其范围包括桥山镇、坊州古城上、下城，东湾寻根交往区以及西部、东部、南部门户区，总面积为 $1.08km^2$，在这个区域内，需要做到以下两点。

1. 疏解与圣地无关的功能

功能疏解是规划存量时代必须面对的难题。杨保军院长通过北京疏解非首都核心功能的事情强调了疏解的意义和必要性，他说："北京的发展思路非常清楚，首先就是要解决好都和城的关系，城市发展把首都功能弱化掉是不行的，所以北京在疏解。再看黄帝陵也是一样，首先要解决好陵和邑的关系或者是陵和城市的关系，主次不能颠倒，不能因城市要发展，就要侵占陵区。"

关于功能疏解如何落实、分寸如何把握，在项目进展的后期，杨保军院长还就功能疏解的一些症结与黄陵县的孟书记进行了一次深度的对话，他先是介绍了河北北三县协调疏解建设的过程和经验。

"我跟他们提了三条原则。第一个原则，贴边率比现在只能小不能大。

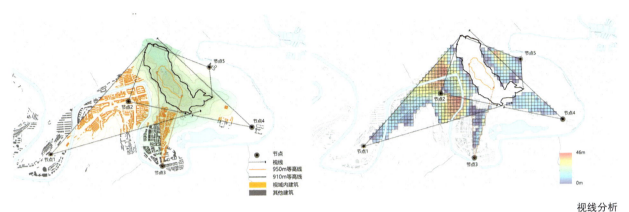

视线分析
(清华大学建筑学院团队绘)

第二个原则,凡是没有盖的,不能再盖了。第三个原则,把违章建筑全部拆掉。"

针对黄陵县在沮河河道内正在施工中的旅游小火车,杨保军院长也把与黄晶涛院长的探讨拿出来与大家分享。

"我跟晶涛反复讨论过,真是反复讨论过。雄安一开始要做个云轨,我当时就认为能够在地面解决的,千万不要在空中解决。因为全世界的经验都是高架的东西,早晚都得拆掉。黄浦江拆掉了,广州也拆掉了,波士顿拆掉了。实在不行,从地下走,不能架起来。这是一个理念问题,不是一个技术问题。在雄安不许有任何高架的东西,过街天桥都不允许。这是一个根本原则,也是一个趋势。这是生态文明时代的应有之义。"

在借鉴以往经验以后,我们在保护方案里提出在核心区以西的已规划建设区域内,近期要严格控制新的空间增量;对于已有建设项目应以形态管控为主,远期则是除少量公共节点地区外,要逐步拆除已有建设项目,并还植绿林;同时,非现状建成区严控新建建筑,对于需更新优化的建成区,新建建筑量应控制在拆除量的50%以内;桥山镇城区应逐步疏解至黄陵新城,退建还绿,严格控制城市新建过程中与国家文化公园保护和游览无关的建设。

2. 建设融于山水、城市融于环境

黄帝陵作为炎黄子孙寻根问祖的圣地，在疏解无关功能的同时，要提升祭祀的服务保障功能。我们能看到，中华人民共和国成立之后黄帝陵的祭祀活动不断扩大，祭祀场所也不断升级，本轮规划提出的国祭活动升级和国事功能保障，对黄帝陵现状的服务配套的数量及品质也提出了更高的要求。

因此，规划要求国家文化公园圣地建设控制区内的建设，其功能上应围绕祭祀保障和寻根交往展开，规模应严加控制，形态布局上能够融于山水、融于圣地环境，尤其是对于游览设施建设集中的区域，建设达到国际高品质水准。

为了有效控制建设的效果，大师营共识中也提到"严格控制圣地核心区内建筑高度、密度和布局方式，保证建筑掩映在苍翠的山水环境中。"我们在规划中明确对建设高度、容积率、坡屋顶率、单个建筑的面积、建筑风格、色彩等方面都提出了要求。

其中，建设高度是最直接、最有效的控制手段。规划严格控制老县城建筑风貌及建筑高度。对超高现状建筑要进行降层改造，对规划新建建筑严格控制其高度。在清华大学团队的方案中，还特意选取东西门户至黄帝陵线路上的主要公共节点地区，眺望黄帝陵，保证桥山获得较完整的山形景观。视截面以910m等高线为准，对现有建设进行判断，控制视域内建筑高度和改造的优先级，对超高现状建筑，优先进行降层改造。

中国传统陵墓圣地感最重要的表现之一为目力所及之处都是郁郁葱葱的自然环境，树木可以柔和建筑的硬朗，使建筑和自然环境能更好地融合。因此，我们在制定建筑控高标准时，选取树木作为重要参照点，总体要求建筑不高于树，达到建筑隐于山林的效果。

（四）精管控、定指标

指标落实是各级政府监督保护成效最行之有效的方式，为了深化落实分级保护的要求，对黄帝陵国家文化公园从总体管控、自然环境、建筑设施、

建筑高度控制　　　　　　　　　　　　　　　建筑后退

定量管控示意图
（中规院团队绘）

道路交通及环境景观几个方面进行分类管控。

为了净化圣地环境、疏解非圣地功能，我们要求核心区除本次规划确定的功能建筑外，禁止新建建筑，现有城市建筑逐步搬迁疏解至新城，建设控制区非现状建成区严控新建建筑，需更新优化的建成区，新建建筑量应控制在拆除量的50%以内。

为了铺垫情绪、净化心绪，我们对比中山陵的经验，优化视觉感受，提出沿路不见建筑，临水不见建筑，具体到指标上，我们要求建筑后退道路红线30m以上，道路两侧乔木林地宽度不低于30m，使游人走在路上感觉不到建筑。采用生态修复方法，恢复原生态的河流溪涧生态环境，滨河两侧绿地宽度不低于50m。

为了达到建筑融于山林、城市融于山水的目标，我们严格控制建筑高度。要求核心区建筑高度不得高于6m，也就是指在一般情况下不高于2层，不高于树。圣地建设控制区的建设不超过12m，个别标志性重要建筑不超过18m，从而减少对主要景观视线的干扰，保证在远眺时建筑被掩映在山林中。

为了防止先破坏后治理的恶性循环，针对开山修路的现状问题，我们提出了控制地表改变率，尤其要求圣地核心保护区不得改变地表，不能动土，以避免国道选线破坏自然地貌的情况再次出现。

除以上关键性指标的量化控制以外，还对建筑规模、容积率、单体建筑体量、道路红线及停车场嵌草砖铺装率等指标也都进行了量化，确保圣地区域得到多层次、多维度的立体管控与保护。

建设管控细则

管控内容		圣地核心保护区	圣地保育提升区	圣地建设控制区
总体管控	—	保文物、保古树、保意境、保护风水格局	理水疏脉、营林固山、建筑隐于绿色	建设融于山水
自然环境保护	地表改变率	不得进行地表改变	地表改变率低于20%	地表改变率低于30%
	林地保护	不砍一棵树，严格保护现有林地，培育圣地气氛，大力开展造林活动		新建项目必须提出保树方案，10cm胸径、树高2m以上不得砍伐
	林地郁闭度	0.7以上密林	0.4~0.7中度密林	至少满足0.2疏林
	古树名木	严格保护古树名木，不得以任何目的破坏，建立信息系统，进行监测和评估		
	退耕还林	全域进行退耕还林	逐步开展退耕还林	—
	河流、溪流	生态修复，恢复原生态的河流溪涧生态环境，滨河两侧绿地宽度不低于100m	生态修复，恢复自然生态景观河流，滨河两侧绿地宽度不低于100m	不得向建成区内的河流、溪流排污，恢复河流、溪流自然生态景观环境，滨河两侧绿地宽度控制在30~50m
建筑设施	建设规模	除本次规划确定的功能建筑外，禁止新建建筑，现有城市建筑逐步搬迁疏解至新城	非现状建成区不得新建建筑，需更新优化的建成区，新建建筑量控制在拆除量的30%以内	非现状建成区不得新建建筑，需更新优化的建成区，新建建筑量控制在拆除量的50%以内
	容积率控制	0.1	0.3	0.5~1
	绿地率	80%	50%	30%
	建筑高度	6m	9m，建筑不高于树	不超过12m，个别标志性重要建筑不超过18m
	坡屋顶率	不低于80%	不低于70%	不低于70%
	单体建筑、体量	单个建筑面积不超过300㎡，建筑材料选择乡土材料，体现地域特色，服从黄帝陵及周边整体环境	单个建筑面积不超过500㎡，建筑材料选择乡土材料，体现地域特色，与黄帝陵及周边整体环境相协调	单个建筑面积不超2000㎡，建筑风格、色彩与黄帝陵及周边环境相协调，国际论坛等会展建筑单体不超过5000㎡

续表

管控内容		圣地核心保护区	圣地保育提升区	圣地建设控制区
道路交通	道路红线	除本次规划确定的车行路以外，禁止新建车行路，现状车行路改造为电瓶车路，单向车道宽度缩减至3m，新建步行路宽度不超过4m	车行路不得超过双向四车道，单车道宽度不超过3m	车行路不得超过双向四车道，单车道宽度不超过3.5m
	道路断面形式	宜采用独立车道、双向通行、上下行分离，道路隐于环境，注重道路景观环境营造	道路与环境协调，注重道路景观环境营造	注重道路景观环境营造，宜采用中央绿化隔离带
	道路行道树	道路两侧乔木林地宽度不低于30m，冠大荫浓，临路不见建筑	道路两侧乔木林地宽度不低于30m，冠大荫浓	道路两侧乔木林地宽度不低于20m，冠大荫浓
	停车场嵌草车位铺装率	80%，掩映在林荫下	50%	50%
	绿道	设步行功能绿道	设步行和自行车滨河山地绿道	宜设置完整绿道系统
环境景观	标识系统	融于环境、清晰古朴	融于环境、清晰美观	与环境协调，清晰美观
	配套服务设施	厕所、小卖部等控高3m	厕所、小卖部等控高6m	厕所、小卖部等控高6m
	室外场地管控	新建场地面积不超过200m^2，现状超过200m^{2}场地应进行缩减，绿地率不低于50%，道路及场地以乡土材料为主，透水铺装	新建场地单个规模不得超过500m^2，通过绿地进行分割，绿地率不低于50%，透水铺装，与周边环境融合协调	新建场地面积不超过500m^2，现状超过500m^{2}场地应进行缩减与分割，绿地率不低于50%，透水铺装，色彩不可突兀
	植物配植	保护现有植物，新种植植物必须采用自然乡土树种	保护现有植物，新种植植物与自然融合，宜采用乡土树种	种植方式应与自然景观环境协调
	海绵设施	全域进行海绵设施优化改造	适当进行海绵设施优化改造	逐步开展老城区海绵设施改造，新建设项目必须进行海绵设施建设

五、圣地营造

圣地空间环境的营造是黄帝陵国家文化公园建设的核心内容，是黄帝陵圣地感表达的重要途径，张锦秋院士就曾提到黄帝陵的圣地感不能弱于中山陵。但不可回避的是，目前整个陵区的圣地感存在不同程度的破坏，因此，如何加强黄帝陵整体神圣氛围、营造圣地环境是本次大师工作营团队工作的核心所在。

杨院长讲道："圣地营造就是通过多种方式，让人们感受圣地氛围。"在大师工作营中，各团队均提出了各自不同的营造手法，主要集中在强化陵轴线、营造圣地生态环境、优化拜谒与游赏序列等几方面。最终，在大师营各位专家学者不断的讨论与推敲中，达成一致。

圣地营造按照不同功能分区进行差异化的管理目标引导，通过立轴致远、和谐陵邑、拜谒理序、理水梳脉四种方式进行具体的空间营造。

（一）功能分区

针对黄帝陵国家文化公园寻根祭祖、联谊交往、文化展示的几个主要功能，同时对未来园区内不同类型实施项目选址的总体引导，工作营将整个黄帝陵国家文化公园分为四个分区，圣地核心区、寻根交往区、南部黄帝文化遗存展示区、西部门户区。

1. 圣地核心区

黄帝陵圣地核心区是以黄帝陵本体为核心，功能是以黄帝拜谒祭祀和黄帝文化展示为主，兼顾祭祀文化旅游配套服务。范围包括以黄帝陵园、轩辕庙、坊州古城上、下城为核心支撑的桥山本体及其视域所及的完整山水格局，和凤凰山、孟家塬等为代表的生态环境背景。面积约为 $24.2km^2$。核心区内的陵庙、上城、下城，自古就有着明确的分工，因此，在功能区划、管理上也各不相同。

第三篇 共识方案

功能分区图
（中规院团队绘）

陵-庙区域是黄帝陵和轩辕庙所在，是开展祭祀活动的重要场所，今后的空间管理重点在于强化陵轴线和左庙右邑的格局，优化祭祀轩辕大道，同时对沮河及支流开展生态恢复，最终营造圣地序列加强黄帝陵圣地感。坊州古城在古代是作为守陵人的家园进行建设的，现存古城（上城）仍具有山地传统民居特色的风貌，规划中依据其文化展示与旅游服务基地功能进行有机更新，加强形态管控，体现守陵护陵文化内涵。下城片区是黄陵县老县城所在地，集聚了黄陵县大量的行政办公用地与主要的广场、公共服务设施用地。未来应结合疏解腾退，促进商业与文化旅游产业混合发展，推动黄帝陵及周边的空间结构优化和产业升级。

2. 寻根交往区

随着国家对黄帝陵公祭活动的重视及公祭配套设施的逐渐完善，前往祭祀游览的人数会逐渐增加。目前，黄帝陵接待设施、接待能力明显不足，亟须将旅游的接待服务功能完善，做到遗产保护与开发并重，促进"文旅"融合发展，同时提升品质，满足高品质、高需求的人群。因此，选取东湾作为寻根交往区域进行打造，为海内外华人交往提供高端配套服务保障。一方面东湾区域有一定的用地条件，与黄帝陵核心区距离适宜，不影响黄帝陵的整体山水格局；另一方面可进一步完善补充高端旅游人群接待，国际会议交流、华人论坛等功能，同时预留了国事接待活动的功能。范围包含东湾区域及龙首村，是陵区的东门户，面积约为 $4.2km^2$。

寻根交往区作为黄帝陵东部游赏序列前序景观，应通过原生态的大地景观营造，极尽自然之美，少费人工之法，既有自然美又有人工的诗意。修复良好的生态和景观背景，达到减量还翠的效果，从而增加自然山水休闲的游赏体验。在完善祭祀配套服务职能方面，要能面向全球华人，增强旅游服务接待能力，保障高端寻根交往联谊活动开展；增强文化展示功能，增加教育功能设施，促进文化交往活动，争取国事活动承接。

3. 遗存展示区

散落在印台山、暖泉沟、黄花沟等区域的历史文化资源丰富，是黄帝文化的延伸区——黄帝文化遗存展示区，同时也是黄帝陵的南部入口，以文化遗存展示、山水风景游览为主要功能。面积约为9.3km²。

黄帝陵南部历史文化资源的挖掘和梳理是首要问题，其次是如何利用南部游线组织合理串联这些资源，以加强其文化科教展示功能，在沿途设置眺望点和服务点，增加怀古览胜的游赏体验。规划南部次门户，合理配套旅游服务设施。

4. 西部门户区

规划西部门户是为了承接来自高速、高铁等主要区域性交通，是进入黄帝陵最主要的入口，是祭游者落客、换乘景区交通的重要节点。因此，旅游接待、交通集散是其主要功能。范围涉及黄陵县城部分区域，面积约为3.9km²。对西部门户的建设，在配套规模适当的服务设施的同时，严格控制该片区内的用地建设强度，将城市开发建设对生态景观环境的扰动降到最低，净化生态门户形象。

西部门户也起到了酝酿圣地氛围的作用，这里是轩辕大道的起点，前往黄帝陵圣地核心区祭祀的必经之路，对于园区和城市形象展示具有重要意义。因此，轩辕大道的设计应着重考虑与周边重要的自然、历史标志形成朝对关系，营造对景序列，提升圣地氛围，起到使祭游者心绪渐静的作用。

（二）空间营造

黄帝陵现有圣地空间圣地感仍然不足。营造其祭祀空间氛围不同于一般的保护，因此我们基于自然环境，顺应山形水势，尊重历史秩序，将视角聚焦在生态环境、轴线序列、拜谒路线、陵邑关系等方面进行优化、改造及提升。通过恢复黄帝陵所在桥山、沮河、印池的山水空间生态环境，构建山水交融格局来强化圣地环境的生态感体验；通过在陵轴增支点，虚实结合延伸陵轴线以及梳理陵城庙关系来增强陵轴线的秩序感；通过优化拜谒路线，增强拜谒心灵体验来强化祭祀线路的序列感，理水梳脉。

1. 强化陵轴

历史上，轩辕庙作为祭祀载体是依附于黄帝陵而存在。为满足千人祭祀的基本要求，在整修黄帝陵期间建设了轩辕大殿，因此在黄陵区域出现了两条轴线，即以黄帝陵、汉武仙台、下马石三点成轴的陵轴线和以轩辕庙、轩辕大殿相连成轴的庙轴线。随着城市的快速发展，使桥山居尊的格局受到了破坏。因此，吴良镛院士在指导过程中强调，"历史的这条轴线是很重要的，一个是它在正中，一个是地势高，这条轴线最长。强化陵轴线是有文章可做的，可以强化一些附属设施如印台阁，做了之后，整个黄帝陵就突出来了。"吴先生提出强陵轴、营支点、显功德，通过强化陵轴，突出陵轴对整个空间秩序的统领作用是至关重要的。

规划中采用虚实结合、画龙点睛方法，延伸陵轴，重塑原来陵庙邑之间的和谐秩序。在宏观层面，协调好山体与建筑融合的关系，延伸陵轴以象征两岸统一的精神脉络和现实愿景；微观层面，注重陵区秩序的恢复，增加陵轴线空间序列强度，在魁星楼遗址建印台阁，在陵庙邑平衡支点之上建功德碑等，以倡文风，兴文运，使轴线序列不断丰富，提高审美体验，建立由今日而至历史和未来的轴线系统。

第三篇 共识方案

现状陵邑庙的格局
（中规院团队绘）

立轴致远轴线营造示意图
（清华大学建筑学院团队绘）

2. 和谐陵邑

陵邑关系相生相伴，坊州古城作为世代守陵人的居住场所，已有近五百年历史，是圣地格局的有机组成，是谒陵秩序的重要节点。如今城市发展对陵邑格局产生冲击，配套基础设施落后，业态与陵祭主题缺少关联，城内存在违建、乱建现象，对圣地意境的表达产生很大影响。

因此，正确处理陵邑关系对建设黄帝陵国家文化公园具有重大意义，老城发展需要抓住文化复兴的历史机遇。

我们以时下学术界具有广泛认可度的有机更新理论作为指导理念，基于上下城区历史资源和特色文化，实施小规模渐进式的更新策略，避免大拆大建，同时疏解老城人口至黄陵新县城，疏解非"守陵文化"职能。

上城是完善老城配套服务功能，植入相应的与祭祀相关的业态，打造成为旅游服务基地。下城重点塑造中心街特色服务功能，加强文化展示功能，联通祭陵大道，强化与陵区的关系。同时，保护空间形态、延续守陵格局，将提升与改造并行，留住乡愁，复原历史点位，展现空间文化特征。规划还强调对本地居民的关怀，做有温度的规划，在大师工作营讨论过程中，同济团队周俭老师就特别提出，"古城更新关乎百姓幸福"，为居民营造生活归属感，将居民融入黄陵的发展中，使守陵人受益，享受到发展成果。

3. 拜谒理序

在人所能感知的尺度，提升黄帝陵圣地感最立竿见影的方式，就是对祭祀拜谒路线的优化。目前，黄帝陵的祭祀线路偏短，缺少起承转合的序列组织，致使祭祀心理铺垫不足；并且，随着黄帝陵影响力的增大，祭祀设施保障不足的短板越发凸显，尤其是千人祭祀活动时，祭祀过程十分狼狈，体验感较差，这些都在不同程度削弱祭祀过程的神圣感。

针对拜谒过程中出现的种种问题，张锦秋院士切中了要害，她提到"功能不完善就没有圣地感，旅游设施服务就可能泛滥，要明确祭祀活动谒陵路线及相关配套，注重轩辕大道在拜谒线路上的打造。"结合张锦秋院士强调的重点，规划重点保障年度国祭，兼顾节日公祭和平日民祭功能，升级配套

古城方案平面图

（同济团队绘）

拜谒理序示意图

（中规院团队绘）

服务设施的标准和内容，同时对拜谒组织、拜谒环境、交通保障几个方面进行提升，优化祭祀拜谒的体验。

在拜谒序列的梳理组织上，调整现在"走回头路"的组织方式，打通完整的祭祀环线，形成了从轩辕大道的前序情感酝酿、庙祭高潮到陵祭沉淀的完整仪式序列，并且在尾声进入坊州古城，为祭祀提供综合保障的同时，带动古城发展。

在拜谒路线的环境营造上，通过系统地去人工化，烘托必经之路肃穆的圣地感，重点包括对张锦秋院士关注的、大师营团队多次提到的轩辕大道进行环境提升，以及沿线的重要节点，如印池、下马石和坊州古城的改造提升等。

在拜谒交通的系统保障上，采取"快进漫游，多向疏散，居游分治"多措并举的优化策略，同时在旅游交通高峰期，尤其是大型祭祀期间，采取分层截留的交通管理模式，确保不发生大范围的交通拥堵。

4. 理水梳脉

"桥山为尊，沮水漾洄"，发源于子午岭的沮水，龙形深切黄土台塬，构成了黄帝陵独特的山水空间。近年来，随着沮河上游工业发展和黄陵县城的扩张，沮河出现了水质下降、岸线渠化的问题，城区内部的河道几近淹没在城市建设中，过度的人工化，使沮河与桥山的呼应之势逐渐丧失，为了单纯追求旅游的短期利益，修建的观光小火车对沮河也产生了一定的破坏。

为了恢复水清岸绿、鱼翔浅底的河流水系环境，体现古朴、自然的黄帝陵圣地景观，规划围绕沮河展开系统的生态修复与风景营造工作。首先，从流域上，修复沮河主脉、梳理河谷冲沟支脉，保持沮河流域水系畅通；控制上游产业排放，保障水质。其次，对沮河的城市段进行整体景观提升，改造堤岸形式，控制两岸建筑后退，规划片状或带状风景林，形成临水交织的生态岸线。在圣地的核心区域，重点对印池进行生态化改造，以孟兆祯院士在工作营指导时提出的"山水是协调的。胸中有山，方许做水；腹中有水，方许做山，山水是相映衬的"为理念，加强"印池映山，山水一体"的景观呼应，最终达到"理水形，拥桥山，强陵轴"的目的。

第三篇 共识方案

1	黄帝陵
2	龙驭阁
3	汉武仙台
4	下马石
5	轩辕庙
6	坊州古城
7	综合服务基地
8	旅游服务中心
9	服务（集散）中心
10	印池
11	神道
12	暖泉沟
13	中华始祖堂
14	中华文化研究院
15	中华圣哲园
16	世界华人论坛
17	中华创新园
18	文明肇造园
19	中华百姓林
20	中华名人林
21	中华薪火台
22	功德碑
23	黄陵坊
24	遥望台
25	印台阁
26	坊西湿地
27	东湾寻根交往
28	黄花沟
29	中华姓氏（圣贤）堂

核心区规划设计图

（整合团队绘）

六、立轴致远

黄帝陵所在区域是中华文明的发祥地，位于黄土高原腹地，子午岭东侧，在关中地区，秦始皇陵轴线与黄帝陵轴线形成了空间对位关系，体现出先民寻求与自然山川形胜融合、天人合一的哲学观。

历史的陵轴是黄帝陵空间格局的统领，黄帝陵位于桥山之巅，桥山向南突出，沮水三面环绕，在墓冢与印台山之间，两侧山体呈对称环抱之势，这种地貌特征形成主峰－墓冢－印台山的空间轴，同时，左邑右庙，拱卫陵轴。在《整修黄帝陵规划设计大纲》中，明确陵轴作为陵区的主轴线。吴良镛院士在谈到陵轴与黄帝陵的关系时说："历史上有一条轴线，这个轴线是很重要的，这个轴线和印台山是有呼应的，一边是县城，一边是庙。这个中轴线，一个是它在当中，一个是它地势高，而且这条轴线最长。强化陵轴，就有文章可做，这个文章做了之后，整个黄帝陵就突出来了"。院士这段话，凸显了陵轴之于黄帝陵的重要性。

王其亨先生在工作营探班期间指出"在中国传统文化中，山水是沟通人和天的一个中介，山加个人字旁就是仙，因为中国是个多山的国家，63%的山地高原、风雨、财用都得依赖于山，所以中国古代对山带有一种亲切的敬畏感。孔子最先把上述思维推理到一种审美的境界，就是仁者乐山，智者乐水。沟通天地的日月星辰这代表天，地上最伟大的超过了龙的是山，皇帝死叫'崩'，皇帝的墓叫'陵'，就是这个原因"。对山川的尊敬即是中华文化的本源。黄帝陵轴线自黄土高原苍茫大地的一叶绿洲——桥山始，自阿里山终，自西北向东南，长达1500km的山川轴线，与国家经济地位意义上的胡焕庸荣枯线相垂直，恰好构成了我们国家的文化、经济与生活的骨架，这也许就是黄帝陵轴线之于现代中国的深远意义。

然而，过去几十年黄陵县城邻陵而建，使黄帝陵周边的景观生态空间不断被蚕食，延续千年的山水格局渐失，桥山脚下沮河两岸自然生态空间被挤占，桥山、印台山的山体形态与植被被蚕食，原有的山水相融、塬峁跌宕的景观特色日渐消退。同时，县城的空间拓展、轩辕庙的扩建与庙轴空间的强

黄帝陵的大山水格局

（东南大学段进团队绘）

1969年航拍，陵庙邑的格局

（清华大学建筑学院团队绘）

国土空间尺度中陵轴

（天规院团队绘）

化，形成了邑、庙对陵园的空间压迫，陵、庙、邑主次空间轴线失衡，削弱了黄帝陵自身的主体地位。

针对黄帝陵陵轴式微、空间失序、氛围渐失的困境，吴良镛院士、张锦秋院士在指导规划工作过程中，不约而同地提到了强化陵轴的重要性，并给出了各自的建议，工作营各家团队也都提出了解决方案，最终形成了"强陵轴、营支点、显功德、筑印台"的共识。

（一）强陵轴

陵轴的强化，重点在于"意义"与"空间秩序"的重塑和"圣地氛围"的营造。吴唯佳教授、武廷海教授重点研究了汉制体制下的山水格局并重点关注陵轴对空间重塑的作用。最终工作营整合方案重点突出陵轴的统领与提升，在宏观层面将陵轴融入更大的时空格局，呼应两岸统一愿景，虚实结合，含蓄致远；中观层面依循中国传统营城理念，理顺陵、庙、邑主次轴线关系，强化陵轴空间统领的地位；微观层面增加陵轴的空间景观支点，强化陵轴空间感知。

1. 立轴线，含蓄致远

在宏观层面将陵轴线拓展为国家尺度，呼应同根同源、民族团结、两岸统一的精神脉络和现实愿景，构建陵轴"大格局"。在国土格局上，黄帝陵居国土中央，西北接连祖山昆仑，东南凌越华山，遥望台湾，黄帝陵轴线与胡焕庸线垂直相交，护佑中华文明风调雨顺与长治久安。

立轴致远，就是在更大的空间尺度上对黄帝陵的陵轴线进行强化。韩骥先生提出在印台山上复建魁星楼，经过杨保军院长与各位院长共同商议，达成共识，在印台山上魁星楼旧址建印台阁。东南大学段进团队、西安建大规划院团队开展了方案设计，通过印台阁强化陵轴线，突出黄帝陵作为海内外华人寻根祭祖、联谊交往的祭祖圣地的地位。

2. 尊主轴，格局控制

针对现状主次轴线失衡的问题，清华大学吴唯佳教授提出历史的陵、庙、邑空间关系呈九宫体系格局，"历史上，陵－庙－城结构受制于一个格方 1.5 汉里 (合今 420m) 的九宫体系中。桥山东西两侧，相距一里有半，山东至于沮水，一里有半，山西至于沮水，一里有半。西不尽西山，东不尽凤岭，南不尽印台，北不尽桥山。桥山之阳，沮水之滨。帝陵安处，池台映照"，依托九宫格局增加支点，来强化陵轴。东南大学段进团队针对轴线失衡的问题，提出"强化陵轴线，保留轩辕庙次轴，恢复古城次轴，新增暖泉沟片区次轴，形成以黄帝陵陵轴为主的'一主三次'轴线体系"。

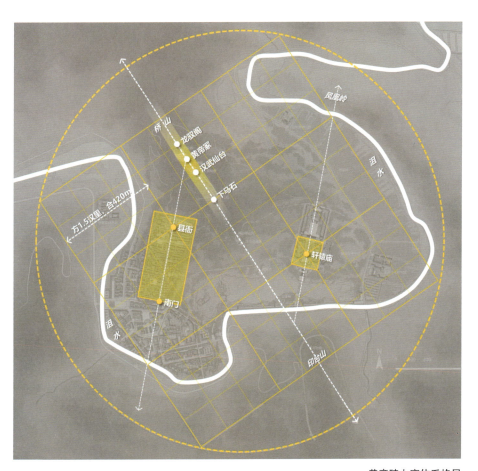

黄帝陵九宫体系格局
（清华大学建筑学院团队绘）

3. 理水形，呼应轴线

整修黄帝陵二期工程形成了今天印池的景观格局，在这个景观格局中，印池与庙轴线形成了强烈的呼应关系，而与陵轴缺乏关联，这是一个遗憾，造成了今天人们谒陵过程中，无论是沿轩辕大道行进，还是环印池游览，几乎都无法感知陵轴的存在，这无疑极大地削弱了黄帝陵的主体地位。

针对这个问题，工作营拜访了孟兆祯院士，孟院士从中国传统山水营造出发，提出印池的改造，重在理水形，彰显陵轴，并亲绘"鼎湖承云"的设计草稿，孟院士强调印池的形态既要符合传统的风水格局，也要与桥山、印台山形成更紧密的整体景观，凸显陵轴的主导地位。

团队在设计时有意识地通过印池的形态变化、景观氛围营造、景观节点

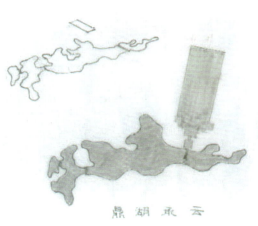

孟兆祯院士手绘图

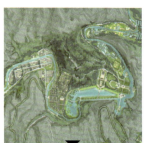

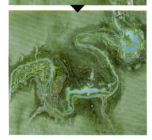

印池改造方案过程

（天规院团队绘）

设置来形成临湖眺望陵轴的景观序列。结合桥山的地形特征，改造印池北岸线形态，突出陵轴与印池交汇点的视觉效果，陵轴视线上既有岸线形态的呼应，也有相对宽阔的水面烘托，以形成陵轴的山水气势，同时通过视线导引，可远眺隐于山林的功德碑；在氛围营造上，通过印池周边自然生态的恢复，营造一种纯净、庄严、肃穆、神圣的谒陵氛围。

（二）营支点

在具体陵轴空间设计上，王其亨教授提出设计应遵循中国传统"百尺为形，千尺为势"的尺度观，采取虚实结合方法强化陵轴空间序列。东南大学

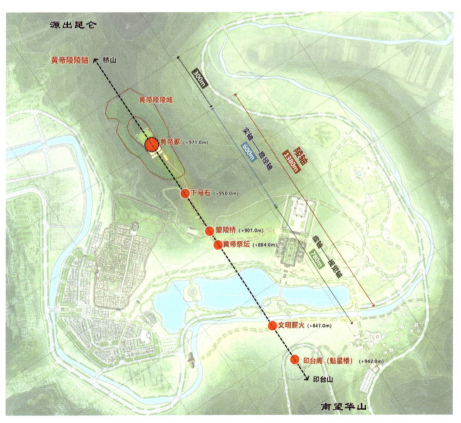

虚实结合强化陵轴
（东南大学段进团队绘）

段进团队提出恢复实轴，延伸虚轴。保留黄帝冢－碑亭－汉武仙台－下马石的路径轴，同时重点强化从下马石到印台山的视觉轴线，也就是陵轴的虚轴部分，形成连续的空间序列和视觉效果，保护与营造良好的自然环境，有虚有实地实现陵轴线的强化。

营支点，是增加陵轴线空间序列强度，从而平衡陵庙邑关系的关键。对于增加几处节点，增加什么主题的节点，工作营各家团队进行了深入交流，并多次向吴良镛院士和张锦秋院士汇报工作，最终，结合陵轴的虚实两段的景观塑造，主要增设了功德碑、黄陵坊、遥望台以及印台阁四处节点。功德碑，是黄帝陵陵轴中路径实轴与视觉虚轴的分界，是黄帝陵圣境的起点标志，是进入圣境正式祭祀黄帝陵冢之前心灵净化的空间标识；黄陵坊，是在印池南岸、神道、入口广场向北望，确立陵轴位置的文化标志；两轴交汇——遥望台，是衔接黄帝陵陵轴与庙轴的重要节点；印台阁设于印台山顶，是陵轴的南端，与黄帝陵遥相呼应。

（三）显功德

张锦秋院士提到，在《整修黄帝陵规划设计大纲》中，陵轴上规划设计了功德坛，是缅怀黄帝功德、颂扬先祖业绩的场所，作为谒陵的准备与前奏，后来在整修工程中虽然未建，但选址得到了认可，赞同在新的方案中予以落实，但需考虑节点的功能安排。

清华大学建筑学院团队重点进行了功德碑的选址与设计，吴唯佳教授认为应将功德碑广场设计与谒陵道路、停车场综合考虑，建一处集建筑、雕塑、广场于一体的纪念性场所，是在正式祭祀黄帝陵冢之前心灵净化的空间。功德碑广场的设计应严格控制场地规模，减少对桥山山体环境的破坏，避让现状古树和文物，并与地形地貌、古柏林、神道有机结合，营造苍茫古远、庄严古朴的神圣氛围。在建筑风格上，由于核心区的庙轴上汉式建筑已经形成基本格局，因此功德碑的建筑形式延续现有的汉式风格。

整修大纲中功德坛设计

（出自《祖陵圣地：黄帝陵 历史·现在·未来》）

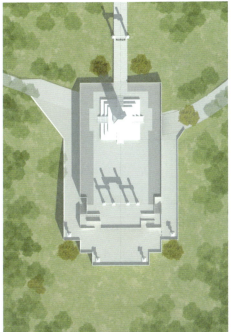
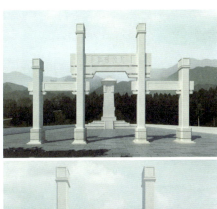

功德碑设计

（清华大学建筑学院团队绘）

（四）筑印台

张锦秋院士、吴良镛院士在谈到陵轴强化时都强调了印台山的关键作用，建议在印台山魁星楼旧址上设置印台阁，向北与黄帝陵对望，向南与台湾遥祭呼应。

为了更好地进行印台阁的选位及设计，设计团队按照韩骥先生指示的方位到现场对魁星楼旧址进行实地勘察。为了更好地确定印台阁的建筑高度，东南大学团队段进教授带队通过现场放飞无人机的方式，直观感受不同建筑高度的景观影响，并根据观测结果，建立不同高度场景效果模拟，提出印台阁建筑高度控制的理想方案，以形成"隐约可见"的景观效果为原则，确定建筑高度。

印台阁的建筑设计，东南大学团队以"印台山因黄帝埋印于此而得名"这一典故为立意，在遵循传统魁星阁的形制基础上，有机借鉴古时印玺的造型特色，大胆创新，既古朴，又不乏标志性。印台阁的"屋顶"借鉴了战国"古印"的造型特色，紫铜材质，方9.9m，高4.0m，屋顶藻井内篆刻有"黄帝之印"；屋顶下的"四柱"则是借鉴古代重要礼器——玉琮的形制，内圆外方，墨玉材质；印台阁一层的墙体与台基则采用与黄土高原融为一体的夯土材质，以契合黄帝"有土德之瑞"；最后，"四面开四门"，以象征"黄帝四面"。

屋顶：借鉴战国"古印"造型，紫铜材质，方9.9m，高4.0m

四柱：借鉴古代重要礼器——玉琮的形制，内圆外方，采用墨玉材质

四门：四面开四门，门上分设青龙、白虎、朱雀、玄武浮雕，象征"黄帝四面"

墙身、台基：采用夯土材质，与黄土高原融为一体，并契合黄帝"有土德之瑞"

印台阁详细设计尺寸

"平阴都司徒"印，战国

二层藻井：篆刻"黄帝之印"

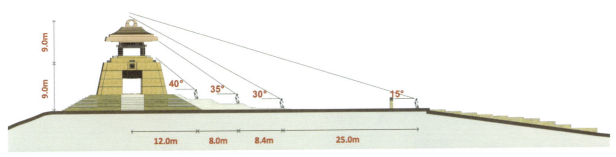

印台阁序列视景尺度控制

印台阁空间效果

印台阁——印玺方案
（东南大学段进团队绘）

七、八方拜谒

"国之大事，在祀与戎"（《左传·成公·成公十三年》），这句话在2016年，抗战胜利日阅兵大典中被引用。中国作为重礼制的传统古国，国之大典是一个国家凝心聚力的主要载体与形式。正如习近平在大典中说的："让我们共同铭记历史所启示的伟大真理"一样，通过典礼以铭记历史，通过典礼让历史照见未来。

中华民族对同根共祖的认识，就像古柏一样，这个共同的根，历经五千年的洗礼，已深深地扎在中华大地，这就是祭祀我们共同祖先的，已融入文化血脉的共识。落叶归根，清明祭扫，无一不代表着中华民族生生不息的渊源与文化。

黄帝陵国家文化公园规划，显性是对历史遗迹的保护，对圣地圣迹环境氛围的修复，同时也是对中华民族文明渊源的追寻，是进一步弘扬我国传统文化的工程。"克己复礼"，将国之大事，以国祭的形式聚焦于黄帝陵，以凝聚民族精神，实现"天下归仁"，具有重大的意义。

杨保军院长在深入了解黄帝陵祭祀现状的基础上，重点强调"祭祀拜谒要尊重历史，面向未来，研究现有旅游服务和当地风物、风情，既要有历史观，又要面向百姓；要在方案中预留好国事活动的区域，要确保安静、安全、便利，以迎接未来更高层次的功能需求；对于陵区外围区域，应考虑多种进入方式，有可能存在爆发式的旅游增长，要有硬件、软件的准备，外围区域的交通和配套应满足需求；轩辕大道，必须改造，进入陵区路径，要山水一体，一气呵成。"

汉高祖时期在桥山西麓始建轩辕庙，汉武帝曾走秦直道（位于今陕甘交界的子午岭上，是秦汉关中京畿地区通北塞的主要道路）从西侧进入桥山祭祀黄帝。此后祭祀规模逐步扩大，在桥山西麓又发展出陵邑（今坊州古城），专职祭祀管理和服务。从桥山西麓穿过陵邑上山祭祀成为主要谒陵线路。唐代，将黄帝祭祀列入朝廷祀典，《册府元龟》记载："大历五年，鄜坊节度使藏希让上言，坊州有轩辕黄帝陵。请置庙，四时享祭，列于祀典。从之。"

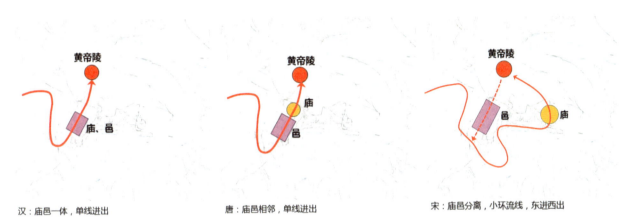

古代祭祀线路示意

（西安建大规划院团队绘）

公祭线路示意

（中规院团队绘）

大历七年唐代宗置新庙于城北桥山西麓，庙与城适度分离，减少了相互干扰。到宋代，人口增加，古城规模继续扩大，挤占桥山西麓庙院，加之祭祀要穿过古城多有不便，宋太祖开宝二年将轩辕庙移建于桥山东麓今址，庙城完全分离。《明一统志》记载："黄帝庙在中部县东三里，旧在桥山陵旁。宋开宝中移建于此。有刺史李恕记。"由此黄帝陵大型祭祀的主要线路绕开了古城，改为由东侧经黄帝庙上山至陵冢，从而从根本上解决了当时祭祀活动与住民生活相互干扰的问题。

从历史演化可以看出，在陵城庙三者关系中，城是主变因素，从远古散布的居民点到陵邑，再到古城，其形态和规模的变化影响着黄帝陵的整体格局和谒陵线路的组织。根据如今祭祀时间和人群类型进行划分，可以分为年度国祭、节日公祭、平日民祭，以此对应提出国祭线路、公祭线路及庙祭线路。

（一）拜谒理序

黄帝陵祭祀活动由全球华人共祭先祖，升华到同舟共济中华民族伟大复兴的中华文化交流平台，是具有中华文化特征的典范空间，使全球华人在这里能溯到源，找到根，寻到魂，激发起爱国精神。

对于祭祀路线，张锦秋院士强调"轩辕大道是重要的谒陵路线，需要重点打造，要有一段对着驭龙阁，不可失去目标；祭祀大道要神气，不要和县城交织在一起，传统祭祀从正南往北走，不能从陵的后面走过来，大型祭祀活动在规划上要有专门安排，达到圣地感"。同济团队提出"进入圣地空间的序列应体现跌宕起伏、起承转合和心理感知"，并根据不同空间感受，梳理出西向拜谒序列、东向拜谒序列、南向拜谒序列。东南大学段进团队提出了对轩辕大道作林荫化处理，"维持现状轩辕大道20m路宽不变，按照林荫道标准，对轩辕大道进行景观改造，同时以油松为行道树主要树种，打造'青松迎宾'特色景观意向"。对于谒陵路线提出了纯步行线路和局部乘观光车线路，同时对于谒陵者返程线路也进一步进行了规划和设计。天规院团队提出了"五里谒陵道和二十里谒陵道"的设计，将需遵循礼制的重大祭祀等日常祭祀进行分离，以"东礼西乐"的理念将祭祀的庄严性和日常的参观、游览有效分离。周俭院长说道："需要确定拜谒入口及路线，线路宜沿着沮水边布置。游客的线路与祭拜的线路可以考虑分开，不一定是完全一致的线路。"

1. 年度国祭

年度国祭是在每年清明节时举办的祭祀大典，通常由中央政府主持和参加，是具备接待元首级、国家级领导人祭拜等级的公共祭祀活动。为体现敬天法祖、尊礼国祭的国家使命，中规院设计团队在方案中规划的国祭路线为"南部门户—印台山集散中心—黄帝文化中心—轩辕庙—下马石—黄帝冢—龙驭阁"。方案中也提出了国祭典礼的活动安排。在祭祀前 7~10 天，需进行新闻发布及国祭筹备等工作，在祭祀前 3 天进行部署安排、预演准备，祭祀前 1 天进行接待下榻、文化展演活动，在祭祀当天进行祭祀来宾候场、安全工作、祭祀典礼、交流宴会、联谊交往、闭幕晚宴等，祭祀之后进行植树活动、媒体发布、山水览胜、文化溯源等活动安排，以及之后的跟踪服务。

天规院团队设计方案中的"东谒陵道即二十里谒陵道"，是为国祭活动规划的进入陵区的谒陵路径。二十里谒陵道循规尊制，沿印台山谒陵路线，通过景感塑造，在山川间感悟神圣，提升拜祭黄帝的庄严与神圣感，沿途设置服务中心以及国事接待中心，提升祭陵服务配套标准。在整体布局方面形

谒陵线路改造效果图
（中规院团队绘）

下马石环境改造效果图
（中规院团队绘）

游客驿站环境改造效果图
（中规院团队绘）

成了"一道三区"的布局形式,"一道"即翡翠项链,西起黄帝陵旅游服务中心,沿 210 国道新线,至印台山南麓与老 210 国道相接,跨沮河由东侧进入印池谒陵道;"三区"是在道路沿线结合山川景观、历史遗迹、遗存,设置旅游接待区、特色服务区及会议区各一处,满足国祭的服务要求。

2. 节日公祭

节日公祭在每年清明节、端午节及其他国家公祭日举办,为地方政府主持和参加的公共祭祀活动,旨在为海内外以及港澳台地区华人团体前来寻根交流、拜谒祭祀提供服务平台。中规院团队的公祭路线为"西部门户—古城集散中心—庙前广场—印台阁—印台山集散点—黄帝文化中心—轩辕庙—下马石—黄帝冢—龙驭阁"。

公祭路线由西部门户进入黄陵县坊州古城,老城溯源,古拙素雅,在此进行住宿斋戒、表演庆祝、祭品采集等活动;由此向东,祭祀人员集合排成整齐队列,由司仪带领走过,进入圣境;经过印池,在印池中洗手、沐先祖圣水;在轩辕广场前司仪讲解祭祀礼仪,祭祀人员在此处正衣冠;通过轩辕桥,在轩辕庙进行公祭活动,击鼓鸣钟,恭读祭文,乐舞告祭,敬献祭品;随后,明心静气、进入陵域;全体肃立,休整状态,请香;祭祀人员进行陵前祭拜,上香,鞠躬,绕陵一周,祭祀礼毕。

天规院团队方案中针对节日公祭提出的五里谒陵道设计,祭祀线路穿越城区,在建构仪式感谒陵空间的同时,可接触市井百态、百姓的喜悦,感悟万民同乐的富足、美好。

3. 平日庙祭

平日庙祭通常在平日或周末,是由民间团体组织和个人参加的祭祀活动,可接待海内外多种类型的团体和个人前来拜谒和旅游。中规院团队方案中庙祭路线为"古城西门—古城集散中心—庙前广场—轩辕庙"。

坊州古城是祭祀的起点,通过沿途感受市井风情,来更好地感受生活、文明以及繁荣景象。在穿越城市,感受民风的同时,建构谒陵空间的仪式感,通过门阙、牌坊、千步廊、柱列等一系列建构筑物的设置，建立起空间序列，营造出拜谒礼序的空间序列感和庄严、神圣的空间氛围。为了与轩辕殿、庙、印池的庄严与静谧相匹配，在印池南岸、谒陵桥东西两侧设置谒陵神道，形成圣地谒陵区。陵区内登山谒陵路，通过弱化人工痕迹，以朴石铺路，灵石为景，体现出古朴、自然的灵道氛围。

（二）设施保障

随着我国国力不断上升，国际地位不断提高，我国组织和参与国际交往的频次日益加强。作为世界舞台上具有重大文化影响力的国家，中国将深度参与到各类国际交往活动中，且方式更加多元。黄帝陵作为华夏祖源圣地，它具备成为凝结海内外华夏儿女的精神纽带，展示中华民族璀璨文明和弘扬传统文化的重要平台的潜质。因此，未来结合黄帝陵的功能提升，一方面加强国际高端接待功能，面向海内外华人华侨配套一定规模的中高端酒店接待设施，另一方面，加强寻根交往、交流功能，设置非正式会晤及国际联谊场所，并且预留好国事接待功能。

张锦秋院士提出，"对于东湾需要加强旅游服务设施，国事活动区老百姓不可随意来往。"何镜堂院士在评议会上强调了完善服务设施，同时拓展服务功能的建议，建议在南部或者东部增设黄帝文化展示园或博物馆，增设

建设点分区
（西安建大规划院团队绘）

国际活动的场所设施。在各团队方案设计阶段，西安建大规划院团队提出将黄帝陵划分为五个建设点，其中包括"坊州古城、东西部门户服务区、黄帝文化体验展示区、旅游服务备用地及国事区"。其中，东、西部门户区负责景区管理、交通换乘以及承载大众性餐饮、住宿、休闲娱乐等功能；旅游服务备用地是针对祭祀民众增量的可能预期，规划建议在远离黄帝陵的西南门

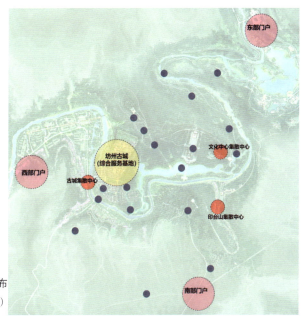

服务设施分布
（中规院团队绘）

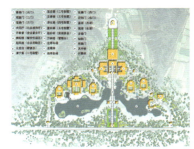

元龙咀方案
（西安建大规划院团队绘）

东湾方案
（中规院团队绘）

户地带预留旅游服务备用地；为对接黄帝陵国家文化公园的国事职能，大师工作营提出了建设国事区的建议，并就国事区的建设内容和规模给予了界定，在此基础上，建议在元龙咀地区预留国际会晤设施，承担国事接待以及召开国际会议、政要活动、非正式交流以及新闻发布等功能，保障后勤功能，包括餐饮、居住、交通、安保等。天规院团队方案中考虑到"未来黄帝陵接待的级别，将国事接待区选址在沿120国道的黄帝陵东南方位"，此处海拔较陵区高，既可以俯瞰整个黄帝陵，同时也很大程度上提高了国事接待区的安全性。中规院团队对于国事接待区选址在"东湾寻根交往区"，选取原因在于该区域山水景观资源较好，对陵区没有直接空间影响。

1. 分区保障

庙东区包含中华始祖堂、中华薪火台、文明肇始园、中华百姓园（包括中华百姓林、中华姓氏堂）、中华名人园（包括中华名人林、中华圣贤堂）。其中，中华薪火台为黄帝文化中心前广场，与东侧百姓林、肇造园相连，是薪火相传的纪念性广场。中华百姓林是中华儿女寻根溯源之林，采用生态复绿的方式恢复河湾自然环境，谒陵人可在此拜祭宗族祠堂，并植树留念，建筑与设施最大高度不宜超过树冠。

东湾区以拜谒黄帝陵为核心功能而延伸出的寻根交往功能，目的是团结包括港澳台同胞在内的海内外华人华侨，同时也能够支撑黄帝陵旅游业的发展。该区域布局了黄帝陵国际会议、会晤、国际联谊等场所，塑造具有中国人文山水典型景观特征的环境。同时，提升黄帝陵周边酒店接待能力和品质。在元龙咀地区预留国际会晤设施，承担国事接待以及召开国际会议、政要活动、非正式交流以及新闻发布等功能，保障后勤功能，包括餐饮、居住、交通、安保等。

坊州古城为谒陵活动与旅游活动的服务基地，应充分发挥县城服务设施的作用。为适应今后的发展，增设较高档次的旅馆和有特色的购物、餐饮及文化娱乐设施。在景区周围的村庄中，可设置一定数量的民居旅舍或窑居旅舍，用以满足以体验地方风俗文化为目的的旅游者的住宿需求，也可用以弥补旅游旺季所造成的旅馆不足。陵园外围设立服务点以满足春秋大祭和旅游旺季时的需求。服务设施应统一规划、配套建设、分期实施。设备和管理要现代化，建筑风格应与陵区总体风格协调，具有地方文化特色。

2. 配套设施

为了满足文化旅游的设施需求，根据祭游线路组织和现状条件，配备坊州古城综合服务基地、游客服务中心、服务集散中心、服务点四个等级规模的游览设施。优化服务设施布局，结合祭祀游览需求，合理地布置各类配套服务设施。建设综合服务基地 1 处（黄陵县老城区坊州古城），游客服务中心 3 处（西部门户、东部门户、南部次门户），服务（集散）中心 3 处（印台山集散中心、古城集散中心、文化中心集散中心），服务站 20 处（古城南 4 处、南部遗址游览线 5 处、印台山 1 处、东部门户至黄帝文化中心 5 处、庙前广场 1 处、轩辕庙 1 处、陵区 3 处），增设旅游床位 3000 个。综合服务基地，为由坊州古城转型旅游服务基地，利用基础设施，带动城市经济的发展，有效疏解游客。提供餐饮、酒店住宿、购物娱乐、旅游管理、停车设施，提升接待服务能力。游客服务中心（门户），在西部门户、东部门户、南部次门户处分别设置，作为景区的重要服务设施，为游客提供旅游集散、接待、指引、客栈、旅馆、餐饮等服务内容。服务（集散）中心，在印台山集散中心、古城集散中心、文化中心集散中心处分别设置，依据需求设置饮食店、商品售卖、旅游咨询以及救护等，提供宣传咨询设施，包括宣讲服务点、导游点、模型、影视、导游服务中心。服务站，围绕主要游线的沿线景点而设，方便游人在游览时就近获得服务，严格控制规模，不影响景观环境及游客的游览体验；提供小型商业服务设施如小卖部、商亭、商摊；提供小型救护站、诊所及环卫设施。

配套服务设施建设注重建筑密度、高度、形制、色彩的控制、历史风貌的保持与传统建筑街道的保护，突出地域及乡土文化特色，使其与黄帝陵整体环境相融合。除保留传统建筑外，在黄帝陵周边视线所及范围，新建、改建的建筑风格应与现有汉风建筑相协调，体现古朴、敦厚与大气的风格。

（三）交通保障

东南大学段进院长在评议会中重点强调，"本次规划设计应首先解决交通对该场所的影响和破坏，在此基础上解决整体的交通问题"。何镜堂院士提出，"需要进一步研究交通组织，改善陵园对外交通和出入口，优化谒陵路线，妥善解决祭陵时节的交通拥挤和阻塞问题"。

西安建大规划院团队提到，"建设印台小环线，即沿 G327 至周家洼，再沿 G210 从周家洼下印台山至桥山，祭祀完成后从县城离开，形成旅游小环线"。游客可将私家车停在西门户服务区，换乘景区摆渡车向南走 G327 上塬，东行至周家洼村转 G210 下印台山至陵东区，游客在陵东下车步行进入桥山祭祀，祭祀完后，可乘景区车辆向西走轩辕大道或可通过其他方式途经县城回到西部门户服务区。"同时，中远期建设东湾大环线，利用 G327 及改线后的新 G210 形成的南环线，与东湾、西湾道路形成大环线"。开通景区旅游中巴或电瓶车，在东西两门户区分设换乘点，区间设停靠站。公祭期间人数多，务必统一组织祭祀人群从东湾进入，拉开格局，扩充容量。西部门户换乘景区车辆的祭祀人群，经南环线至龙首东部门户，由东湾进入陵区，祭祀游览后，经由县城回到西部门户；从东部门户换乘的，祭祀游览后，经南环线回到东部门户。人群由东部门户乘电瓶车西行至凤凰岭下车，走祭祀区神道，步行前往桥山祭祀，祭祀完后可经古城南下乘景区车辆西行离开。举行国事活动时，可在交通管制点或可在更大范围进行交通管制，保障国事区安全，并保证祭祀人流的正常通行。平时游客不多的情况下，可以考虑游客自由选择东西两个方向的线路进入陵区。"考虑到新 G210 从东湾南坡通过，过境交通对景区仍有干扰，远景宜在南孟塬上增修过境交通线路，完全避开对东湾环境的干扰，东湾南侧 G210 道路改为景区内部旅游专用线。"

各团队与大师最终达成共识，"构建居游分治交通系统，将国道和城市等穿越交通改线至南部塬上通行，国家文化公园内逐步禁止社会车辆穿越，

第三篇 共识方案

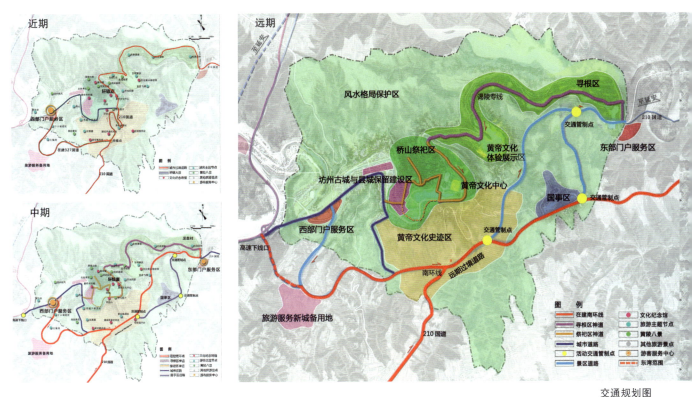

交通规划图

（西安建大规划院团队绘）

实现圣地核心区交通环境净化。优化陵区谒陵线路布置与流线组织，提高陵区可达性。远近结合，增加东部和南部旅游门户，构建两主一副旅游门户体系。在更大空间范围布局城市南部和北部绕城交通，改善黄帝陵国家文化公园对外交通"。同时以中规院方案作为最终共识成果。

1. 纵横通达

在更大空间范围布局城市南部和北部绕城交通，改善黄帝陵国家文化公园对外交通。居游疏解，过境通道方案已进入实施阶段。为解决原 G210 公路过境影响，城市层面规划旅游交通专用集散网络，国道和城市等穿越交通改线至南部塬上通行。服务陵园周边旅游功能提升，G210 改线工程已经进入建设阶段。同时，G327 公路工程方案由 X318（现黄五路）向南延伸，与现状 G210 公路接周家圳村，承担旅游公路部分功能。循规尊制，规划完整的沿印台山谒陵路线，通过景感塑造，在山川间感悟神圣，提升拜祭黄帝的庄严与神圣感，沿途设置服务中心等，提升祭陵等级。

北侧分流通道在县域北部新建包西高速联络线，构建黄帝陵景区东部的区域高速通道。南部分流通道在县域南部新建国道 210 联络线，衔接包西高速，构建黄帝陵景区南部的区域通道。铁路枢纽衔接通道规划新建黄陵高铁站至西部旅游门户的城市快速连接线，实现远期区域高铁客流快速出入景区门户节点；规划新建景区至黄陵南站城市快速连接线，服务于城区与铁路动车站点的联系。

2. 日常交通与旅游交通分治

依托 G327 公路改线工程，优化 G210 公路改线方案，构建城市南部环线。规划新建黄花沟路，衔接城区与 G327 路；规划新建景区东部集散中心与南部城市环线衔接道路，实现轩辕大道城市交通功能向南部环线的疏解。

轩辕大道（老城——东湾片区段）改造为景区道路，禁止社会车辆穿行，营造陵区圣地感，服务于景区内部浏览车辆、慢行交通。构建形成以城市道路、区域公路、景区道路为主体的城市道路体系，与城市"两主一辅"旅游门户节点（西部旅游门户、东部旅游门户、南部旅游门户）相衔接，实现"居游分治"的城市交通布局。

3. 动静相宜

旅游交通高峰期，采取分层截留的交通管理模式。核心区域以陵园东、西游客集散中心为节点，截留旅游大巴、公交车等车辆，进入景区内以慢行交通形式等进行游览。外围地区以旅游门户为控制节点，私家车辆通过城市道路、区域公路到达各旅游门户节点，通过换乘景区内部公交车辆至游客集散中心后进入核心区，实现古城邑、陵园区与东湾内部整体交通净化。

未来东湾片区规划承担非正式外交国事活动相关功能，功能升级对周边的交通干扰、安全保障提出更高需求。G210公路现规划建设线位方案对未来东湾国事区功能及景观存在较大影响，需进一步优化线位方案。规划G210公路利用南部台塬高地既有道路基础，由周家圪村接入龙首上塬路，在寇家洼村附近接入原G210线路，通过道路改线绕行保障片区功能提升。

黄陵区域对外交通优化方案图

（中规院团队绘）

八、寻根交往

（一）寻根交往的需求增加

中华文明的复兴激发起海内外中华儿女的民族自豪感和归乡寻宗热情，华夏儿女寻根交往以及联谊沟通的需求不断增长。随着我国国际地位和文化影响力的提升，逐步走向世界的华夏文明凭借其独特魅力，激发着中国台湾以及全世界华人华侨回乡谒祖，同时也吸引大量国际友人前来体验灿烂的中华文化。

黄帝陵是华夏祖源圣地，寻根交往已成为其核心职能之一。随着华夏文明国际影响力的不断提升，黄帝陵作为海内外华夏儿女的精神纽带，已经成为我国重要的国际交往平台，而黄帝陵公祭也成为我国最具影响力的国家公祭仪式，其国际交往职能的重要性愈加凸显。

然而，由于黄帝陵国际交往场所设施不足，无法满足海内外炎黄子孙寻根交往、文化交流的活动需求，导致公祭活动的参与较为狼狈。黄帝陵本身的国际交往影响力的提升，带来国际交往拜谒人群规模逐年增加，而黄帝陵及黄陵县国际交往配套设施建设严重滞后，导致拜谒体验差。以一年一度的清明节国家公祭活动为例，由于黄帝陵及黄陵县本身接待能力有限，缺少相匹配的会议、联谊、非正式外交、会晤等功能，导致大量的国际友人、华人华侨从西安赶来参加祭祀活动，无法提供午餐，只可当日狼狈折返，影响祭

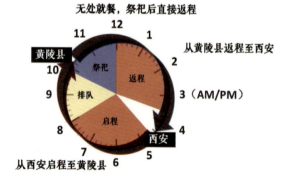

清明节公祭日西安方向进入黄陵县旅客日程特征

（中规院团队绘）

祀体验，更谈不上联谊交往，极大地限制了黄帝陵文化影响力的传播。

（二）增设寻根交往功能

寻根交往已经成为黄帝陵的核心职能之一，且海内外华人华侨寻根交往的需求亦在不断增加。本次工作营，中规院团队、西安建大规划院团队、同济团队都提出应当面向全球的华人，谋划一片能够溯到根、找到源、寻到魂的精神家园和交往空间。因此，有必要在黄帝陵国家文化公园中增加巡根交往的功能，创造一片轻松交往的联谊空间。

1. 选址东湾

为谋划这样一片能够承载寻根交往功能的片区，工作营各家设计单位都提出了宝贵的意见，并达成了选址东湾的共识。主要考虑三个方面：第一，规划基础较好。上版规划《陕西黄帝文化园区重点片区修建性详细规划》已经提出选址东湾打造成多元活力复合的旅游度假目的地，提升黄帝陵的旅游接待能力，使其成为"园区东部休闲游览的入口及门户，形成一个具有吸引力的，且相对独立的旅游休闲片区"。第二，自然禀赋优越，交通区位适宜。东湾是黄土高原少有的生态本底优越的区域，森林、水系发达，水、田、林、草、湖要素集聚；同时交通区位适中，距离黄帝陵距离适中。东湾是一个展示中国山水文化的绝佳区域，正如周庆华院长所说："东湾弯曲适合的中国式山水，天人合一思想与龙形山水脉络能结合在一起。"张锦秋院士也非常赞誉东湾的生态本底，"东湾是天然图画，有山有水有湿地，不要有太多人为打造，加一点旅游服务设施，就是高品质的生态旅游区。"第三，规模适中，区域相对独立。东湾以湾聚气、山水相间，留出中央较为开阔的谷地，规模适度，有利人的情感体验。同时，依托于它比较好的自然地形，形成较为独立的场所，根据视线分析，东湾是桥山目力不及区域，有利于塑造幽静冥思的圣地体验感。

东湾位于黄帝陵东，距黄帝陵直线距离仅为3km，向西10min车程可达黄帝陵，向东20min车程可达规划高铁站。这里有较好的自然山水资源禀赋，四面群山环绕，且具有优美的山体轮廓线，桥山余脉位于场地中部，具有突出的景观价值；沮河从场地内贯穿，与现状水田一起共同构成场地内的水体景观要素。每日清晨，水汽升腾，雾气缭绕，宛如仙境，呈现了天然的耕织图景。在这里创造轻松愉悦的寻根联谊交往空间，促进多种形式的联谊交往活动，是再自然不过的了。杨保军院长说："高端寻根交往以及接待国事要选一个相对安全、封闭、环境优美的地方。即视线上看不到，但空间上又不远不近的区域。东湾是比较合适的。"因此，综合考虑生态、景观、建设基础以及安全保障，规划选址东湾作为承载寻根交往的核心空间。

2. 明确功能，支撑高端寻根交往功能

（1）会寝景功能合理分区

寻根交往功能区宜按照会区、寝区和景区实现合理分区，紧密联系。根据国内外类似地区研究确定，寻根交往功能往往主要包括会议、酒店、（休闲）景观三大功能，因此结合黄帝陵寻根交往的特征，在基地中落实会区、寝区、景区，以支撑高端寻根交往功能。其中，核心功能为会议交往，包括植树活动、庄园会晤等非正式交往空间，其他诸如休闲及后勤等功能的布局应从属于会议功能进行分置，休闲功能、后勤保障功能主要包括餐饮、居住、交通及安保等。

本次规划结合东湾自然格局及寻根交往核心功能，设立亲水休闲区、滨湖接待区、贵宾接待区以及山体公园。滨湖接待区即是承载会议中心的核心区，拥有绝佳环境，空间较为开阔，适合人群集聚；亲水休闲区、山体公园作为附属功能，分列南北；贵宾接待区保障私密性。

（2）交往空间层级式布局

规划结合东湾地形特征、功能配置要求设置三个层次空间。建筑顺应地

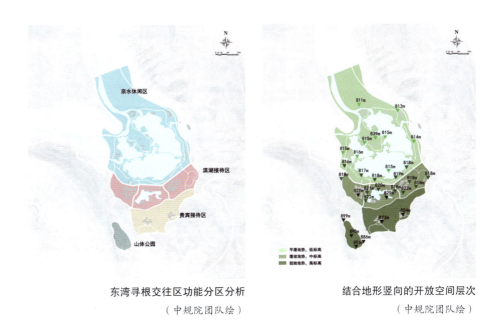

东湾寻根交往区功能分区分析　　　　　结合地形竖向的开放空间层次
　　　（中规院团队绘）　　　　　　　　　　（中规院团队绘）

形布局，从竖向上形成三个层次，形成从湖面到山体逐渐变高的空间序列，对应平面三大分区，私密等级逐步提高，湖面空间最为开放，面向全体市民、游客以及寻根交往人群；近山坡地相对开放，是会议交往的核心承载区；山地空间较为私密，保障安全及构建宜人的就寝环境。在平日期间，湖区亲水休闲区及滨湖接待区，面向大众开放，酒店接待及会议中心作为对普宾接待的空间。而贵宾别墅则靠山侧设置，以保障私密性与安全性。活动期间，各层级功能区则以较高安保级别进行管控。

（3）保障植入核心项目

为保障丰富国际交往体验，增强信息传递的畅通性，加强民族精神的凝聚力，规划建议寻根交往功能区植入一系列核心项目。通过"世界华人论坛、寻根小镇、媒体中心"等一系列重要文化研究交流展示设施的营造，借力黄帝陵寻根交往活动，全方位展示与弘扬黄帝文化的博大内涵，让全球华人共同追溯华夏文明之源脉，建立更广泛的认同与共识。

3. 融入山水，营造静谧的交往氛围

寻根交往功能既要紧密结合黄帝陵的拜谒流线及流程，更要极好地融入自然山水环境中，达到"虽由人作，宛自天开"的效果。因此，寻根交往功能区必须充分研究好东湾自然地形及生态格局。对此，孟兆祯院士给予黄帝陵工作营团队宝贵建议："东湾环境很好，但是要充分考虑如何利用山水。有一点做得很好，就是中国的传统必须坐北朝南，负阴（山）抱阳（水），做建筑必须在山南水北。自然不会赐给一个完整的方案，不合适的就要完善。"

孟兆祯院士结合其见解亲自描绘了东湾的人与自然和谐图景。他强调"极尽自然之美，少费人工之法"，孟院士强调东湾首先要有意境，提出可以叫"东湾紫宸，'紫宸'就代表一个国家，有时我们要把行政名称和诗意化的景区分开来。主路从两边过，这样水面就可以扩得很大了。这个广场，我们叫'坪'，清风揽月坪，上去是'云门'，带有一种仙意，这个山呢，小昆仑。山上可以有一个建筑，居高往下看，万紫千红总是春，把这个建筑设计成'人类命运共同体'，建筑中有种形式在华南，叫'连屋广厦'，利用这个象征人类命运共同体。港湾下来有个很大的石舫，我们要营造出'同舟共济、风雨同舟'之意，它可以结合服务设施。"

在孟院士的启发下，黄帝陵工作营团队规划秉承生态优先、低冲击理念进行寻根交往功能布局，追求人与自然和谐。规划利用基地现状鱼塘打造湖面景观，与周边山体形成优雅静谧的氛围。结合中心湖景打造亲水休闲区，通过有趣的景观设施鼓励客人的休闲交往活动。强调建筑藏于自然，成簇群布局。借鉴西湖、博鳌等对外交往典型地区，控制建筑容积率在 0.2~0.3 之间，保障该区域能够具备绝佳的环境品质。建筑高度不超过该地区常见树种，以 1~2 层为主，形成绿树掩映的效果。建筑形式采用新中式，符合当代居住及使用的需求，建议采用坡屋顶，展现人与自然的和谐共生。

4. 梳理交通，区域快达便捷，区内快行慢游

寻根交往区主要面向国际，要求区域快捷到达。往往需要便捷的大交通

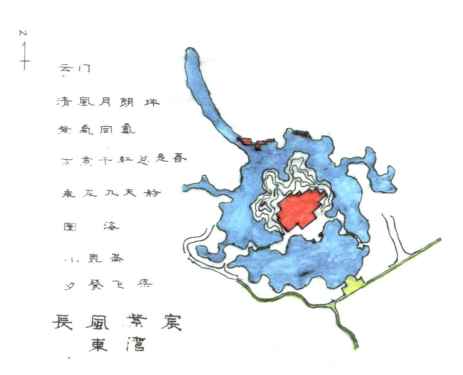

孟兆祯院士关于东湾长风紫宸理念手稿

东湾地区鸟瞰图
（中规院团队绘）

支撑，故需选址于大城市周边，既能利用大城市便捷的大交通设施，同时又能够避免过分拥堵。一般条件下，国事区距离区域机场或者高铁站（火车站）保持在1h通勤交通时间内，通常通过高速公路连接。一些不具备条件的地区可以考虑利用通用航空以及直升机接驳的方式保障通勤效率。黄陵距离西安国际机场直线距离约134km，通过高铁相连，实现30min可达。未来建议在东湾寻根交往区南部台塬地区设置通用航空机场或直升机平台，保障与西安国际枢纽的快速联系。

寻根交往区内更强调交通的分类梳理，有效区分快行慢游。保障寻根交往区能够实现快速到达，区内道路通而不畅，保障景观及观景效果。建议东湾寻根交往区设置三个车行交通出入口，其中东南侧为应急通道。内部道路顺应等高线，蜿蜒成环，融于环境，并且通过景观道路联系城市道路。满足高峰时段会议接待需求，在入口、接待中心、会议中心等处设置集中停车场，设置约400个停车位。保障区内慢行系统连续舒适，慢行交通融入生态，呼应自然，让寻根交往人群切实感受自然之美。在东湾沿山环湖构建由休闲步道和自行车道组成的慢行系统。滨湖地区形成连贯的慢行环

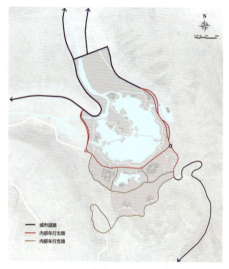

东湾寻根交往区车行交通分析
（中规院团队绘）

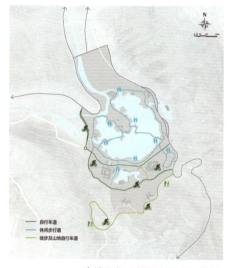

东湾寻根交往区人行交通分析
（中规院团队绘）

线，串联周边的客房、会议中心、观景平台等节点。结合地形变化设置徒步道和山地自行车道，营造曲径通幽、崎岖登顶的氛围，为宾客提供饱览美景、登山健身的体验。

（三）预留国事活动

1. 文化遗产成为大国外交新兴舞台

近年来，在国际外交中，文化遗产已成为一种重要媒介与平台。文化遗产频频出现在国际峰会、首脑外交以及各种非正式会晤中。越来越多的外交大国青睐于选取文化遗产地来彰显国家特色与文化自信。这种相对柔和又舒适的场所更容易获得国家和民族之间的彼此认同，有效地促进民族团结、提升民族自信。

英国白金汉宫见证了英国各种重要的外交时刻和其国家的兴衰，白金汉宫对英国皇室及民众具有特殊意义，是国家庆典和王室欢迎礼举行场地之一。2015 年 10 月，应大不列颠及北爱尔兰联合王国女王伊丽莎白二世邀请，国家主席习近平对英国进行国事访问，下榻白金汉宫。并于当晚在白金汉宫举行盛大国宴欢迎习近平访英。日本也借用在伊势神宫举办七国集团(G7)峰会，来促进其文化被世界各国认同。伊势神宫是日本地位最高的神社，是日本国民传统上的心灵家园，在日本拥有至高无上的地位。日本首相安倍晋三在伊势神宫迎接各国首脑使其国家文化卓然世界。这再次表明文化遗产在国际外交、国事活动中的价值与意义。

2. 承接国事，预留国际会晤设施

中国处在文化复兴以及重新回归世界舞台中央的关键时刻，文化的认同与传播是本阶段最重要的外交事宜之一。利用黄帝陵这样一个具有世界级遗产的文化场所来赢得世界认同，传播华夏文化文明，是最为合适不过的。因此，结合黄帝陵，在其寻根交往区增设国事功能，并预留国际会晤设施，是一个战略性动作。其将为黄帝陵走向国际，华夏文明回归舞台中央，中华文

化赢得世界认同奠定基础。

国事功能应结合黄帝陵的发展定位和国事接待的特殊规格要求进行组织与设置，具体包括安全保障、业态设置、交通管制等方面的特殊要求，并通过地理信息系统模拟，测算供水能力、地质安全等限制因素，科学合理确定选址、接待能力、设施规模及建设标准。

3. 国事接待的功能及安保要求

根据国内外国事区的案例研究，国事接待核心关注功能设施及安全保障两点。

（1）安保分级，安全缓冲

功能上突出安保分级，安全缓冲。

第一，国事活动需要高级别交往空间，一般包含贵宾、普宾、景区三种级别的空间。其中，贵宾居于内，保证其享受到最静谧的起居及活动环境；贵宾区外围由景区围合，一方面为贵宾提供可游览、可进行非正式会晤的场地，另一方面将贵宾与普宾有机隔离，保障国事活动的安全与稳定；景区外侧布局普宾区，为普宾提供便利的服务设施与优美的环境。西安国宾馆、西湖国宾馆与博鳌国宾馆内部布局均遵循该理念。通过交通空间的层级式布局，利用景区空间将贵宾与普宾有机地隔离开来，在给贵宾提供静谧私密交往空间的同时，为普宾提供便利的服务与优质的环境，从而进一步扩大场地的服务对象范围。

第二，设置入口至核心会议及就寝区的缓冲空间。入口至行馆的缓冲距离应保持在300m以上，足够的安全缓冲距离带来心理安全缓冲。内部建筑的容积率一般相对较低，并采用族群布局，绿树掩映，且建筑一般以1层为主，同时景观设计结合自然环境，将水系、山景、绿植等与建筑有机融合，最终实现建筑融于山水环境，营造出静谧舒适、和谐美丽的环境氛围。通过缓冲距离及建筑形式等多种途径进行功能布局，为来宾提供静谧舒适且心理安全的环境氛围，体现出国事活动的高质量服务水平，反映出主办方对国事活动的重视程度，从而促进国事活动顺利进行。

（2）边界清晰，高点可控

国事区安全保障的第一原则为：边界清晰，高点可控。国事活动承载场地一般要有清晰的边界，从而为场地的封闭管理提供有利条件。边界以自然地貌的过渡带及人工交通线路为主。例如，北京雁栖湖国际会展中心、G7日本伊势志摩峰会及博鳌亚洲论坛等举办地的边界均为独立岛屿的边界，对于安保工作的开展较为有利。控制高点对于安全保障具有十分重要的意义，国事活动承载地内部及周边一定范围内的制高点需要得到完全的控制，以便安保措施的有效开展。在规划布局环节，应重点考虑制高点的区位与有效辐射范围，在此基础上进行空间规划与布局。例如，美国总统举办国事活动及度假的戴维营，位于马里兰州Catoctin群山公园，其场地内部及周边地区的制高点在严密的控制中，以便确保总统及来宾的安全。

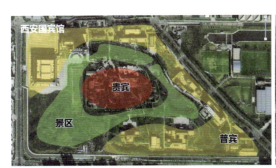  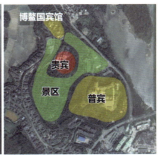

国事活动交往空间层级式布局
（中规院团队绘）

美国戴维营建筑与密林示意
（中规院团队绘）

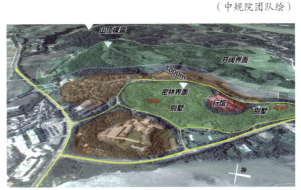

博鳌亚洲论坛会场内部及外围布局关系示意
（中规院团队绘）

（3）低层建筑，隐于林中

国事区安全保障的第二原则为：低层建筑，隐于林中。为保障安全性兼顾舒适性和景观要求，国事活动承载场地内部建筑高度不宜过高，应以低层建筑为主，且通过自然景观的布置，使建筑隐于自然环境中。在自然景观的布置方面，宜采用灌木、乔木混合布局的方式，一方面增加自然景观的层次感，另一方面浓密茂盛的林地可以有效遮蔽场地内的行人及其活动，为来宾的人身安全提供进一步保障。例如，美国戴维营，场地内总统官邸藏于山坡，且其他主要建筑高度均低于树林，很大程度上提高了场所的安全性。

（4）近处密林，外围缓冲

国事区安全保障的第三原则为：近处密林，外围缓冲。国事活动承载场地内部由低层建筑与浓密葱郁的自然景观等共同构成，从而打造出内部朦胧的环境氛围，在为来宾提供静谧舒适环境的同时，强化了场地内部整体的安全性。与此同时，场地外围应布置开阔的缓冲区，保障了场地内部与外围的相对独立性，提升了场地内部的安全性。例如，博鳌亚洲论坛会场，其内部设有密林，外部相对开阔，为安保措施的开展提供了极大的便利条件。

4. 国事区概念方案

本次规划提出两种方案承接国事。方案一，中规院团队建议设于东湾，

东湾概念方案效果图
（中规院团队绘）

主要考虑国事区对于环境及安全保障的严格要求，在东湾寻根交往区增设。方案二，西安建大规划院团队建议设于元龙咀，主要考虑尊重历史祭祀礼法，在黄帝陵轴线延伸处东南部元龙咀附近选址，拱卫桥山，利于安保。

（1）东湾方案：背山面湖，隐匿山林

东湾国事区方案核心特色为遵循中国传统文化"隐逸"特色，与自然呼应，背山面湖，隐匿山林。该方案是在基于现有寻根交往区的基础上实现改造提升，核心关注国宾馆的选址及安保设计。建议国宾馆预留选址背靠凤凰山，保障安全。同时背山面水，景观开阔，易于营造绝佳景观。东湾地区国事会务设施采用会寝一体模式，保障节约用地，并实现高效互动。平面三大功能分区的总体格局不变，包括亲水休闲区、滨湖接待和山体公园。结合国事要求为每处国宾馆增设独立的会客区、餐饮区、会议区以及安保用房。

东湾区域周边由山体围绕，南部凤凰山、北侧桥山余脉界线清晰，制高点明确，具有良好的安保基底。为保证有良好的私密性与安全性，在主要建设区域内的建筑要与周围景观及自然环境相融，增加整体性与遮蔽性。同时，保证周边具有较宽的生态控制区域。最终形成了边界清晰、高点控制、外围缓冲的安全布局，保证国事活动的顺利开展。

（2）元龙咀方案：地势高亢，视野开阔

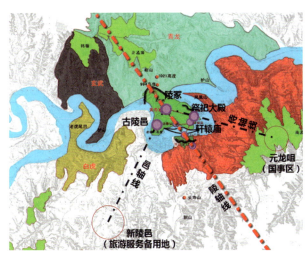

国事区选址图
元龙咀方案选址图
（西安建大规划院团队绘）

元龙咀国事区方案突出中国北方黄土高原广袤开放的特色，形成地势高亢、视野开阔的效果。元龙咀在区域上与祭祀大殿和陵冢在一条"侍"轴线上，空间轴线得到呼应。在高地预留国际会晤设施，承担国事接待以及召开国际会议、政要活动、非正式交流以及新闻发布等功能，保障后勤功能，包括餐饮、居住、交通、安保等。

整体结构为一轴两湖三组团：一轴为迎宾之轴，从南至北分别为三道门阙、主建筑群、元龙台。两湖为东湖与西湖。三组团分别为公共接待区，主席园墅区，贵宾园墅区。中央公共接待区又分为中央接待区、西部酒店住宿餐饮区、东部文化会议后勤区。

元龙咀距离国道有一定距离，受对外交通干扰较小，又便于分离国事活动与旅游活动。此外，元龙咀用地开阔，易于建设，可建直升机停机坪，且起落安全方便，又不会干扰黄帝陵。

两方案各有特色，是对于未来战略性功能设施的一种前瞻预测。

（四）提供多样的寻根交往活动

既往，黄帝陵是国家的祭祀场所，承载各朝代的祭祀活动；开来，黄帝陵更是人民的精神家园，应提供多样的寻根交往活动。寻根交往区以拜谒黄帝陵为核心功能，结合庙区东侧的黄帝文化中心，延伸布局寻祖、交往等活动场所，使国内外谒陵人在拜谒中获得归属感，团结了包括港澳台同胞在内的海内外华人华侨，体现国际性。功能设施体现多元性，涵盖文化、艺术、体验等，策划中华百姓林、中华薪火坛、中华姓氏堂、文明肇造园等功能。

中华百姓林：中华百姓林位于庙区东侧，沿沮河展开，是面向全球华人谒陵人的绿色园区，是中华儿女寻根溯源之林，谒陵人可在此拜祭宗族祠堂（中华姓氏堂），并植树留念。百姓林南部布设中华名人林，邀请国际上著名的华人、华侨认植树木，定期养护。

中华姓氏堂：中华姓氏堂结合百姓林布局，位于百姓林南侧，是谒陵人祭拜宗族之地。内展中华百家姓，描绘各姓氏来源与演绎。展示百家姓氏族谱，并设置千年签名留念墙。

中华薪火坛：中华薪火坛位于沮河北岸，是代表中华民族精神薪火相传的纪念性广场。形式以圆形为底，中央置台阶式薪火台，下接天然气，坛心升火焰，寓意中华文明薪火不息，代代相传。

文明肇造园：文明肇造园以展示黄帝时期的农业、建筑、医学、天文、音乐等文明创造，全方位展示远古中华文明的伟大壮丽。

中华圣贤堂：中华圣贤堂位于文明肇造园西侧，是以中国圣人贤士为主题的纪念展馆。馆内梳理中华古今圣贤名人代表，涵盖各朝代、各个领域，包括国际华人华侨，纪念中华圣贤为中华文明的延续以及人类文明的传承作出的贡献。

元龙咀国事区概念方案示意图

（西安建大规划院团队绘）

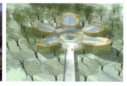

中华薪火坛、中华百姓林、中华姓氏堂等项目区位及意向图

（整合团队绘）

九、坊州古城

张锦秋院士在谈到坊州古城时提到,"坊州古城是守陵人的住处,如果不转型,圣地感无法保证,在同济团队的方案中有些许这种意味,以此为基础来优化。"坊州古城是历史文脉的重要节点,是圣地环境的重要节点,是谒陵秩序的重要节点,关乎百姓幸福,体现了对黄陵发展的期望与居民的心声。陵因守陵人的存在而更有温度,疏解非"守陵文化"职能,基于古城历史资源和特色文化,保护形态、延续守陵功能,恢复坊州古城原有格局肌理、文化脉络、生态环境,对重塑坊州古城风貌有着重要的意义。

(一)坊上古城,繁荣执理

据清代嘉庆十二年(1807年)《中部县志》载:"此城创建于唐代武德二年(619年)七月,宋代扩充加修,明隆庆六年(1572年)筑城三百一十丈。坊州城平面呈长方形,依山势而筑。"坊上古城东邻沟渠,西南接沮河,北靠桥山,面积约24hm^2,断面夯层为5~8cm、12~15cm不等。

自古以来,黄陵县就有着守陵的责任,这里的居民更以作为守陵儿女而自豪,守陵文化也越来越被重视。从守陵文化的发展来看,"先有陵,后有城"。从唐代宗遣官按时祭祀黄帝,到宋太祖时期设置专业守陵人,"置守陵五户,岁春秋祠以太牢""隳毁者修葺之"。宋仁宗时期设置专业护林员,从乡间抽调三户百姓寇守文、王文政、杨迈,免除差役,命其巡守防护桥山柏林,将三人名字刻在石碑上,做到责任落实到人。据轩辕庙内碑廊《圣旨碑》记载:"元代1325年泰定帝下诏保护黄帝庙宇,并下令着专人看守保护"。而后到了明太祖时期,设置护陵官职,在轩辕庙设立五品护陵官二人,后由县令兼任,即"护陵官"制度。清代将守陵职业化,分工细致,享受朝廷俸禄。

据《史记·五帝本纪》记载:"黄帝崩,葬桥山",黄帝划野,古称"桥国",西魏时期,设为"中部县",唐时期,设为"坊州",到现代,黄陵县,古城为"上城",因此得名坊上古城,因陵成邑、邑守帝陵、陵邑相系。

1. 保格局，延续"界、台、巷"肌理

从现状格局可以看到残城墙、台塬地势以及街巷机理。西南城垣如今已无存，东北残城墙长约500m，高6m，上宽2m，下宽3m，破损严重。杨保军院长提到，"上城主要依据同济团队的构思来完善，遵循历史文脉延续、民生为先的原则，对古城进行更新改造。"在保留现有格局的基础上，充分发挥历史遗址的价值，在上城有机更新的同时，留住历史痕迹，是城市最重要的基因，也是在地域文化上的一个历史传承。

黄陵县志《丁志》记载："知县卫汝霖奉檄筑城三百一十丈，外环砖堵，分布敌台，构五门……"城墙是反映城市历史形态的最重要的场域边界，界定空间界面，修复历史空间载体，是城市空间特征的重要体现。核定史料记载，以

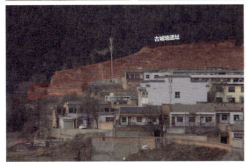
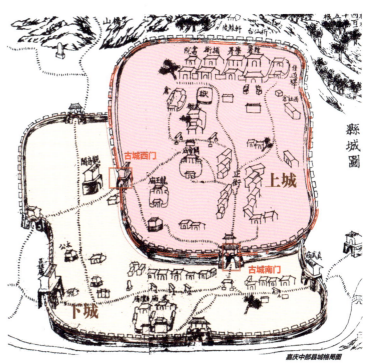

古城历史格局及现状

（图片来源《中部县志》）

城墙、城门、植物、广场等空间载体，重新界定坊州古城界面，恢复古城"边界"，承载古城记忆，界定古城空间。通过5街12巷24院，从点线到小空间的界定，对照历史肌理，通过书院、龙王庙、关帝庙、南门、西门等重要历史空间的恢复和新功能植入，来恢复整个古城空间。规划复原了两个历史城门，新建了一个山门，保留了原有城墙618m，恢复提升边界447m，设置观景点3处，实现了虚实有度、点面相和的空间"界"定。

通过对古城现状地形地貌的分析可知，古城整体呈北阶南墩地形，东西两侧为陡坎和冲沟。利用现有的绿带、台阶、坡道、台墩、冲沟、陡坎等要素，把层次分好，把不同的台、不同的空间跌落景致做好，在尊重台塬地貌的基础上整体构筑成一个很有生态环境味道的地方。比如结合台地地形，可以把一些混合型的窑洞建筑展现出来。实现系统化布局，改善古城散乱的布局面貌，提升空间层次，形成曲折有秩、景台跌落的"台"塬地貌。

依据历史街巷格局，重新梳理现状的巷道及院落。轩辕街为坊州古城最重要的一条街道，原始道路宽度为12m，道路坡度超过10%，承担古城内部主要的交通功能。轩辕街缺乏街道空间氛围，通过在街道两侧增加景观墙、休憩座椅及植物配置等，引导通行的同时营造朝圣感。此外，对公孙路、东后街、文渊街等历史重要街巷也进行了相应的改造。同时，还对具有历史价值的建筑及院落进行保留，诸如轩辕宾馆、轩辕图书馆、粮食局、邮政局等20世纪70、80年代的重要建筑。通过特色路径的营造和重要建筑的恢复，理街成脉，梳"巷"成网，形成点、线、面相结合的网络系统。

2. 续文脉，落叶归根

坊上古城，延续古城文脉，从守陵人到海内外中华儿女，此乃落叶归根，心之所向之圣地。黄晶涛院长在谈到坊上古城时提到，"坊上古城，我们一直认为最值得保护，而且它也与产权相匹配。市民留在这里，我们要尊重他们的产权，我们尊重他们在这里生活的时代，生活的过程。"一条倾斜而上的街道，仰望这里，这是人们生活的地方，是嬉戏游乐的童年所在地，这都是他们的记忆。一直在写乡愁，可能更多的乡愁就是来源于这些场所，同时

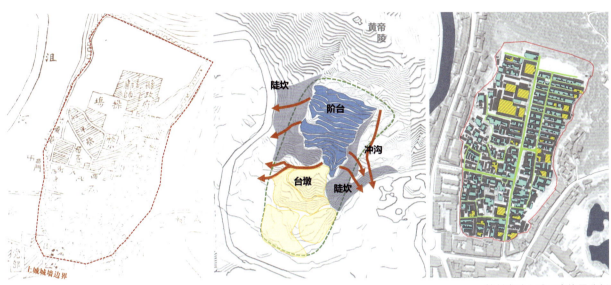

坊州古城上城历史格局分析
（同济团队、天规院团队绘）

不经意地形成的这些广场，包括古风、古建、古树，都是最值得保护、最传统的文脉。一棵树下的生活也是乡愁的一部分，这都是一定要保护的。保护下来之后，第一步保留地形特征，把每一块地按照原有产权进行划分，让这个地将来有更新的可能性。恢复其历史地位，恢复守陵形制，延续文化脉络。具有较高历史、文化和科学艺术价值的城墙遗址和民居建筑群体，是坊州古城发展、祭祀黄帝陵神道发展演变的重要历史见证。少量复原历史点位，展现空间文化特征，对延续守陵文化、塑造守陵氛围有着重要的意义。

3. 提品质，繁荣城邑

现状古城风貌有形无貌，有态无业，设施配套落后，影响圣地意境。在调研走访的过程中了解到，居民不愿离乡，但存在与黄帝陵空间对立、产业关联度不大的现实矛盾。吴唯佳教授在谈到古城时提到，"到古城这个层面，我们希望在它原来格局的基础之上，能够延续和传承它既有的模式，总体上

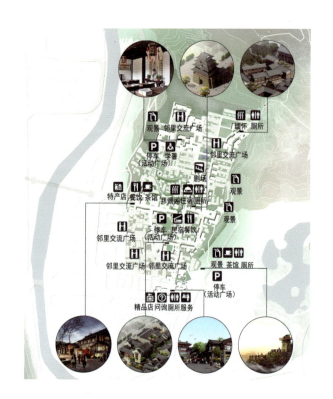
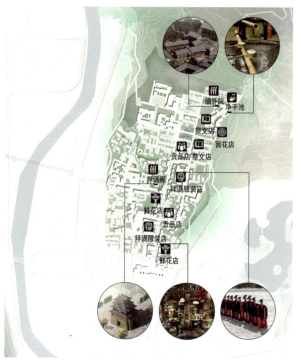

上城配套设施及业态规划

（同济团队绘）

呈现出减量发展的态势。"因此，重新梳理坊州古城的空间秩序，使其融入黄帝陵整体格局。黄晶涛院长提到，"对于古城而言，应该是守陵人居住的地方，应该是有活力的地方，应该是繁荣的地方。"居民角色转化，成为黄帝文化的传承者、守护者、受益者，提升与改造并行，留住乡愁，改善面貌，植入与黄帝陵关联度高的产业，实现以陵养邑。遵从圣地序列的起伏变化，结合空间格局的规律，以主要开放空间引导"起承转合"的空间心理变化，布局主题相合的标志空间，营造符合圣地环境的空间序列，实现以陵化邑。周俭院长提到，"对于一个有温度的城市来说，有目的的通行才是第一步，更多的是要解决将来游客、居民在里面无目的的漫步，我觉得这才是一个有温度的城市所应该追求的东西。我们希望达到的是游客有认同感，居民有归属感。将来的游客和居民在这里不仅仅是一种交易，还有深入到院子里面的一种交流。"周庆华院长表示，"规划需要考虑推动老城的发展，将老城建筑

坊州古城鸟瞰效果图
(同济团队绘)

与业态相结合。"因此,依托黄帝陵,完善服务配套,为居民营造生活归属感,为游客营造谒陵服务。契合黄帝陵文化需求,结合古城居民民俗习惯,植入相应的与祭祀相关的业态及旅游服务功能。

(二)坊下文苑,汇文询道

下城位于沮河北岸,现状为县委、县政府所在地,城市管理及公共服务职能集聚区。随着县城西迁,在保留一定城市人口的基础上,城市管理及公共服务职能也相应发生转移。整个空间是一个聚落式空间,与上城的发展形态是一个延续。在设计风格上,不强调某个朝代、某个历史时代的东西,作为民居和公共建筑,应该是自身面对未来的一种发展形态。

1. 调功能,减量更新

在谈到下城更新时,黄晶涛院长提到,"应该走城市更新的道路,要减量提质,不以量来推动城市的发展,而是注重品质与功能。"因此,下城需要减量提质,改善环境品质,赋予新的功能,配套民俗文化设施,远期落实整体风貌整治。遵循减量更新原则,缩减下城规模,恢复下城规制,其中下城南北谒陵主轴与轩辕街相连,将上城与下城紧密联系,下城西部地区疏解原下城政府管理职能至新城区,恢复中心街特色服务功能。完善下城中心街业态及设施布局,发展文化旅游产业,配套相关旅游公共设施。

2. 塑神道,庄严肃穆

现状作为谒陵主通道的轩辕大道穿城而过,降低了谒陵祭拜中的仪式感。杨保军院长在谈到上下城时提到,"对于整个神圣氛围,环境的营造,西边这个地方开始应该有一条神道,应该是绿树茵茵这样走过来。气氛的酝酿还是需要有顺序的,太短不好。"因此,在上城与下城之间,借助原有道路进行展开,形成一条东西向谒陵通道,这条通道是城市进入陵区的一条神道。通过牌坊、城门、石阵、千步廊等文化元素的运用,进行有规制的序列空间设计,实现谒陵情感营造,塑造神圣感。出则陵,入则城,神道将城陵紧密结合。

(三)黄陵沮水,生生不息

沮水灵动于城陵之间,伴着一片潮滩地,潮涨潮落,如今城市的发展在改变这一切。城进陵退,使得城市空间圣地感不足,城市景观风貌与陵区自然景观环境呼应不足。在陵邑关系方面,黄晶涛院长提了一个原则,"一定要恢复到它最原始的、最初始的这样一个境界"。因此,陵邑通过沮水相伴,以沮水为魂,恢复陵邑以及沮水两岸的整体生态环境。

对于上城,整治上城建筑风貌,改造建筑第五立面,与周边山水景观相融合,达成整体和谐的建筑风貌环境。修复上城城墙周边和桥山的生态景观环境,修补性种植植被,提升山体景观风貌的完整性,丰富绿化环境,改善生态系统,强化"陵邑一体"整体风貌格局。对山体边缘建筑进行整体风貌整治,对影响格局风貌的建筑进行拆除,重点立面进行整体设计。分层次进行边坡绿化种植，强化山体边缘和顶部绿化覆盖率和景观丰富度，对山体护坡进行风貌修复，与周边环境和建设相协调。下城东部地区恢复林地、湿地及滩涂生态环境。印池生态带的潮滩延续到了沮水河畔，东侧生态带延伸到了上城，与桥山相融，整体形成山、林、水相映的原生态环境。

  城市的发展占据了原有的沮水河畔，但留有很多自然要素，如滩涂、湿地等。城市未来发展需要恢复山、林、水，再现原有的生态脉络。沮水河畔，苍山之间，丛林环绕，以孕育勃勃生机，形成山水相通、陵邑互动的未来发展空间体系。在山川之间的沮水是有活力的沮水，不再困于现在的堤岸，是灵动于山水之间的，将东湾和陵邑融为一体的精神主线，以沮水为主脉，呈现山环水绕的形态，是一幅令人向往的圣地圣境的画面。沮水与洛河洛水相连，蜿蜒跃升于苍茫山川，预示着中华文明传承的生生不息。

十、转型发展

结合黄帝陵国家文化公园建设，推进县城产业转型、布局调整和风貌管控。首先，立足建构黄帝陵山水大格局的要求，加强沮水流域生态环境保护与修复，提升整体生态环境品质。其次，疏解县城人口和非国家文化公园功能，统筹安排县城产业发展方向及产业布局，同时进一步加强新城建设风貌管控，促进黄帝陵整体景观、空间的氛围营造。

（一）生态保流域

确立和贯彻可持续发展思想和观念。坚持"保护第一，综合开发"的原则，把资源、生态和环境保护放在首位，做到社会效益、经济效益和环境效益相统一。坚持容量控制原则，对环境和资源的开发利用，必须保证其再生功能和恢复能力，不允许超过极限值。

沮水流域景区外围保护地带，即沮水廊道控制范围（沮河及建庄河紫娥寺区域北段），对沮水及其两岸景源及环境采取全流域控制保护：无人居住地带保护范围为两岸各400m；建设区内，旧区保护范围不少于20m，新区保护范围不少于30m，一般区居住点保护范围不少于50m。该保护范围包括除四个飞地型分景区以外的沮水流域范围。

沮河为祖河，早在1996年经由陕西省计划委员会主持初步评审的《关于黄帝陵区总体规划问题（讨论提纲）》(1995)中就明确确立沮河就是祖河的观念，提出"桥山是祖陵，沮水是祖河，两者是相辅相成的，对祖陵要修整，对祖河要整治，两者是一个有机的整体。"同时，沿沮水分布了众多的仰韶文化遗址、早期先民居住地、汉墓群、革命遗址，沮源关山势、植被环境良好，上畛子农场的农业植被等景源完整、丰富，是承载着历史发展的重要载体和生态廊道。因此，无论是从黄帝陵区整体环境的有机协调及可持续发展出发，还是从其历史文化内涵的关联等方面看，均须把沮水作为一个整体进行保护；建庄河为沮河的支流，其上游紫娥寺及其景源环境条件独特，规划以沮水沿岸以及建庄河紫娥寺以北段，作为沮水廊道控制保护范围。该范围内着重于景观生态环境的保护控制，景观景点保护与风景区范围内景点保护措施相同。

（二）新城控风貌

新城是未来城市发展的集中区域，居住用地沿沮河带状线性布置，保证居住空间拥有良好的河道水景效果。建筑整体风貌与黄帝陵及周边环境相协调，立面构件及符号应吸取本地传统要素。鼓励采用新型建筑材料及现代设计手法，但需延续传统建筑材料的肌理及质感。

首先，应严格控制城市人口容量。根据原有城市人口基数和城市建设容量分析，规划确定将历史文化风貌区、建设控制地带和风貌协调区内城市人口容量控制在3万人内，规划应加强对现状城区内人口的疏解，保证空间建设质量。

其次，加强对城市自然肌理的保护，沮河和周边山体绿化的保护是体现自然肌理的基础。沮河保护应以保护现状蜿蜒的河流走势为主，同时加强河道空间的利用。自然山体绿化应以保护为主，加强植被种植的差异性，与古柏林的郁郁葱葱形成强烈对比。

此外，加强城市公共空间的营造和城市动态交通、静态交通之间的规划设计，保障城市基础设施的运营，营造良好的城市生活空间和旅游祭祀空间。

最后，建筑整体风貌与黄帝陵及周边环境相协调，立面构件及符号应吸取本地传统要素。鼓励采用新型建筑材料及现代设计手法，但需延续传统建筑材料的肌理及质感。建筑的立面设计应注意尺度及比例、材质的对比和色彩关系及建筑细部的合理表达。建筑色彩整体色调与周边环境相协调，单栋建筑总的色彩不宜超过三种。住宅及旅游服务业建筑应采用坡屋顶形式，不宜采用单坡屋面及平屋面的设计形式；公共建筑原则上宜采用坡屋顶。

（三）产业促转型

产业协调发展思路是，结合黄帝陵国家文化公园建设，推进县城产业结构转型与布局调整。在县域的产业布局上，黄陵县的文化旅游总体向东，工业与县城建设总体西移。产业结构上，整合规划区外围资源，逐步促进采矿、挖煤等粗放型产业向集约型产业转型升级，远期形成以文化旅游业、现代农业、现代服务业为三大主导产业，联动能源科技产业的产业结构体系。

（1）黄帝陵国家文化公园片区，完善祭祀配套服务职能，保障大型国家公祭活动需求；面向全球华人，增强旅游服务接待能力，保障高端寻根交往联谊活动开展；增强文化展示功能，增加教育功能设施，促进文化交往活动，争取承接国事活动。

（2）黄陵圣地核心区，是祭祀、谒陵、寻根的重要场所，以文化活动展示和相应的服务功能为主。寻根交往区以国际交流论坛、会议会谈、旅游接待、综合服务、非正式会晤、自然休闲功能为主。黄帝文化遗存展示区是黄帝陵文化的延伸区，以文化遗存展览、山水风景游览、旅游服务为主。西部门户区将成为进入园区的主要入口，以开放绿地、住宿接待、旅游服务、文化体验为主要功能。

（3）坊州古城，恢复古街，增加文化交流展示研究功能，恢复中心街特色服务功能，增加世界华人论坛、中华文化研究院等设施，将老城打造为黄帝文化集中呈现地和旅游服务基地。其中，坊上古城，依托黄帝陵，完善服务配套，为居民营造生活归属感，为游客营造谒陵服务。契合黄帝陵文化需求，结合古城居民民俗习惯，增加相应的与祭祀相关的业态及旅游服务功能。下城西部地区疏解原下城政府管理职能至新城区，下城东部地区考虑实际开发建设，形成中华文化研究院，同时恢复下城林地、湿地及滩涂生态环境。

（4）县城片区，结合黄帝陵国家文化公园建设，推进县城产业结构转型与布局调整，疏解县城人口和非国家文化公园功能，打造坊西学院，疏解部分城市居住功能，补充文化旅游功能以及特色教育职能。

第四篇 学术文章

关于黄帝陵整修规划的追忆与思考

文 _ 西安建筑科技大学：吕仁义

20世纪80年代，我曾先后与赵立瀛、张缙学、李树涛等老师一起参与过《黄帝陵保护规划》《黄帝陵风景资源评价》等研究项目，并于1990年随同张缙学教授参加了黄帝陵整修规划设计工作。在这个过程中，加深了对黄帝陵的了解、敬慕和热爱，也使自己受益匪浅。光阴荏苒，转瞬已是30年，但当年踏勘、考察、研讨、争辩的场面仍历历在目。尤其对一些影响黄帝陵保护、定位及规划布局等重要问题的探讨及认知，直到今天还影响着我对黄帝陵及周边地区规划建设项目的评价和判断。

问题之一是：在整修黄帝陵工作中，如何在保持原有传统格局的基础上，更好、更科学地为其保护和发展定位。黄帝陵位于山塬环境的沮河谷地，北据桥山；南望印台山、暖泉沟；东接洛河川道；西经南川、建庄川、双龙石窟，直上子午岭。随着轩辕庙的重建，庙区、陵区、陵邑的空间布局及相对关系基本在宋代就形成了现在的格局。从历史文献分析，黄帝虽也是传说人物（生活在我国有文字记载约千年以前），但他毕竟是中华民族的始祖，是我们团结和凝聚的象征，从这个意义上讲，黄帝陵无论提升到多么崇高的地位都不为过。黄帝陵不是帝王陵，不能依照帝王陵的格局思路进行整修，但所有的帝王都是黄帝的子孙，黄帝陵是祖陵，其规划和影响范围应远高于帝王陵寝。在研讨时，甚至提出了"山河祭"的概念，即陵冢依托的桥山主峰以北，视域范围扩展到韩家塬、孟家塬一线；南侧越过印台山，涵盖侯庄湫地区；陵区东接洛河，西经上畛子林场直上秦直道和子午岭（沿沮河主河道），形成万山来朝、山河共祭的格局，即"大黄陵"的概念。

因为黄帝陵不是帝王陵，既不适用帝王陵"宫寝结构"的理念，以及神道、石像生、陵城、殿阁的设计手法，也不宜营建森严壁垒、等级分明的空间环境。黄帝是我们的先祖，但也是人民群众中的一分子，黄帝与民众的关系就如同鱼与水的关系、血与肉的关系，是相生相融不可分离的关系。鉴于此，黄帝陵陵区的整修规划设计应突出自然、和谐、朴实、互溶与生态的主题。在"神道"设计上，应突出"曲不离直"的特点（如陵冢至第二停车场及第二停车场至功德坛间），陵轴（陵冢至印台山）、庙轴（轩辕庙中轴线至印台山）也不必强调陆上贯通，即做到"神连形不连"。在"曲不离直"观念的影响下，在庙区南侧跨越沮河（现为轩辕湖——即"印池"）的规划方案中，就由张缙学教授为主提出过"曲桥"的方案。即由沮河东湾采取曲桥的方式跨过沮河，然后沿崖拾级而上由正门进入轩辕庙。最后虽因考虑到谒陵人数过多且需要庄严、雄伟的空间氛围而选取了直桥方案（即沿庙轴跨湖直上轩辕庙区），但"曲桥"方案实际上也是"曲不离直"、自然、和谐规划思路的一种体现。

为了保证黄帝陵区静谧、庄严、肃穆、自然的空间环境，我们曾经在规划中提出，所有机动车只能停留在谒陵台阶路的起始点（即第二停车场位置），所有谒陵者无论贵贱均需要步行拾级而上进行祭拜，以示对祖陵的恭敬；为保护印台山（黄帝陵风水格局中的"案山"），我们曾力争将计划穿越该处的西延高等级公路线进行避让，最终未能成功，致使印台山被公路施工削去了一半，严重破坏了桥山及黄帝陵的整体环境。在此期间，为了加快黄陵县店头矿区的煤炭外运，正在加快建设秦七铁路（店头至西包线秦家川站）。该铁路在黄帝陵寝北侧800m，以隧道方式下穿桥山。考虑到该铁路对桥山沮水西湾环境（该段桥山山体是易发生坍塌地带）及列车振动对陵区的影响，也曾建议线路北移或加强监测，现该路已投入运营20多年。

为了缅怀、纪念、彰显轩辕黄帝作为"人文初祖"的功德，规划在沮河北岸塬坡地带陵轴（陵冢—印台山）的适当位置，建设具有标识作用的功德坛，功德坛内可通过浮雕、镌刻等全面展示黄帝的丰功伟业。功德坛可通过人行步道的方式，与庙前区的第一停车场取得联系以构成桥山南部的空间网络。该规划项目由于种种原因一直未得到实施。

在陵冢西南方向的塬畔，与东部凤岭相对应的位置，是历史上陵邑的故址。20年前我们在踏勘考察时，该处还保留了几幢带风火墙的临街民居建筑，隐约呈现出古陵邑的轮廓，说明这里自古就是一个传统聚落的遗址。为了营建、保护黄帝陵区神圣、庄严、肃穆、静谧的空间环境，规划建议在桥山周边地区，尤其是沮河东湾、西湾、印台山、暖泉沟等地段（含印池，即轩辕湖四周），严格限制城市开发建设强度，严格控制用地性质、功能布局、规划指标、城市设计（建筑物高度、体量、色彩、风格及天际线）等方面的相关规划设计内容和规定。黄陵县的有关城市功能（如：行政中心、交通枢纽、商业中心、产业用地、居住用地等）应向外围疏散并呈现组团式布局。但是，近年来由于城市快速扩张，在桥山周边、沮河上下，已逐渐被连片扩展的高楼广厦所包围，废气、噪声及光污染严重破坏了黄帝陵区的环境，鳞次栉比的高楼大厦和车水马龙的人流车流也干扰和损害了桥山优美、宁静、神圣的视觉空间。这是黄帝陵今后在保护与利用工作中必须予以重视和解决的问题。当前尤应防止一些打着"弘扬传统文化，传播华夏文明"的旗号，在黄帝陵及周边地区搞一些营利性质的伪文化活动，如：铸鼎、营陵、造园活动等，以保护黄帝陵区的传统历史格局和空间及文化环境。

关于黄帝陵区整修工作中应遵循的文化风貌及建筑风格问题，在该阶段也曾有过多次的研讨和争论，如在陵区曾有过龙驭阁的台、阁之争，最终建成龙驭阁；在轩辕庙区，有过宋风和汉风之争，因现庙址为北宋移建，故提出过仿宋风格的重建方案（并制有模型），后经研讨和否定；庙前区轩辕桥有过直桥、曲桥之争及石板桥和拱桥之争；桥山侧柏林区防火有过高位水池及综合消防（含直升机灭火）之争等。

关于陵区的建筑风格问题，考虑到黄帝生活时期是我国出现甲骨文之前约千年的"史前时期"，而古代建筑遗存保存最早且具代表性的是汉阙，因此提出黄帝陵区的建筑风格应以汉风为主并似汉非汉（即比汉风应更古远），同时提出了天圆地方的理念。这些研讨影响了轩辕庙门、龙驭阁（由周若祁老师主持设计）及轩辕庙祭祀大殿（由张锦秋大师主持设计）的设计思考。

岁月匆匆，转瞬之间30年已成往事，其间亦师亦友的张缙学教授、李树涛教授及周若祁教授已先后故去，他们的音容笑貌至今仍萦绕在我眼前，我从他们的身上学到了很多东西，除了知识之外，尤其是处事待人的态度和孜孜不倦寻根究底的刻苦钻研精神。上述之中的许多观点和认识，多是与他们（尤其是张缙学教授）在研讨过程中得出的。他们的渊博学识永远是我学习的榜样。

在关于黄帝陵整修规划的追忆中，还有一位应当记住的人物，那就是亦师亦友的张锦秋大师。在西安，我们共同参与研讨过规划设计方案；在北京，我们曾一起向中央领导及专家汇报过整修规划方案；后来又多次在黄陵或西安参加过关于黄帝陵有关专题的研讨和论证，她的发言和建议也使我获益匪浅，感触良深。

在黄帝陵整修规划前期，由西安建筑科技大学（时称西安冶金建筑学院）会同中国建筑西北设计研究院、陕西省城乡规划设计院进行了总体规划方案的论证工作。在北京向中央领导（李瑞环、王震、习仲勋等同志）及专家（吴良镛、戴念慈等）汇报后，由西建大专家组（主要由张缙学教授负责）对规划方案进行了整合，形成了《整修黄帝陵规划设计大纲》。并在第二次（主要向萧克同志、王光英等领导同志汇报）、第三次（再次向李瑞环同志汇报）赴京汇报论证以后，开始了规划实施及部分单体建筑（如轩辕庙门、轩辕桥、龙驭阁等）的设计工作。

经过多年的努力，黄帝陵的保护与修复工作已取得了巨大的进展和成绩，这是大家共同努力的结果。希望我们不忘初心，牢记30年的信守和承诺，再接再厉，处理好当前存在的问题和矛盾，使黄帝陵的保护和民族文化的传播和发展更上一层楼，取得更大的进步。

黄帝陵国家文化公园承载国事活动相关研究

文 _ 中国城市规划设计研究院：杨保军、白杨、谷月昆、刘圣维

【摘 要】

黄帝陵是对中华民族具有特殊价值与意义的文化遗产。随着中国在国际舞台上发挥越来越重要的作用，文化外交逐渐成为新时代中国特色大国外交中传播中华民族文化、提升新时代中国文化软实力的重要组成部分。将文化遗产当作国事活动承载地逐渐成为文化外交的有力抓手。纵览国内外国事活动承载地，在落户选址、功能布局及安全保障等方面具有一定的相似性与共同性。通过国内外具有代表性的国事活动承载地案例对比与研究，总结出规律与特点，将其应用于黄帝陵国家文化公园承载国事活动的实践中，并提出若干概念性方案策略，以期为黄帝陵国家文化公园承载国事活动提供一定的理论与实践支撑。

【关键词】

黄帝陵；国家文化公园；国事活动；空间规划设计；设施保障

1 黄帝陵国家文化公园承载国事活动的可能性

1.1 文化遗产是世界外交舞台的重要载体

从国际峰会到首脑外交，再到非正式会晤等，文化遗产已经成为国际外交舞台上的高频闪光点。国事活动地点的选择，往往会考虑到地点所体现的典型意义，要能体现出一个国家、一个民族的文化、历史与根基。这既是对外宣传彰显本国本民族文化与特点，也是对内促进团结并提升民族自尊自信。白金汉宫坐落于英国威斯敏斯特，是英国君主位于伦敦的主要寝宫及办公处，自18世纪初白金汉公爵约翰·谢菲尔德在此地兴建府邸，此后的300余年间白金汉宫见证了英帝国的盛衰。白金汉宫对英国皇室及民众具有特殊意义，是国家庆典和王室欢迎礼举行场地之一。

日本伊势神宫是日本地位最高的神社，神宫内供奉有日本国的祖先天照大神。伊势神宫在日本拥有至高无上的地位，是日本国民传统上的心灵家园。七国集团(G7)日本伊势志摩峰会中，日本首相安倍晋三在伊势神宫为迎接各国首脑举行了欢迎仪式，各国首脑一齐访问伊势神宫。这再次表明文化遗产在国际外交、国事活动中的价值与意义。

基于此，文化遗产的特殊性使其有利于国际传播和促进跨文化交流，巩固并扩大外交效果。对一个国家、一个民族具有特殊意义与价值的文化遗产，更是能够有效地打破地域、语言等多方面的障碍，真正达到跨文化交流的效果。因此，在国际外交中文化遗产已成为一种重要媒介与平台。

1.2 文化外交是新时代中国特色大国外交的重要组成部分

党的十八大以来，中国文化被确立为中国外交的指导思想之一。习近平总书记在2014年提出中国必须有自己特色的大国外交后，《人民日报》发表的评论员文章指出，"中国外交理念……继承了新中国外交优良传统……汲取了中华优秀传统文化精华，必将指引中国外交乘风破浪，不断夺取新的胜利"。

总书记曾指出："当今世界正处于百年未有之大变局"。这个大变局有很多方面，其中很重要的一部分就是中国的强大与崛起。中国走向世界舞台的中心，引起了世界格局的变化，并在国际事务中发挥越来越大的作用。在这一背景下，中国的国事活动将越来越多，而我们国家历史悠久，地大物博，国事活动的承载地正在呈现出百花齐放的局面。

北京故宫是中国明清两代的皇家宫殿，旧称为紫禁城，位于北京中轴线的中心，是中国古代宫廷建筑之精华。2017年11月美国总统特朗普对中国进行国事访问，11月8日下午国家主席习近平和夫人彭丽媛在故宫博物院迎接美国总统特朗普和夫人梅拉尼娅，先到宝蕴楼简短茶叙，接着前往前三殿参观，再去故宫文物医院参观，转而到畅音阁观看京剧表演。作为中华传统文化的瑰宝，故宫在本次重大国事活动中扮演了十分重要的角色，并为国事活动增色不少。

2015年5月,印度总理莫迪对中国进行国事访问。国家主席习近平在西安会见印度总理莫迪,二人一起参观大慈恩寺,同登大雁塔。参观结束后,古城西安用一场盛唐气派的入城仪式迎接莫迪。习近平在南城墙箭楼迎接莫迪,两国领导人共同观看了体现中印两大文明交相辉映的文艺演出《梦长安》。

1.3 "一带一路"倡议给黄帝陵国家文化公园带来新的时代机遇

2018年8月,在推进"一带一路"建设工作五周年座谈会上,习近平总书记指出,"以共建'一带一路'为实践平台推动构建人类命运共同体,这是从我国改革开放和长远发展出发提出来的,也符合中华民族历来秉持的天下大同理念,符合中国人怀柔远人、和谐万邦的天下观,占据了国际道义制高点"。

作为丝绸之路的起点,西安在"一带一路"建设过程中势必要发挥重要作用。而黄帝陵距西安百余公里,并处于西安半小时高铁通勤圈内,与西安联系较为紧密。黄帝陵作为中华民族的人文始祖,轩辕黄帝及其陵寝文化资源深厚,自然资源优越。黄帝陵作为中华文明的精神标识,其思想内核对发展中国特色大国外交起到了积极的指导作用。"一带一路"的建设为黄帝陵的发展带来了新机遇,有利于让全世界更加全面地了解博大精深、源远流长的中华文化。

作为中华文明的精神标识,黄帝陵也理应在"一带一路"文化交流中,在国事活动的承载中扮演重要角色。因此,对黄帝陵国家文化公园承载国事活动的相关研究,有助于促进不同文化的交流,并推进中国传统文化"走出去",更是对中华民族伟大复兴具有一定的推动作用。

2 国事活动空间及设施保障研究

全世界有两百余个国家和地区,各自的历史、文化、地理位置及国情等存在较大差异，进而导致国事活动中相对软性的接待礼仪具有较为明显的多样性与差异性。但在国事活动中相对硬性的承载地选择方面，则基本上呈现出高标准、严要求的特点。我们采用案例研究的研究方法，基于资料的可获取性选取国际范围内具有代表性的若干案例，如 G7 日本伊势志摩峰会、北京雁栖湖 APEC 会议、博鳌亚洲论坛及美国戴维营等。提取案例中的共性因素，并结合相关文献，归纳总结出国事活动空间及设施保障的特点，并将其应用于黄帝陵国家文化公园承载国事活动的实践中，提出可行性的概念方案。

纵览世界范围内国事活动的承载地，从宏观尺度的落户选址，到中观尺度的功能布局，再到微观尺度的安全保障，具有一定的相似性与共通性。落户选址层面，一般要从自然环境、对外交通条件及核心区域等角度进行考虑；功能布局层面，需要从功能分区、空间布局及氛围营造等方面着眼；安全保障层面，则对边界、高点及内外部环境等有一系列要求。

2.1 落户选址是关键

落户选址问题是国事活动承载地的关键问题，关系到国事活动的品质与安全性。国内外具有代表性的国事活动在落户选址方面具有一些共同的特点，会综合考虑自然环境、历史文化、对外交通、安全保障等因素，并以高标准进行筛选，且寻求各因素综合考虑下的最优解。

2.1.1 自然环境依山傍水

自然环境是国事活动得以顺利开展的基底，同时也是主办方对外展示生态文明建设的无形抓手。因此，优质的自然环境基底是国事活动落户选址时首先需要考虑的因素。

在宏观区位上，大型国事活动举办场地一般会选址在依山傍水的地点，环境品质相对较高。以北京雁栖湖国际会展中心为例（图1），其选取距北京市区30多公里外的雁栖湖附近，该地区采取生态优先的方式进行环境打造，环境品质较高，区域内较为静谧，符合国事活动、高级别交往的需求。

G7日本伊势志摩峰会选址在日本三重县志摩市贤岛（图2），贤岛位于志摩市区外围，其周边为沉降海岸，具有优质的生态环境。同时，日本著名文化遗产伊势神宫与G7主会场距离较近，会议中伊势神宫也承载了重要的国事活动，成为峰会中的亮点。

滨海、滨湖、滨河，依托山势，是世界范围内国事活动承载地自然环境的共通点。这种依山傍水的自然生态格局符合人与自然和谐相处的理念，也为自然景观增添多样性与可观赏性，满足来宾的休闲需求，并为其开展非正式会晤等活动提供场所。

图1 北京雁栖湖国际会展中心及周边环境

2.1.2 对外交通多元立体

发达的对外交通是国事活动的基本通勤保障，保障来宾能够安全、快速、便捷地到达场地内部。一方面，国事活动承载地要毗邻门户城市，尽可能为来宾一系列的出访活动减少不必要的通勤成本；另一方面，国事活动承载地要与门户城市的交通枢纽保持有效的通勤距离，保证高效、便捷的通勤方式。

图2 G7日本伊势志摩峰会场地及周边环境

国事活动承载地一般会选址在门户城市外围，且要保证有公路交通、轨道交通、空中交通等多种交通途径可到达场地，且场地与主要交通枢纽间要保证0.5～1h内的通勤距离。例如，博鳌亚洲论坛选址位于琼海市区东南部，博鳌机场东侧12km外且通过高铁或快速路可30min左右到达的场地（图3）。G7日本伊势志摩峰会选址位于日本志摩市区东南部，中部国际机场以南约60km的贤岛（图4），来宾到达中部国际机场后，可直接由直升机接驳前往贤岛，全程耗时约30min。

图3 博鳌亚洲论坛场地对外交通

国事活动的重要性与特殊性为承载地的对外交通条件提出了全新的高要求。为保障来宾能够快速、便捷地到达场地，国事活动承载地应选址在门户城市外围且距离交通枢纽一定的通勤距离范围内。且为了满足不同来宾的通勤需求，承载地对外交通应形成多元立体的系统，保证可以通过多种通勤途径快速到达场地内部。其中，公路交通、轨道交通及空中交通为主要载体。在主干交通通达便捷的基础上，进一步优化布置分支交通，最终形成多元立体的对外交通体系。

图4 G7日本伊势志摩峰会场地对外交通

2.1.3 核心区域相对独立

国事活动承载地中的核心区域及主会场是举行双边及多边会议的主要场地。场地需要具备一定的规模，从而保障与会的各国元首、代表团及随行的工作人员、安保人员具有充足的活动空间。同时，核心区域应与外围区域保持相对独立的位置关系，保证国事活动的静谧性与安全性。

按照国际惯例，选址场地内应包含用地面积约100hm²的独立空间用于核心区域及主会场的布局（图5），且选址时一般会保障主会场与外围区域至少有两个出入口。例如，博鳌亚洲论坛的核心区域主会场国际会议中心选址在博鳌镇东屿岛，是三江入海口处的一个小岛，自然景观保存完整，面积约188hm²。雁栖湖国际会都位于雁栖湖西南侧，其中北京雁栖湖国际会展中心坐落于雁栖岛上，主要用于会议与会展的举办，面积约65hm²。G7日本伊势志摩峰会主会场位于贤岛，面积约77hm²。以上三个国际会议均选址在了相对独立的小岛上，在考虑优质的山水环境质量之余，也重点考虑到小岛提供了一个相对独立的区域，可用作核心区主会场的布局。

国事活动承载地的核心区域及主会场空间是国事活动承载地落户选址的重中之重，在保证优质的自然环境及发达的对外交通基础之上，还要使核心区域及主会场空间独立出来，一方面保障国事活动的有序进行，一方面也为国事活动安保措施的开展提供便利的条件。

2.2 功能布局是重点

国事活动承载地内部功能布局直接关系到来宾的切身体验。合理的功能

图5 国际会议主会场选址

分区与布局能够为来宾营造出舒适的氛围，同时又能保证各项活动的顺利、有序开展。因此，场地内部功能布局是国事活动空间布局的重点。

2.2.1 会寝景功能合理分区

围绕会议核心功能进行组织布局，一般情况下包含了核心功能、休闲功能及后勤保障功能。其中，核心功能主要指会议中心，休闲功能包括植树活动、庄园会晤等非正式交流，后勤保障功能主要包括餐饮、居住、交通及安保等。

场地内部功能布局主要有两种方式，分离式布局与一体式布局。两种布局方式各有优势，主要依据场地条件而定。例如，雁栖湖APEC会议与博鳌亚洲论坛采用了"会议、住宿、景观"分离的布局方式（图6），会议功能、住宿功能与景观功能分开布局，且相互间具有一定的边界，能够保障各组团功能的纯粹性与高效性。而G7日本伊势志摩峰会结合场地条件采用了"会议、住宿"一体的布局策略（图6），景观功能单独布局，会议功能与住宿功能混合一体式布局，使得会议与起居高效衔接。

根据场地条件对会寝景功能进行合理分区，既可以保障各功能组团不相互干扰，高效独立运行，又能够实现各功能的有效衔接，保证国事活动的顺利开展。因此，在功能布局环节应重点考虑功能分区问题，因地制宜制定策略。

博鳌亚洲论坛场地功能布局模式图

雁栖湖APEC场地功能布局模式图

G7日本伊势志摩峰会功能布局模式图

图6 场地功能布局模式图

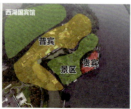

图7 国事活动交往空间层级式布局

2.2.2 交往空间层级式布局

国事活动需要高级别交往空间，一般包含贵宾、普宾、景区三种级别的空间。其中，贵宾居于内，保证其享受到最静谧的起居及活动环境；贵宾区外围由景区围合，一方面为贵宾提供可游览、可进行非正式会晤的场地，另一方面将贵宾与普宾有机隔离，保障国事活动的安全与稳定；景区外侧布局普宾区，为普宾提供便利的服务设施与优美的环境。西安国宾馆、西湖国宾馆与博鳌国宾馆内部布局均遵循该理念，见图7。

通过交通空间的层级式布局，利用景区空间将贵宾与普宾有机地隔离开来，在给贵宾提供静谧、私密交往空间的同时，为普宾提供便利的服务与优质的环境，从而进一步扩大场地的服务对象范围。

2.2.3 静谧舒适的氛围营造

氛围营造涉及微观尺度的多方面细节把控。入口至行馆的缓冲（安全）距离应保持在300m以上（图8），足够的安全缓冲距离带来心理安全缓冲。内部建筑的容积率一般相对较低，并采用组群布局，绿树掩映，且建筑一般以一层为主，同时景观设计结合自然环境，将水系、山景、绿植等与建筑有机融合，最终实现建筑融于山水环境（图9），营造出静谧舒适、和谐美丽的环境氛围。

通过缓冲距离及建筑形式等多种途径进行功能布局，为来宾提供静谧舒适且心理安全的环境氛围，体现出国事活动的高质量服务水平，反映出主办方对国事活动的重视程度，从而促进国事活动顺利进行。

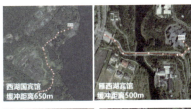

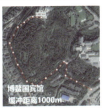

图8 入口至行馆的缓冲（安全）距离

图9 建筑融于环境

2.3 安全保障是前提

安全保障是国事活动顺利进行的前提与基础。除人力资源支持等软件保障之外，规划技术层面也有一系列的硬件保障要求。通过对场地内外部空间的合理规划布局，提升场地的安全性，并为软性安保工作的开展提供必要的便利条件。

2.3.1 边界清晰，高点可控

国事活动承载场地一般要有清晰的边界，从而为场地的封闭管理提供有利条件。边界以自然地貌的过渡带及人工交通线路为主。例如，北京雁栖湖国际会展中心、G7 日本伊势志摩峰会及博鳌亚洲论坛等举办地的边界均为独立岛屿的边界，对于安保工作的开展较为有利。

控制高点对于安全保障具有十分重要的意义，国事活动承载地内部及周边一定范围内的制高点需要得到完全的控制，以便安保措施的有效开展。在规划布局环节，应重点考虑制高点的区位与有效辐射范围，在此基础上进行空间规划与布局。例如，美国总统举办国事活动及度假的戴维营，位于马里兰州 Catoctin 群山公园，其场地内部及周边地区的制高点在严密的控制中（图10），以便确保总统及来宾的安全。

2.3.2 低层建筑，隐于林中

为保障安全性，国事活动承载场地内部建筑高度不宜过高，应以低层建筑为主，且通过自然景观的布置，使建筑隐于自然环境中。在自然景观的布置方面，宜采用灌木、乔木混合布局的方式，一方面增加自然景观的层次感，另一方面浓密茂盛的林地可以有效遮蔽场地内的行人及其活动，为来宾的人身安全提供进一步保障。例如，美国戴维营，场地内总统官邸藏于山坡，且

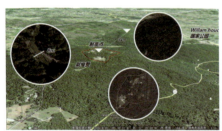

图10 美国戴维营制高点
（图片底图来源于 Google Earth）

图12 博鳌亚洲论坛会场内部及外围布局
（图片底图来源于 Google Earth）

图11 美国戴维营建筑及密林
（图片底图来源于 Google Earth）

图13 黄帝陵国家文化公园承载国事活动概念方案

其他主要建筑高度均低于树林（图11），很大程度上提高了场所的安全性。

2.3.3 内部朦胧，外围缓冲

国事活动承载场地内部由低层建筑与浓密葱郁的自然景观等共同构成，从而打造出内部朦胧的环境氛围，在为来宾提供静谧、舒适环境的同时，强化了场地内部整体的安全性。

与此同时，场地外围应布置开阔的缓冲区，以保障场地内部与外围的相对独立性，提升场地内部的安全性。例如，博鳌亚洲论坛会场，其内部设有密林，外部相对开阔，对安保措施的开展提供了极大的便利条件（图12）。

3 黄帝陵国家文化公园承载国事活动策略研究——以东湾为例

黄帝陵是中华民族开枝散叶的根基。作为对于中华民族有着特殊价值与意义的文化遗产，黄帝陵可以作为我国国事活动的承载地之一，向来宾展示中华民族的文化与特点，为国事活动增添色彩与亮点。

基于上述国事活动空间及设施保障研究，大师工作营提出了黄帝陵国家文化公园承载国事活动的三个选址建议，并最终形成两个概念方案（图13）。本文以东湾方案为例对国事活动策划进行研究。

3.1 选址风景优美的东湾

东湾位于黄帝陵东，距黄帝陵直线距离仅为2km，这里有较好的自然山水资源禀赋，四面群山环绕，且具有优美的山体轮廓线，桥山余脉位于场地中部，具有突出的景观价值；沮河从场地内贯穿，与现状水田一起共同构成场地内的水体景观要素。每日清晨，水汽升腾，雾气缭绕，宛如仙境，呈现出天然的耕织图景。在这里创造轻松愉悦的寻根联谊交往空间，促进多种形式的联谊交往活动是再自然不过的了。同时，东湾与黄帝陵之间由凤凰山进

行了地理遮挡，天然地与拜谒区进行了分隔，减少了对黄帝陵的干扰，有利于服务设施的配置。

在对外交通方面，东湾位置依托黄陵县现有延西高速、包茂高速、黄陵南动车站及未来建设的高铁站，与西安市、延安市进行快速的连通，满足半小时高铁通勤，且与西安国际机场的距离为134km，通过设施配套可保障高效便捷的空中交通。上位规划《黄陵县城总体规划（2010—2030）》在东湾片区划定了部分商业服务业设施用地，保证了规划设计思想的落位实施。

本次规划依据已有条件，选址东湾落位，一方面将其作为黄帝陵旅游服务配套提升的抓手，另一方面在这里预留承载国事活动的空间。

图14 东湾方案功能布局

3.2 采取层级式的功能布局

为保证国事活动期间与平日期间不同的接待组织，采取了层级式的功能布局，该布局顺应东湾地形，从竖向上形成多个层次，分别为亲水休闲区、滨湖接待区、贵宾接待区及山体公园，见图14。各分区间相对独立，并具有良好的可达性。

在平日期间，湖区亲水休闲区及湖滨接待区，面向大众开放，酒店接待及会议中心作为对普宾接待的空间。而贵宾别墅则靠山侧设置，以保障私密性与安全性。活动期间，各层级功能区则采取较高安保级别进行管控。

3.3 采取边界清晰、高点控制、外围缓冲的安全保障措施

东湾区域周边由山体围绕，南部凤凰山、北侧桥山余脉界线清晰，制高点明确，具有良好的安保基底。为保证有良好的私密性与安全性，在主要建设区域内的建筑要与周围景观及自然环境相融,增加整体性与遮蔽性。同时，保证周边具有较宽的生态控制区域。最终形成了边界清晰、高点控制、外围缓冲的安全格局，保证国事活动的顺利开展。

总体而言，东湾方案基本符合国事活动空间及设施保障的相关标准与要求，可以成为黄帝陵国家文化公园承载国事活动的可能性选择之一。

4 结语

黄帝陵是中华文明的精神标识，对中华民族具有无可替代的价值与意义。为了更好地对外彰显中华文化，对内提升民族文化自信，从而实现中华民族文化复兴，黄帝陵有理由跻身我国国事活动承载地之列。

通过对国内外案例的对比与研究，我们总结出国事活动承载地的普适性特点，在落户选址、功能布局及安全保障等方面具有一系列的标准与要求。基于研究成果，我们对黄帝陵国家文化公园承载国事活动的具体方案进行概念规划设计，方案充分考虑了自然基底与国事活动承载地的特点，最终形成两个概念方案，以期为黄帝陵国家文化公园承载国事活动提供一定的理论与实践支撑。

参考文献
[1] 贾巾月. 当代中国国际交往思想的时代意义——基于马克思"共同体"思想历史唯物主义意蕴[J]. 学理论, 2018.
[2] 李爱敏. 改革开放以来中国国际主义思想的创新与发展[J]. 湖州师范学院学报, 2017(11):33-39.
[3] 王敏. 做好礼宾工作是有效的公共外交——十八大以来中国外交中的礼宾[J]. 公共外交（季刊）, 2017(3).
[4] 杨明源. 近十年国内关于近代中国外交制度的研究综述[J]. 忻州师范学院学报, 2018, 34(3):94-97.
[5] 雅志, 王敏. 中国特色的大国外交礼宾[J]. 党史博览, 2018(8):34.
[6] 张清敏. 理解中国特色大国外交[J]. 世界经济与政治, 2018(9):66-89,159-160.
[7] 张清敏. 十九大以来中国外交的理念、布局和特色[A]. 中国国际战略评论2018（上）北京：北京大学国际战略研究院,2018:12.
[8] 张清敏, 杨黎泽. 中国外交转型与制度创新[J]. 外交评论（外交学院学报）, 2017(6):22-53.

黄帝陵空间结构形态的识别与规划传承

文 _ 清华大学建筑学院：吴唯佳、武廷海、黄鹤、孙诗萌、郭璐

【摘 要】

正确认识黄帝陵的空间结构与形态特征，是开展黄帝陵保护规划工作的基础与关键。黄帝陵总体呈现出如下的一些显著特征：（1）桥山沮水是构成中华祖陵雄伟气势的关键基底，自龙驭阁四望，自然地貌形成半径约4公里的较为完整山水格局；（2）黄帝陵呈现出"陵－庙－邑"三位一体的空间格局，核心区的布置受制于格方1.5汉里的九宫体系；（3）陵轴作为地区的核心空间要素，与城轴和庙轴并存；（4）黄陵县城具有显著的格局特征。在此基础上，规划设计团队从山水格局、城庙关系、谒陵线路和古城空间四个层面，通过"目极还翠""九州之势""强化中轴""重整城邑"等策略，传承强化黄帝陵的空间格局特色，提升圣地感。

【关键词】

黄帝陵；空间格局；空间结构；目极还翠

1 山水与黄陵

黄帝是五千年中华文明之始祖，是全球华人共同之祖先；黄帝陵是全球炎黄子孙共同祭祀的祖陵，是中华文明的精神标识。

史载"黄帝崩，葬桥山"，桥山是黄帝陵之为黄帝陵的重要依据，也是构成中华祖陵雄伟气势的至关重要的山水基底与空间要素。自桥山制高点（龙驭阁）四望，群山环抱、沮水中流、前案后镇、东峙西屏的山水格局完整清晰。环抱山势与1000m等高线正相吻合，半径约4km。以南北向逆时针旋转34°为主轴，前有印台山为前案，后有桥山来龙为后镇，东有凤岭耸峙，西有西山为屏。恰形成一山环水抱、桥陵居中的理想山水格局。

自20世纪末以来，在地区快速的城市化进程中，县城规划多次修编，规划建设用地不断增加。"增量思维"使得黄陵县城规模不断扩大，侵蚀着

祖陵气势赖以维系的山水格局。甚至桥山本体也遭到破坏，其朝向印池一侧的山体创伤严重，影响着桥山及黄帝陵山水格局的完整性。

2 城邑与黄陵

黄陵县有1600余年的行政建置史和近1400年的建城史，是历千年经营建设形成的人居家园。东晋时期始于今县城范围内置中部县。唐武德二年置坊州。元、明、清为中部县。明成化年间始移今治。隆庆六年先筑下城，崇祯四年始筑上城。清顺治十二年复旧城制，乾隆三十年重修县城，形成今老城格局。

明清时期建设形成的黄陵古城，具有如下的一些主要空间特色：①前案后镇，格局庄正：县城总体上位于桥山南部向西南延伸至沮水边的分支落脉上，北高南低。县城以正街（轩辕街）为南北主轴，向北正对桥山之巅；向南正对一凸起于台塬之案山。②鱼骨路网，依山抬升：古城主干道基本垂直于等高线呈南北向，支路则平行于等高线呈东西向布置，整体上形如鱼骨，自南而北依山抬升。③城尽山现，风景入城：由于古城整体上以桥山支脉为基，城东、西垣皆建于陡峭崖壁之上。自东、西城垣向外远眺，地势高爽，视野开阔。群山、沮水环抱之势，尽收眼底。④城垣民居，遗存丰富：城内正街两侧尚存有部分明清时期的古民居建筑，有夯土窑洞建筑，亦有砖木结构建筑，具有陕北特色，是古城内宝贵的建筑遗产。

中华人民共和国成立以来，县城逐步向东、西、南三面发展。近30年来，城市建设主要沿沮水河谷向东、西两侧发展，形成了依山近水的空间格局。

3 陵与庙

秦汉封陵，唐宋建庙，明清筑城，"陵-庙-邑"一体的空间格局至迟在明代已经形成，宋代建庙时或已有此考虑。清嘉庆《中部县志》中除"县境图"外，仅绘有"县城图""轩辕庙图"二图，说明"城-庙"并置格局的存在。这一"陵－庙－邑"整体格局，与其他祖陵"陵－邑"分离的格局显著不同。

当前存在如下的一些问题：首先城庙关系失衡。陵、庙景区实行封闭式管理，与城相隔离，造成陵－庙－城交通联系不便，祭祀线路单一、曲折。与此同时，古城承担了过多的行政管理及生产生活功能，原本可以承载的历史文化展示、祭祀旅游服务等功能难于发挥。这使得历史上长期形成的"陵－庙－城"一体空间格局特色丧失。

历史上形成的老城空间格局尚存，但建筑基本为20世纪80年代以来建设的低层及多层现代建筑，缺乏特色。城市公共空间环境亦缺乏对历史文化的提示与表现。总体上，城市环境与中华祖陵所应体现的文化特色存在差距。此外，县城内支撑祭祀、旅游的相关服务设施不足，档次不高。特别是每年清明公祭典礼，仍需要在27km外的店头镇和200km外的西安市安排大部分宾客的住宿及接待。

其次，谒陵线路失序。陵轴为黄帝陵主轴，隐蔽于桥山古柏群中，不易察觉。庙轴为次轴，横亘于桥山东麓，粗壮有力，醒目突出。次轴的突显，使得主轴气势不足，整体感被削弱。另外，由于陵轴段与庙轴段在空间上不连续，使得祭祀谒陵线路曲折，缺乏标志性空间节点的组织与引导。

4 空间结构

从中国古代空间规划设计方法看，至迟汉初已经形成了较为明确的"九宫"概念。《汉书·艺文志》关于"形法"的小序提出"大举九州之势，以立城郭室舍形"，说明"九州之势"已经成为确定城郭室舍结构形态的概念图式。《礼记·王制》记载了九州与山川的空间结构与数量关系："自恒山至于南河，千里而近；自南河至于江，千里而近；自江至于衡山，千里而遥。自东河至于东海，千里而遥；自东河至于西河，千里而近；自西河至于流沙，千里而遥。西不尽流沙，南不尽衡山，东不近东海，北不尽恒山。凡四海之内，断长补短，方三千里，为田八十万亿一万亿亩。"名山大川界定了九州结构，

"九州之势"呈现出明确的几何结构与数量关系。

黄帝陵的核心地区呈现出十分规整的"九州之势","陵－庙－邑"结构受制于一个格方1.5汉里（合今420m）的九宫体系：桥山东西两侧，相距一里有半；山东至于沮水，一里有半；山西至于沮水，一里有半。西不尽西山，东不尽凤岭，南不尽印台，北不尽桥山。凡山环水绕之区，断长补短，方四里有半，呈九州之势。桥山之阳，沮水之滨。帝陵安处，池台映照。下马石，汉仙台，黄帝陵，龙驭阁，中轴线、中准绳。自下马石至于汉武仙台，半里而近，一百五十步；自汉武仙台至于龙驭阁，半里而近，黄帝陵居于中间。自下马石至于印池中，一里有半；自印池中至于印台山，一里有半。

5 规划传承

5.1 桥陵气魄，目极还翠

为强化黄帝陵圣地感，确定"目之所极，还之以翠"的基本策略，划定不同的空间范围：

（1）依据在龙驭阁上环顾四周、目极所见，综合自然地理界限、上位规划保护范围等条件，确立黄帝陵国家文化公园范围，该范围包括了黄陵所依托的山水整体环境，面积约39km²。

（2）向外纳入保障黄帝陵国家文化公园的周边生态环境，确定山水格局保护区范围，面积约63km²。在国家文化公园和山水格局保护区内，采取减量还翠策略，尽可能减少建设，拆除现有不符合国家文化公园定位的建筑物，对有价值的要素进行保护提升。

（3）向内划定"陵－庙－城核心区"范围，明确桥山山脊和沮水围合的，包含黄帝陵、轩辕庙和黄陵古城在内的核心区，面积约4km²。该核心区是国家文化公园的主体部分，控制建设强度，引导建筑形态及风格，促进圣地感的形成。

在上述不同区域之中，采用"保护提升""形态管控""减量还翠"三种策略进行分区控制：①陵－庙－城核心区，以保护提升为主；②核心区以西的已规划建设，近期严格控制新的空间增量，既有建设以形态管控为主，远期除少量公共节点地区外，逐步拆除，还植绿林；③在其余的黄帝陵国家文化公园范围内，以减少建设量、提升生态绿化环境为主（图1）。

5.2 九州之势，中轴强化

清华大学团队规划方案揭示了黄帝陵核心地区的"九州之势"，并定量地确定了"陵－庙－邑"布置受制于一个格方1.5汉里的九宫体系，因此团队规划设计传承并强化这一个结构协调特征，尤其以古制模数控制陵轴上的新增节点布置——圣德丰功碑、黄陵坊和遥望台，完善空间格局，强化文化图示（图2）。

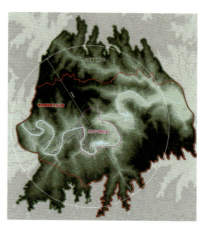

图1 黄帝陵国家文化公园规划范围

基于原有的"陵－庙－邑"整体格局，重新组织各部分功能，各司其职。陵区以展示黄帝文化为主，重点展示黄帝生平、功绩、桥陵历史等。庙区以展示祭祖文化为主，重点展示历代黄陵祭祀的历史、制度、物质遗存等。城区以展示古城文化为主，重点展示黄陵县城营建与发展历程，着重陵－城关系、山水格局、历史遗存、保护与利用等。

对核心区的交通也进行重新组织，将通过式交通移至沮水以南，使得轩辕大道西段成为真正意义上的谒陵大道，对道路断面进行调整，改为7m道路，以步行交通为主。同时，增加轩辕庙西侧门至丰功圣德碑的步行祭祀道，并使得上城东侧停车场与轩辕庙北门间的机动车道贯通。

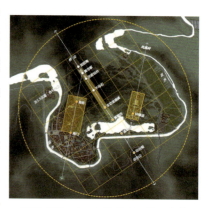

图2 "陵－庙－邑"核心区的九宫体系

图3 谒陵线路的组织优化

图4 谒陵大道的现状（上）与提升方案（下）

5.3 谒陵之道，三段渐进

对现有谒陵线路进行重新组织，分为游客谒陵线路和贵宾谒陵线路。以500~700m左右为一个行程单元，设置标志节点。考虑步行和车行的不同可能性组合，照顾不同人群的需求。合理组织谒陵去程和回程线路，尽量形成环线（图3）。

谒陵大道是祭拜黄帝陵空间序列的起始部分，对谒陵之道进行重新设计，营造谒拜黄帝陵的空间序列与圣地感。首先，设置东西两个入口区，西入口与下城东门直接联系，通过集结广场，分别指向具有显著视觉标志的龙驭阁、功德碑、轩辕庙的谒陵大道及位于其间的牌坊，营造空间序列，并通过东西向大道通向入口广场；东入口与210国道联系，通过东西向大道通向入口广场。其二，对现有印池前广场进行调整，突出主轴上遥望台的主要地位，减少硬质铺地部分，形成广场内的空间序列。其三，进入广场后，先遥望主轴，然后跨过印池，开始通过轩辕庙与功德碑怀思黄帝功德，最终祭拜黄帝陵。望、思、拜的空间序列渐次展开（图4）。

强化黄帝陵主轴，将主轴分为三个部分，赋予不同主题，分别为：望——山陵气势，思——黄帝功德，拜——人文初祖。"望"的部分增设水边的遥望台和位于印台山上的印台阁，提供人们自水边和山顶遥望黄帝桥陵的场所。"思"的部分增设位于水边的黄陵坊和位于山腰处的丰功圣德碑，使得人们追思黄帝的丰功圣德。"拜"的部分始于下马石，至汉武仙台、黄帝冢、龙驭阁，祭拜黄帝。

由于地形的特点，此三段可形成不同的视觉段：沮水以南遥望台可望至丰功圣德碑，丰功圣德碑可望至下马石，下马石可望至汉武仙台、龙驭阁，形成阶段性的视觉目标点（图5）。

在黄帝陵中轴海拔标高885~900m处，为槐树林台地，台地两肋深沟夹持，沟内柏木丛生。台地平均坡度约为15°，与印台山对望。于此处设置丰功圣德碑，缅怀黄帝之功德，颂扬先祖之业绩。同时，借助丰功圣德碑，整合现有主轴西侧907m标高的停车场和商业服务设施，将电瓶车停车与商业服务设施整合至功德碑下的室内空间，还绿林于现有大面积的露天停车场与临时建设，形成安静、肃穆的黄帝陵氛围。

丰功圣德碑设计采用对称式布局，以平台、踏步、碑、牌坊、台基等要素构成，控制体量规模，考虑与现有各景观要点之间的视觉关系，塑造尺度得体、秩序井然的纪念性与功能性复合空间。丰功圣德碑开始处设置人文初祖坊，结束处设置高山仰止坊，作为登山祭拜的起点（图6）。

5.4 千年城邑，重整而彰

延续千年的黄陵古城在其发展演变历程中，尽管建筑规模和体量在不断提升，但其古城的空间格局总体得以保存。在黄帝陵国家文化公园的规划建设中，应在减量思路下保护优化既有空间格局，并完善城市功能（图7）。

古城现状建筑面积57.6万 m^2，其中上城9.1万 m^2，下城26.5万 m^2，城外22.0万 m^2。规划后古城建筑面积40.1万 m^2，其中上城8.6万 m^2，下城26.5万 m^2，城外5万 m^2。建筑单体和组群的形态类别吸纳原有模式。考虑到在黄帝陵国家文化公园建设的背景下，古城主要承担旅游服务职能，通过游客和过夜游客数量的测算，古城规划后的空间规模可以满足2030年旅游接待的要求。

在建筑风格上，依据现有地区的发展特征，建议分区进行风格引导。核心区庙轴上的汉式建筑已经形成基本格局，因此核心区陵轴上的新增建筑物、构筑物宜延续现有的汉式建筑风格。上城地区保留有关中民居和陕北窑洞的典型传统建筑，街巷形态格局尚存。应整体保护原有街巷格局，积极保护修复传统建筑，采用有机更新的策略，新建建筑延续关中民居或窑洞风格。下城地区及核心区以外的新增建筑可采用新中式建筑风格。建筑高度以2~4层为主，黄墙黛瓦，营造整体环境。

总之，在规划设计方案中，通过在山水格局上的"桥陵气魄、目极还翠"和"斗为帝车，七曜临沮"来维护桥山沮水环抱的整体存在；通过在城庙关系上的"九州之势、左庙右城"重塑陵-庙-邑一体的空间格局；通过"谒陵之道、三段渐进"和"培根守魂、枢轴中亘"厘清谒陵线路组织，营造庄重的祭祀氛围；通过"千年城邑、重振而彰"提升古城空间特色。上述策略致力于将国家高度、历史厚度和情感深度融合一体，提升圣地感。

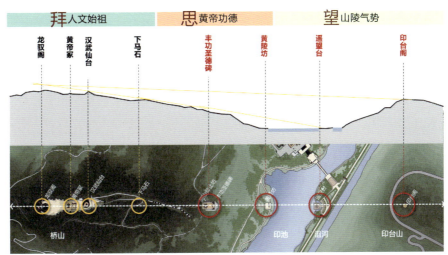

图 5 黄陵主轴的"望-思-拜"三分而成

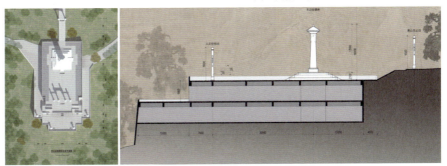

图 6 丰功圣德碑综合体设计示意

图 7 黄陵古城的演变与规划设计方案

基于"陵邑共生"视角下的坊州古城空间规划策略

文 _ 上海同济城市规划设计研究院：马思思、郑耀

【摘　要】

黄帝陵是"中华文明的精神标识"，为了更好地传承与保护这一重要文化遗产，开展了黄帝陵国家文化公园规划设计工作。坊州古城是黄帝陵文化遗产的重要组成部分，本文基于共生视角，思考遗产保护是为了谁？坊州古城在新时代的"陵""邑"关系中承担什么职能？从复兴历史文化的高度看待黄帝陵的保护与坊州古城的发展，深度解析"陵"与"邑"的历史演变关系，重新认知坊州古城作为"活"的历史记忆载体的时代价值；同时引入"陵邑共生"概念，思考如何建立新的"陵邑共生"关系，提出"以境化邑、以陵养邑、以文塑邑"的规划策略，重新梳理"陵邑"秩序，重塑古城格局、活化古城文脉，实现陵、邑、境共生的场所精神，为黄帝陵区域未来保护与发展提供思路与技术参考。

【关键词】

黄帝陵；坊州古城；陵邑共生；空间规划策略

1 背景综述

1.1 黄帝陵是"中华文明的精神标识"

黄帝陵，位于陕西黄陵县桥山之巅，是中华民族人文始祖轩辕黄帝的陵寝，是海内外炎黄子孙祭祖和谒陵的场所，更是我国重要的历史文化遗产。千百年来黄帝陵受华夏儿女的祭奠与崇拜，成为跨越时空，跨越意识形态，寄托全球华人情感的精神圣地。

2015年2月，习近平总书记在陕西视察时指出："黄帝陵是中华文明的精神标识。"黄帝陵对于弘扬中华民族悠久的历史文化，振奋民族精神，增

强民族凝聚力和民族大团结，发挥了深远且特殊的意义。为更好地保护黄帝陵这一民族瑰宝和文化遗产，守护、传承和弘扬好中华文明精神标识，《国家"十三五"时期文化发展改革规划纲要》和《陕西省"十三五"文化和旅游融合发展规划》明确提出规划建设黄帝陵国家文化公园，将黄帝陵打造成为坚定文化自信、振奋民族精神的载体和全球华人寻根祭祖唯一目的地，以黄帝陵为"中华文明的精神标识"，巩固和发展历史形成的伟大统一，进一步凝聚全国各族人民。

1.2 坊州古城是黄帝陵文化遗产的重要组成部分

文化遗产是关于文化传统、文化景观、价值观念的珍贵遗产，文化遗产并非仅仅是关乎过去，它也是当代人需要继续珍惜、传承学习的生动和光辉的历史、文化及文明；是历史发展的见证、是千百年悠久历史的载体、是一种精神文明的传承体，同时也是人类或民族历史研究的重要依据。

黄陵县（古称中部县）桥山西侧的千年古县城，史称"坊州"。依据文献史料考证，历史上古城包括上城与下城。如今，坊州上城基本保持历史格局的空间特征，现状下城原有历史格局在建设过程中被侵蚀而不复存在。通过对黄帝陵历史文献记载梳理得知：坊州古城是世代黄帝陵"守陵人"的居住场所，在这里形成了较为完整且分工明确的陵邑规制。作为一种与历史并存的记忆空间载体，坊州古城记录着黄帝陵的历史变迁与古城历代"守陵人"的生命历程，是活着的黄帝陵史鉴"符号"；也是承载黄帝文化、承担当代人生活需求的重要场所。可见，坊州古城已经成为黄帝陵历史文化遗产不可分割的重要组成部分。

1.3 依陵而生的坊州古城发展之困

在历史发展过程中，以陵为核心的空间区域内，形成了因陵而生、以陵而聚的"陵邑一体（陵指黄帝陵、邑指坊州古城，下同）"空间形态。坊州古城成为黄帝陵的有机组成部分，至今古城相当一部分建筑、街区依然承担着与黄帝陵祭祀相关的功能，发挥其使用价值，融入了古城居民的日常生产生活。中华人民共和国成立后，随着城镇规模的扩张发展，其发展速度超出了资源环境的承载能力，破坏了黄帝陵原有场域的空间氛围，"陵邑"矛盾日益凸显，空间失序、城貌杂乱、意境残损等问题亟待解决（图1）。黄帝陵文化遗产的保护是为了赋予其历史完整性，在时间与空间中给予"自己"与后代原真的历史，在历史信息中找寻情感归属、凝聚民族认同。

图1 坊州古城现状照片
（同济团队现场拍摄）

回顾各个历史时段所编制的规划，其中针对坊州古城的规划内容基本都未予以实施。究其原因，是未能结合时代需求对"陵邑一体"的特殊关系进行更为理性的剖析，传统蓝图式规划无法将深层次的文化、社会、经济矛盾予以化解。古城虽名为古城，却实为"碎片式的历史地段"，其多数建筑产权及使用权都在居民手中，没有完善、可行的保护机制介入，古城保护与发展十分困难。今天，黄帝陵与坊州古城面临"前所未有的重视"和"前所未有的冲击"并存的局面，如何在新的时代背景下平衡古城"新"与"旧"、"古"与"今"，找寻"陵邑"新秩序，成为黄帝陵塑造"中华文明精神标识"的重要课题。

2 黄帝陵与坊州古城关系的历史演变

2.1 因陵成邑，邑守帝陵，陵邑相系

《史记·五帝本纪》载："黄帝崩，葬桥山。"《史记·孝武本纪》载："（汉武帝）北巡朔方，勒兵十余万。还，祭黄帝冢桥山，泽兵须如。"由此可见，汉武帝时期以前祭祀黄帝行为就已存在，汉武帝时期祭祀黄帝的空间位于桥山黄帝陵冢。

《中部县志》载："唐武德二年，分鄜州的内部、鄜城二县置坊州（旧址今桥山镇上城)，改内部为中部县。"《册府元龟》载："唐大历五年，鄜坊节度使臧希让上言，坊州有轩辕黄帝陵，请置庙，四时享祭，列于祀典，从之。"坊州城建于何年尚无定论，但可以明确的是坊州城的建设与黄帝陵的守护和

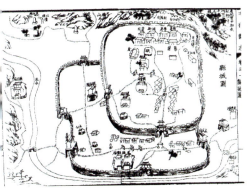

图 2 清嘉庆丁志中部县城图
(图片来源于《中部县志》)

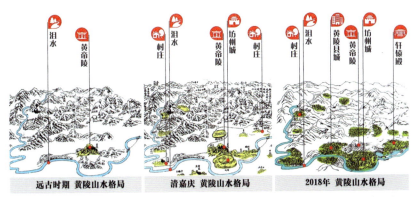

图 3 "陵邑"关系历史演变图
(同济团队以清嘉庆丁志中部县图为底图绘制)

祭祀密切相关。

《黄帝陵志》载:"唐代宗时重新于黄帝陵建轩辕庙,遂成后代历朝祭祀黄帝的场所。宋开宝五年(972年),宋太祖赵匡胤降旨,修葺功德昭著的前代帝王祠庙,'坊州黄帝庙,即其一也'(见轩辕庙内碑廊,宋·李昉《黄帝庙碑序》)。但因旧有黄帝庙地势狭隘,不便于尊崇,同时也为避水患,遂将黄帝庙由原来的桥山西麓迁至迁桥山东麓(即保生宫、黄帝手植柏处)。"由此表明,黄帝庙(又称轩辕庙)为避水患而迁桥山东麓,其迁移之前是位于桥山西麓坊州城一侧。此时的坊州城是祭祀黄帝的重要场所,承担保护黄帝陵的职责,亦承担黄帝陵祭祀的配套服务功能。

依据史料文献的分析总结:坊州古城的建设与黄帝陵的守护和祭祀密切相关;坊州城守护黄帝陵的职能逐渐强化,并在唐代以后上升至国家层面的高度;在相当长的一段时期内,坊州城是祭祀黄帝的重要场所,是黄帝陵的配套服务基地;可以说经过几千年的发展演变,坊州城与黄帝陵已经密不可分,成为黄帝陵历史文化遗产不可分割的重要组成部分。

2.2 "陵""邑"现状矛盾

清嘉庆时期,坊州城(中部县城)在空间上尚未跨过沮河,主要集中在今上城与下城区域(图2)。民国以后,随着人口的聚集,用地规模逐渐增长。

至最近几十年，在城镇化浪潮的推动下，县城建设迅速向东、南、西三面扩展，至 2017 年县城建设用地规模达到约 4.5km²，是清嘉庆时期县城规模的 10 倍左右。在人口规模和用地规模的爆炸式发展下，"陵""邑"矛盾日渐加剧。

2.3 "陵""邑"失序

据《黄陵县志》及相关历史资料记载，"陵""邑"空间关系以中华人民共和国成立前时间节点可以划分为两个阶段：第一阶段是从黄帝葬桥山到中华人民共和国成立以前，这个阶段坊州古城最开始为黄帝陵"守陵人"的居住场所，后逐渐发展演变为祭祀黄帝的重要路径、黄帝陵的祭祀服务基地，相当长一段时间内其还是州及县府所在地，具有"邑"的基本职能，这个阶段"陵邑"形成了以历史功能主导的朴素的共生关系；第二阶段是中华人民共和国成立以后，坊州古城承担黄陵县政治、经济、文化中心、旅游服务基地的职能，在规模上逐渐由坊州古城"邑"的规模发展为今天黄陵县城"城"的规模。城市建设的无序扩张，导致由坊州古城发展而成的黄陵县城在空间规模上占据了主导地位，侵占了原有的山水空间，打破了原有的"山水陵邑"和谐的空间格局（图 3）。

2.3.1 城貌杂乱

城镇发展的主要特征之一是城市用地的扩张，土地扩张带来耕地和山体林地等自然资源被不断侵蚀，黄帝陵生态环境被严重破坏，作为重要历史空间要素的古河道沮河也因为建设的无序而尺度失衡，水质污染，桥山山体残破，原有的历史圣地意境残损失势。

伴随百姓对现代人居空间的需求扩张，而古城老旧住所空间狭小，居住条件差，不能够满足现代生活方式的需求，古城建设疏于管理，导致扩建建筑选址不当，乱搭乱建现象严重。由于缺乏对原来古城整体风貌的认知和传统房屋建造技艺的传承，新建建筑多为简易化的建造方式，与原来建筑的风格、形态、色彩、体量相差较大，使得整体空间的风貌杂乱无序。

2.3.2 意境残损

《整修黄帝陵规划设计大纲》中指出:"黄帝陵应具有雄伟、肃穆、庄严、古朴的气氛和'圣地'感。"圣地环境的塑造是个系统规划,包括山、水、陵、城的空间关系,必须尊重自然与历史地理特征,保护风水形制和风水格局要素的完整性。当人们进入这个空间范围,便能感受到强烈的圣地环境氛围和空间意境。"陵""邑"失序、山水生态环境破坏使得黄帝陵圣地意境残损,导致陵与城均不能充分传递这种圣地环境氛围和空间意境,也不能使进入这个空间中的人充分感受到场所精神所带来的空间感知。

2.4 "陵""邑"关系的现状思考

2.4.1 圣地感营造与古城生存发展之矛盾

何谓圣地,明王守仁《谏迎佛疏》曰:"一尘不动,弹指之间可以立跻圣地",谓之神圣的境界。可见圣地,必是人心之向往,感知神圣的地域。具有"圣地感"的空间一定是纯粹疏简、秩序分明、环境自然的空间,而如今疏于控制管理的古城扩张式建设的侵蚀,使得圣地意境被破坏,一面是黄帝陵圣地环境的牺牲,一面是古城民生发展的生存需求,使得"陵""邑"矛盾变得复杂。

2.4.2 "陵""邑"职能矛盾是核心

黄帝陵与坊州古城的关系最开始是相互依存、互相补充,形成了"陵邑一体"的共生关系。直到最近几十年,城市建设的无序扩张建设打破了这种和谐共生的关系,造成了一定的职能矛盾。发展与保护从来都不是矛盾对立的,找其"病因"才能科学、理性地对待空间本身。

"陵"与"邑"的关系是一对对立统一的矛盾体,只有确立它们之间的利益耦合点,寻找"陵""邑"共生关系的构建,重新修正空间主次及职能定位,才有利于从本质上解决问题。需要明确的是,坊州古城是鲜活的历史记忆载体,是具有参与感的文化遗产场所,是黄帝陵历史文化遗产、黄帝文化完整性的重要符号;坊州古城保护的重要性是对待历史原真性的理性态度,其空间规划的探索需要站位历史人文与未来发展相融并蓄的认知高度，明确其功能定位的准确性，展现历史厚度、升华空间环境，承载丰富的文化内涵，使其成为活态遗产文化的重要表征。

3 黄帝陵与坊州古城关系的时代认知

3.1 黄帝陵价值内涵的时代认知

黄帝时代结束了混沌蛮荒，开启了中华民族物质文明与精神文明的先河，中华民族经过长期融合而形成，这其中一个重要原因就是中华民族有一个共同的始祖——黄帝。经过几千年的历史沧桑，黄帝陵已成为中华文化源远流长的文化符号，成为中华民族生生不息的民族象征，成为凝聚海内外炎黄子孙的精神纽带。其包含的价值内涵、遗产本体及环境，可以划分为有形和无形两个层次，有形是本体存在和历史环境的综合，无形是有形存在的依据和意义，有形是无形存在必不可少的载体，二者是相辅相成的统一体。因而，黄帝陵不仅是海内外华夏儿女祭祀的场所，而且是中华民族的共有精神家园。今天我们纪念黄帝，传承黄帝文化，弘扬黄帝精神，有利于增强民族凝聚力，有利于加强中华文明文化自信，有利于实现中华民族伟大复兴。因而，黄帝陵区域的空间研究及规划是跨越历史与未来对话的重要举措，是对中华民族精神家园的重要建构。

3.2 坊州古城在新时期的发展思考

在历史脉络中，坊州古城已经发展成为黄帝陵的重要组成部分，是黄帝陵文化遗产的活态资源。所以，今天我们从空间上理解的黄帝陵，不再是狭义理解的黄帝陵冢，而是包含了黄帝陵冢、黄帝庙、桥山、沮水、坊州古城的空间系统。新时期，传承黄帝文化、彰显文化自信，传递场所精神与民族认同所赋予黄帝陵的历史使命需要坊州古城作为标识符号及空间载体予以体

图4 黄帝陵空间环境营造意境图
（同济团队绘）

现。坊州古城是历史文脉的重要节点，是圣地环境的重要节点，是谒陵秩序的重要节点。坊州古城的更新营造是历史文脉延续，坊州古城的空间塑造是对黄帝陵历史完整性的补充，古城的更新与利用是黄帝文化的活态发展，也是对古城居民向往美好生活权利的尊重（图4）。

新时期的坊州古城是过去时代人们生产和生活的产物，它是一个地理场所，更是物质空间、精神空间的统一体。如果说从历史演进的角度看，坊州古城是历史所给的文化馈赠，那么，古城的新生就是时代提出的发展任务。在协调"陵""邑"关系合理发展的过程中，首先要明确黄帝陵与坊州古城的不可分割性，其次再确立新的"陵""邑"职能定位，最后要从继承与发扬历史文化的高度去赋予古城新生。

4 黄帝陵与坊州古城共生关系探讨

4.1 共生关系的相关概述

共生关系源于生物学界的提出，由共生单元、共生模式和共生环境构成共生的基本要素。其中，共生模式也称共生关系，其内涵是指两种或两种以上的生物个体之间因生存需要而必须建立起相互依存的关系，个体与个体之间互相依赖，并且能够形成互利的存在模式。日本建筑师黑川纪章将共生理论引入建筑、城市设计和规划领域，并结合传统文化与现代文化的思考，形成建筑与环境共生、历史与现在共生、内部与外部共生、部分与整体共生、不同文化共生的五大认知的共生思想。本文将借助共生概念，重新界定黄帝陵与坊州古城的共生关系。

4.2 "陵邑共生"关系的建立

"陵邑共生"基于对共生理论的理解，归纳为黄帝陵与坊州古城二者在多个层面的共存、共融、共进的可持续共生关系，下面将从空间组成、功能互补、文化传承三个角度去理解新的"陵邑共生"关系的建立。

4.2.1 历史遗产主址区与陵邑礼制配套区的共生关系

黄帝陵与坊州古城在"陵邑"礼制格局下形成了历史功能的共生关系，"陵"与"邑"在地位上虽有主次之分，但"陵"与"邑"缺一不可，二者共同构成"陵邑共生"区，共同分享黄帝陵文化内涵，共同承载新时期历史使命，共同推动"陵邑"区提升发展，这是新的"陵邑共生"关系建立的前提。

坊州古城自建立便在"陵邑"区域中占据了重要历史地位，被赋予了独特的历史属性和文化底蕴。坊州古城作为黄帝陵文化遗产的重要组成，共享了黄帝陵的历史信息和文化内涵，是集体的历史记忆场所；作为承载黄帝陵新时期历史使命的重要空间载体，人们可以持续地从坊州古城中发现、学习、汲取经验，为当代和后代提供源源不断的精神养分以及谒陵需求的空间服务。

从空间组成的角度上来理解，坊州古城具有不可或缺性，其自身的发展提升也必须遵从"陵邑共生"格局。坊州古城自身的文化脉络、城镇格局、空间序列、业态构成都需要基于"陵邑共生"关系而确定。

4.2.2　旅游驱动与旅游服务的共生关系

黄帝陵的配套服务需要坊州古城来支撑，坊州古城的发展提升需要黄帝陵的旅游带动，这是"陵邑共生"关系建立的关键。

历史上坊州古城的角色是黄帝陵守护者、黄帝陵祭祀服务者，坊州古城与黄帝陵形成了一种功能互补的共生关系。今天二者之间的这种功能互补关系已经不复存在，黄帝陵守护者不再是坊州古城，取而代之的是黄帝陵文化园区管理委员会，坊州古城也不再具备服务黄帝陵的功能。旧的功能关系已经被打破，新的功能关系急需建立。

黄帝陵提供的旅游驱动力能够为区域发展提供良好的产业吸引力及配套服务的需求，能促进坊州古城发展提升，坊州古城的发展提升能更好地服务黄帝陵的文化旅游，在功能上"陵"与"邑"形成一种良性互动关系，即"陵邑共生"新的功能互补关系。

4.2.3　文化源泉与活态传承的共生关系

黄帝陵文化遗产蕴含的历史信息和文化底蕴，需要被挖掘和深化发展，为文化产业发展提供持续、新鲜的动力源泉，黄帝文化的活态与传承则需要借助坊州古城来完成，这是"陵邑共生"关系建立的重点。

国内许多古城、古镇的一般路径是基于建设景区的目标，通过政府投资、融资的途径，建设起商业化管理经营的旅游区，这种古城、古镇的开发模式或多或少都出现了文化断裂、商业过度等问题。坊州古城的发展提升不能离开古城原住居民的参与，只有"人"才能将文化传承与发扬。黄帝文化的传承与发扬必定要与人们实际的生产与生活相结合，才有持久的生命力。其特殊的历史价值也决定了坊州古城不同于一般的古城、古镇，古城发展提升的过程是古城功能转变的过程，也是古城居民角色转变的过程。古城居民角色从原住居民的角色转变为黄帝陵旅游服务从业者、黄帝文化的传承与发扬者。在此过程中，古城居民能获益，黄帝文化得以活态传承，古城因文化的活态演绎能够更进一步发展提升，形成一种文化上的良性互动关系，使得古城具有自身发展的持续动力。

5 "陵邑共生"的规划策略

基于"陵邑共生"关系建立的三点思考,提出针对坊州古城的规划策略。

5.1 策略一:"以境化邑"

5.1.1 遵从山水格局,"藏"古城于桥山之中

古城选址营建,融入了自然山水要素,体现了中国人民的智慧。规划通过古城尺度修正、园林营造、视景修复的方式,将古城"藏"于桥山山脉,和谐"陵"与"邑"空间尺度的主次关系。

5.1.2 遵从历史脉络,界定古城边界,梳理古城格局,复原历史点位

查阅历史文献资料考证,尊重历史原真性,以清坊州城古图为依据,确定坊州上城为坊州古城空间保护边界,复原西门、南门、龙门庙、关帝庙、书院等重要历史点位,复原祭祀路径等空间通道,延续历史空间格局,打造古城印象、留住历史记忆。

5.1.3 遵从圣地起伏变化的空间序列,营造古城空间序列

从古代营城的轴线关系和后期城市建设的空间发展关系中可以明确地看到,古城轴线骨架的建立,以黄帝陵冢此点定轴,使轩辕街不仅是城市发展的主要轴线,也是望陵、谒陵的辅轴。遵从圣地序列的起伏变化,结合空间格局的规律,依山就势,以四个主要开放空间引导"起承转合"的空间心理变化,布局主题相合的标志空间,营造符合圣地环境的空间礼制序列与情感序列,烘托圣地氛围。

5.2 策略二:"以陵养邑"

所谓"以陵养邑",其核心在于,古城必须以陵为核心,其功能植入建立在黄帝陵旅游服务的基础上,古城功能业态的具体规划布局需要注意三个匹配性问题。

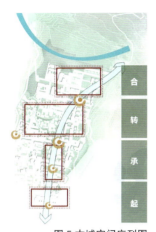

图 5 古城空间序列图
（同济团队绘）

图 6 历史资源点空间分布图及复原图
（同济团队绘）

5.2.1 功能业态与地域特征的匹配性

从黄陵县地域特征出发，植入具有地域特征的旅游服务功能，提高业态与地域的匹配度。古城的台塬地形为其地域特征的塑造奠定了基础，规划利用原有地形高低错落的特色，形成由台阶、坡道组成的起伏有致的多层次空间，营造地域性台地空间。契合黄帝陵旅游服务和祭祀需求，依托黄陵县地域性的民俗习惯、地域性特产、地域性商品，针对性导入具有地域匹配性的功能业态和产品。

5.2.2 功能业态与古城空间特征的匹配性

从坊州古城内部空间特征出发，植入能与街巷院落空间相匹配的功能业态，提高业态与空间的匹配度。历史史料记载，宋以前，黄帝陵谒陵路线为从西侧城门进入，再从北门"拱辰"出城，先祭庙，再祭陵冢；宋以后，从西门而入，沿文渊街串城而过，从东门出城，先祭坛、再祭庙，后沿陵东小路祭陵冢。因此，坊州古城是具备历史原真性的祭祀游线空间。依托黄帝陵，重新梳理进入圣地空间的谒陵路径，将古城作为祭祀路线的辅助性补充，利用文化优势为黄帝陵祭祀提供配套服务，为游客营造谒陵服务。植入的与祭祀相关的业态及旅游服务功能，要结合古城空间序列，结合具体的每条街巷、每个院落空间的特征来布局。简言之就是，在具体的空间序列点位，依据具体的旅游服务需求，设置相对应的旅游服务功能或业态，放置在最适宜的街巷或院落中（图 5）。

5.2.3 功能业态与居民及游客需求的匹配性

从居民与游客的功能需求出发，完善古城公共设施、旅游服务设施，提高业态与需求的匹配度。游客与居民不仅只有旅游服务商业交易，还有旅居共融、文化认同的空间交流。居民与游客在功能业态的需求上有许多共同性，在商业设施布局、开放空间设计等方面都要兼顾古城居民与游客的需求，塑造游客有认同感、居民有归属感的古城空间环境（图 6）。

5.3 策略三:"以文塑邑"

5.3.1 空间"界"定,虚实有度,点面相合

《黄陵县志》载:"知县卫汝霖奉檄筑城三百一十丈,外环砖堵,分布敌台,构五门……"城墙是反映城市历史形态的最重要的场域边界,也是界定空间界面,体现城市空间特征的重要载体。以城墙、城门、植物等重新界定坊州古城界面,恢复古城"边界",能够在重现古城记忆的同时修复古城的历史空间(图7)。

5.3.2 "台"塬地貌,层次分明,景台跌落

景观是自然文化的载体,也是古城生态环境中的重要组成部分,同时与城市人文景观风貌共同作用、相互融合形成了坊州古城独特的景观风貌,因此恢复和保护古城自然元素具有重要的意义。

坊州古城所处的黄陵县以黄土塬、沟壑、丘陵的地貌特征为主,层次分明的现状地形是坊州古城特有的"背景",依据现状地形条件,以绿带、台阶、坡道、堡坎等要素,系统化布局,改善古城散乱的布局面貌,强化地形特征的特色。通过建筑轮廓线的有效控制,形成滨河的良好天际线:前景——以植物覆盖的台地自然景观,中景——1~2层的群组建筑,背景——为黄帝陵所在的桥山,形成虚实有致、高低错落的景观视觉效果。利用这种地形高低错落的特色,形成由台阶、坡道组成的起伏有致的多层次空间,以地形之势顺应山水格局,借台塬错落空间,营造复合功能的台地空间,构建区域微绿地生态空间与邻里交流休憩空间。强化节点空间,并在其节点空间构建与环境匹配的祭祀体验服务,强化场所精神的同时,达到祭祀活动的仪式感,做到"礼制有序"(图8)。

5.3.3 景院点缀,理街成脉,梳"巷"成网

现状路网以轩辕街为脊,街区的街道系统呈鱼骨状。采用"链接"手法,梳理古城街巷体系,结合圣地环境营造的意境,将轩辕街的行车功能剥离,

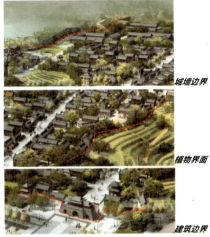

图 7 坊州古城"界面"分布图
(同济团队绘)

图 8 坊州古城台地现状图
(同济团队绘)

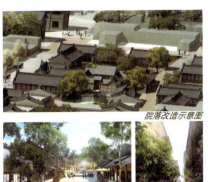

图 9 坊州古城街、巷、院规划分布图及节点效果图
(同济团队绘)

梳理现状有行车条件的公孙路及东部巷道形成消防环线。古城以步行为主，倡导慢行，节假日车行限时通行。停车场作为居民的活动空间，能够实现空间的多样化利用。

依据历史街巷格局，梳理能够形成特色的体验路径。将古城区别于其他古城古镇，坚守"陵""邑"共生的圣地原则，结合祭祀功能、古城与谒陵匹配的定位及与黄帝文化相关的业态形式，避免过度旅游商业化的注入，纯化古城的场所精神。打造若干院落，形成点、线、面相结合的网络系统。利用地域乡土材料，结合生态化技术，丰富巷道街面的肌理变化，提升古城面貌品质，营造舒适宜人的街巷环境（图9）。

针对破旧建筑利用拆后原材料进行原址新建，建筑风格差距较大的建筑进行立面改造，保留的历史建筑和院落进行修缮使其继续使用，进而保证沿街立面的整体协调性和完整性；对散布的院落进行修复，以保证院落的持续使用，借鉴史料文献记载，探寻与黄帝文化及古城相关的文化符号，将其融入建筑细部的处理中。

5.4　坊州古城控制引导要求

黄帝陵遗产保护是一个空间上从大到小、在层次上由上至下的层层叠加的逻辑结构，黄帝陵与坊州古城具有空间层级的关联性，因此古城的建设必须纳入黄帝陵保护体系进行整体管控。通过共生策略的系统分析，形成表格化的管控指标表和图示化的地块控制引导图则，达到精细管控的目的，有利于坊州古城的建设实施。

在保护的前提下，兼顾"形"与"势"的管控。核心管控思路为"建筑隐于绿色之内、建筑不高于树、场地不大于树冠"。具体管控要求见表1。

保护管控的意义不在于管控古城能不能建什么，而在于如何因地制宜地去研究具体的管控措施，让保护能够通过具体措施得以在空间上落实。

6 结语

黄帝陵是构成中华民族生命力的重要渊源，更是中国文化强大凝聚力的基础，作为"中华文明的精神标识"，黄帝陵文化遗产的保护研究是一项复杂而富有历史使命感的任务。坊州古城的发展需要尊重历史发展脉络，升级空间认知观念、创新空间策略，以更为理性与自然化的理念协调"陵邑"关系。采取从"陵邑共生"视角出发的保护方式，不仅是基于民族历史记忆的完整性，顺应国家层面所倡导的社会发展战略、尊重文化遗产属性价值的必然要求，也是尊重古城居民乡居权利，破解黄帝陵"陵""邑"关系困局、促进"遗产保护—城市发展—民生改善"多赢并举的现实路径，建立新时代的"陵邑共生"关系，为黄帝陵文化遗产的保护与活化提供多元思考与参考。

坊州古城建设管控指标　　　　　　　　　　　　　　　　　　　　　　表1

控制类别		管控要求
"街区"尺度控制		单个"街区"尺度不超过 0.5hm²，且单个"街区"最大长边不超过 100m。 注：本文中"街区"指公共性城市道路、街巷、开放式绿地或广场围合而成的城市用地集合
地块指标控制	容积率	不超过 1.0
	建筑密度	不大于 45%
	绿地率	不小于 45%
	建筑高度	不超过 9m
建筑控制	建筑风貌	建筑整体风貌与黄帝陵及周边环境相协调，立面构件及符号应吸取本地传统要素。鼓励采用新型建筑材料及现代设计手法，但需延续传统建筑材料的肌理及质感
	建筑材质	建筑色彩整体色调在与黄帝陵及周边环境相协调的基础上，局部可增加色彩变化
	建筑屋顶	采用坡屋顶或生态绿色屋顶
	单个建筑控制	单个建筑基地面积不超过 500m²
环境控制	场地控制	新建场地单个规模不得超过 500m²； 现状超过 500m² 场地应按 500m² 规模为上限进行缩减与分割； 新建及现状改造的场地绿地率不低于 50%； 透水材质；色彩不可突兀
	绿化控制	保护现有植物；新种植植物以乔木为主；植物种植方式宜与自然相融合，防止过度人工化

参考文献

[1] （民国）余正东，修.民国三十三年黄陵县志校注[M].何炳武，等校注.西安：陕西人民出版社，2009.
[2] 黄陵县志编撰委员会.黄陵县志[M].西安：西安地图出版社，1995.
[3] 陕西地方志编纂委员会.陕西省志－黄帝陵志[M].西安：陕西人民出版社，2005.
[4] 周俭.黄帝陵国家文化公园规划思路访谈记录[Z]，2018.
[5] 周俭.城市遗产及其保护体系研究——关于上海历史文化名城保护规划若干问题的思辨[J].上海城市规划，2016(3).
[6] 刘淑虎，任云英.黄帝陵国家风景名胜区"城"、"区"关系研究[J].华中建筑，2010，28(9):119-121.
[7] 张岂之.中华文明的会通精神[J].文明，2012(5):8-9.

中国历代帝王陵总体布局特征与发展演变浅析

文 _ 东南大学城市规划设计研究院：张麒 段进 王方亮

【摘 要】

黄帝陵，作为中华民族始祖轩辕黄帝的陵寝，有"华夏第一陵"之称。唐宋以降，历代对于黄帝陵屡有重修。这使得今天的黄帝陵积淀了大量不同时代帝王陵制度的文化信息，因此，本文通过对历代帝王陵总体布局规划的特征及其发展演变进行系统的归纳与总结，力求为黄帝陵深厚的传统营陵文化溯到源，找到根，进而为黄帝陵的规划设计找到历史和现实的结合点。

【关键词】

帝王陵；总体布局；演变

1 研究的对象

"帝王陵"是对中国古代帝王墓葬的专门称谓，它们是中国传统礼乐文明的重要物化表现形式。对中国古代帝王陵制度的研究主要包括两方面的内容：一是研究地面陵园制度，包括陵墓结构、祭祀建筑使用的制度以及与之相关的陵园总体布局规划、祔葬墓和陪葬墓布列制度等；二是研究地下埋葬制度，如棺椁制度、玄宫制度以及葬式和殉葬、祔葬之制等。其中，地面陵园制度中与陵园总体布局相关的内容是本次研究的主要对象。

2 中国古代帝王陵墓的分期

迄今为止，能够成为考古挖掘所证实的年代最早的中国帝王陵墓，是位于河南安阳侯家庄一带的殷商晚期的商帝王陵和商王族墓。这也是目前中国古代帝王陵寝制度研究年代的上限。

从商代晚期到清代，中国古帝王陵墓的发展过程，大致可以分为七期：第一期，发展起源时期——商至东周中期；第二期，初步形成时期——东周晚期到秦代；第三期，发展和完善时期——两汉；第四期，衰微到逐步复兴时期——三国至隋代；第五期，新的发展时期——唐代；第六期，停滞时期——五代至元代；第七期，全新发展和集大成时期——明清[1]。

3 历代帝王陵的总体布局特征

3.1 商代帝王陵的总体布局特征

到目前为止，已经知道的商代早、中期之王陵极少，因此对其形制难以作判断，但自20世纪30年代以来，以甲骨文的发现和初步释读为契机，在河南安阳发掘了多座晚商殷墟大墓，由此逐渐揭示出商帝王陵的诸多面貌特征。

（1）建立了土圹木椁墓葬制式。

商代墓穴普遍采用土圹木椁方式，且以墓道之多少表现墓葬的等级，其中，四出墓道的形制为周、秦、汉三代帝王陵所沿用（图1）。

（2）墓上没有封土，但部分墓有同时期建筑。

商代帝王陵墓葬均以夯土回填墓圹，但上面不起坟，在某些墓上的墓口之上有同期建筑遗迹。以妇好墓为例，妇好墓上的建筑遗址刚好落在墓室之上，而且没有损坏墓圹填土，表明它与地下墓葬的直接关联，对于这一建筑的功用，研究者普遍认为是祭祀所用[2]。这一做法对后世帝王陵的祭殿与享堂制度，产生了重要影响。

（3）帝王陵位置集中。

在安阳发现的帝王陵区中，大部分墓葬均位于西端，但各墓排列过于紧密，各墓的位置关系也似乎未依从一定的顺序与规律（图2），致使若干后来的墓葬之墓道打破前葬者的现象，这至少说明当时的帝王陵在总体布局上，还未形成成熟的制度。

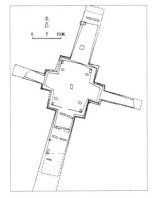

图1 安阳侯家庄商代大墓
（引自北京大学历史系考古教研室《商周考古》，1979年）

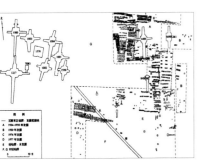

图2 河南安阳殷墟西北冈王陵区大墓及祭祀坑平面布局
（引自中国社科院考古研究所《中国考古学·夏商卷》，2003年）

3.2 东周战国时期帝王陵的总体布局特征

据北魏郦道元《水经注》记载，在洛阳西南有周灵王陵和周"三王陵"，历年来的考古调查与勘探显示，洛阳东周王陵分为王城、金村（成周）、周山三个区域[3]。中华人民共和国成立后，又发掘了一部分东周战国时期诸侯墓，这些墓葬在结构与总体布局方面主要特点如下：

（1）形成封土之制。

西周早期墓尚无封土，中国古代真正意义上的封土墓大量出现的时间是在春秋晚期，到战国时期，各国王陵竞相堆筑封土，有些封土十分高大，有如山状（图3）。此外，在封土之上，多数还建有享堂。

（2）出现宏大的陵园建筑。

根据战国中山王陵出土的《兆域图》（图4），封土之上建有五堂，其中王堂和后堂应为44m见方的建筑，两侧夫人堂各33m见方，规模都非常宏大。此外，内陵垣以北，还辟有四宫，各22m见方[4]。

图3 河北邯郸赵王陵4号墓与5号墓

（图片来源于 http://blog.sina.com.cn/s/blog_b3cf2c370102y6tc.html）

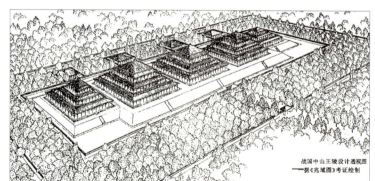

图4 依《兆域图》复原的中山王墓鸟瞰图摹本

（引自《考古学报》1980年第一期）

图5 陕西凤翔雍城秦公陵园分布图

（引自《文物》2014年第6期）

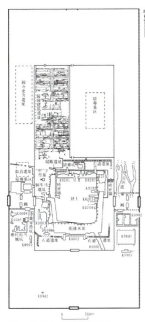

图6 秦始皇帝陵平面图
（引自《考古》2012年第六期）

(3) 陵城模仿都城布局，在陵墓之外周以陵垣。

战国中山王陵即有"宫垣"三道，秦公大墓则以内、中、外三道壕沟划分陵区范围及内外（图5），称之为"隍（亦作隉）"[5]。这种模仿都城布局的做法，为秦、汉、唐、宋所沿袭。

3.3 秦始皇陵的总体布局特征

秦王朝帝王陵的典型范例，非骊山秦始皇陵莫属，此陵不但规模宏大，而且还创造了我国古代帝王陵墓的新格局和新形制，影响深远。

(1) 辉煌巨构。

秦始皇陵前后建造37年以上，封土边长350m，残高76m，为历史之最（图6）。已发掘的兵马坑和铜车马坑，就其宏巨规模与精巧程度而言，在已知的历代帝王陵中，也是尚无出其右者。

(2) 正交陵轴，以西为尊。

秦始皇陵的陵区平面虽然沿袭了早期秦国陵墓南北长、东西短的矩形形态，但主要部分则采用正方形，并与方形覆斗状封土共同位于南北向与东西向相互正交的两条轴线之上（图7）。其中，秦始皇陵主轴线为东西向，主要陵门位于东侧[6]，陵园整个朝向东方，把建置陵寝的长方形小城筑在陵园的西部，体现了古人"以西为尊"的观念[7]。南北轴线则基本与南北子午线重合，向南直指骊山最高峰望峰（图8），在视觉和精神层面上将陵园与自然连为一体[8]。这是商周以来未曾出现的新型陵制，对以后的汉、唐、宋诸代陵制影响至大。

图7 陕西西安临潼区秦始皇陵航拍

（图片来源于 http://baike.zhenren.com/yl-73916.html）

图8 从秦始皇帝陵南门看望峰

（引自《文博》2013年第五期）

（3）双重陵垣。

秦始皇陵摒弃了早期秦国陵墓以"隍"定界的传统做法，而是采用了战国某些王陵"模仿都城，周以三道陵垣"的形式，但陵垣的数量则由三道减少为两道，这也对以后的唐、宋诸代陵制影响至大。

3.4 汉代帝王陵的总体布局特征

汉代皇陵因袭秦制，崇尚厚葬，但在制度上与秦相比有所简省，也有所变化发展。

（1）沿袭封土象山之制。

西汉诸陵的封土沿袭前代的覆斗状，平面为长方形或正方形，而东汉帝王陵的封土则由方形覆斗改为圆形半球状，冢体规模和相应的土方量均远远小于西汉各陵。

（2）选址于高旷平地之上，陵城模仿长安制度而规划营造。

根据考古勘探，西汉皇陵分布在渭水北岸的咸阳原和长安城东南的白鹿原和少陵原上[①]，都是高爽平原之地（图9）。另外，汉代帝王陵的布局模仿长安制度，以陵体为中心，方形城垣环绕，四面开门，主入口在东，延续了古人"以西为尊"的观念，汉初皇陵只有一重城垣，最迟从景帝陵开始，皇陵出现外城建置（图10）。

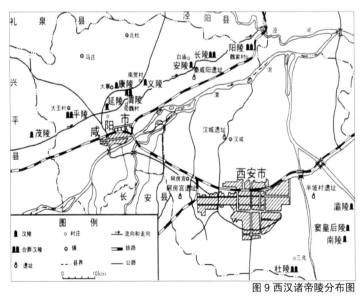

图9 西汉诸帝陵分布图

（引自《考古与文物》1980年第一期）

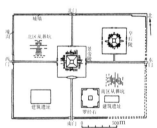

图10 汉景帝阳陵内外城平面图

（引自《考古》2007年第十一期）

图11 汉长陵、长陵邑平面图

（引自刘庆柱等《西汉十一陵》，1987年）

（3）汉初诸陵均设置陵邑。

陵邑是建在帝王陵旁边，附属于帝王陵的县级行政单位（图11），陵邑的设立与中央政府控制六国旧贵族的政策密切相关[9]。因此，各个陵邑内的居民，大多是皇亲、权臣或豪富之家。陵邑外均构筑城墙，内辟市肆、坊里，西汉帝王陵的陵邑制度，终于中世之景帝。

（4）东汉帝王陵前可能已经出现了石像生等神道石刻。

虽然汉代帝王陵神道建置目前尚缺乏考古调查和发掘资料（图12），但北魏郦道元在《水经注》中也明确提到汉光武帝陵前有石像生，此外，唐人《封氏闻见记》也说："秦汉以来，帝陵前有石麒麟、石辟邪、石象、石马之属"。综合相关文献记载分析，基本可以推断，最迟到东汉，汉代帝王陵墓前已经有象征仪仗的石像生。

（5）东汉帝王陵出现唐、宋"上、下宫之制"的萌芽。

根据《古今注》记载，除幼殇皇帝外，东汉明帝显节陵以下诸陵兼有石殿和寝殿，其中寝殿古而有之，以供奉墓冢起居，石殿则是东汉新出现的陵园设施，据推测是举行"上陵礼"的场所，这样的制度可能就是唐宋时期上、下宫之制的滥觞[1]。

3.5 南北朝帝王陵的总体布局特征

魏文帝曹丕推行薄葬，不封不树，墓葬地面不留任何痕迹，直至南北对峙稳定以后，南北朝的帝王陵才在仿汉制的基础上逐步恢复并发展，并形成各自的特色。

（1）南朝诸陵近山而葬，陵址的卜选开始注重风水环境。

东晋以后，堪舆之风大盛，南朝的皇帝对于墓地风水有一定程度的迷信，当时，一般认为背靠山峦，面对平川的"山冲"之地是上吉佳穴，这也导致了陵墓的朝向随山势而定，有朝南，也有朝东、朝西，甚至有朝北。另外，南朝帝王陵依山而葬，山势低有封土，山势高则没有封土[10]。

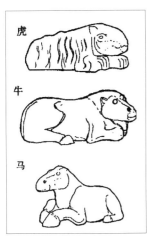

图12 西汉霍去病墓上石像生
（引自《中国美术全集·雕塑篇》）

（2）南朝帝王陵将陵前设神道的做法制度化。

南朝帝王陵前基本辟有很长的神道，自陵墓所在的岗阜顺山势直抵平地，神道两侧置望柱、天禄、辟邪等石像生（图13）。

（3）北朝帝王陵兼有汉文化与各自民族习俗的双重影响。

北朝帝王陵具有如下的基本特征：封土为陵，封土形态为底方上圆，陵前大多有祭祀的地面建筑及神道石刻，但石刻多见人、虎（图14），而不见麒麟、天禄等瑞兽，葬地也不像南朝那样讲究风水[1]。

3.6 唐代帝王陵的总体布局特征

唐代帝王陵以北朝和隋代陵墓制度为基础，兼采用南朝陵墓的某些特点，将汉代以来的陵墓制度发扬光大，并推向了一个新的高峰。

（1）因山为陵，规模宏大。

唐代帝王陵的建造方式有两种，一种是仿汉制封土为陵，如高祖献陵等；另一种是因山为陵，这种做法始于太宗昭陵，至高宗乾陵已基本确定规制（图15）。因山为陵的唐陵气势宏大，规模在整体上超越了历代。

图13 丹阳南朝梁文帝建陵石刻群

（图片来源于http://www.sohu.com/a/210525649_315097）

图15 唐高宗乾陵

（图片来源于http://ningliran.blog.163.com/blog/static/3085982015793359275/）

图14 北魏宣武帝景陵封土及墓前石人

（图片来源于http://www.lotour.com/zhengwen/1/lg-jc-7468.shtml）

（2）双重陵垣。

唐陵的内陵垣包在陵丘或山峰四周，一般围成方形（由于地形的限制，一般只能南墙保持平直，其余三面多顺势而筑，平面也只能大体呈方形），四面开门。神道位于南门外，内城垣之外还有一重外垣，有文献称之为"墙垣"，自唐乾陵开始，在墙垣内广植柏树，故有"柏城"之称[11]。唐武宗时将这一做法制度化,这种在陵区内大面积植柏"以遮迤陵寝"的做法被宋、明、清帝王陵所沿袭。

（3）形成完善的上、下宫制度。

唐陵的上、下宫制可能是在继承汉代皇陵石殿、寝殿之制的基础上，逐渐形成并完善的。上宫即陵体与献殿所在的区域，下宫即是以寝殿为主体建筑的寝宫区，一般位于上宫西南（图16）。其中，献殿为一年数次享献大礼的场所，寝殿则有守陵宫人每日上食洒扫，也就是所谓"事死如生"。

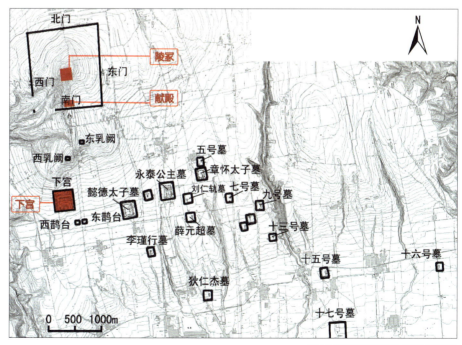

图16 唐高宗乾陵陵园遗迹平面图
（引自《考古与文物》2013年第五期）

3.7 宋代帝王陵的总体布局特征

北宋帝王陵兼采汉唐诸陵制度，鲜见创新，至于南宋帝王陵，因为是预备奉迁的攒宫，所以规制更为简单。

（1）宋陵的规模普遍较小。

宋代制度既不预建帝王陵，又要求皇帝死后七个月内完成安葬，因此，难以营建较大规模的帝王陵。根据考古实测，最大的永陵面积为 6.05hm²，最小的永厚陵为 4.4hm² [12]。

（2）堪舆之术对宋陵的影响极大。

唐宋时期，风水之说盛行"五音姓利"说（五音姓利，就是把人的姓氏分成宫、商、角（jué）、徵（zhǐ）、羽五音，再将五音分别与阴阳五行中的土、金、木、火、水对应，这样即可在地理上找到与其姓氏相应的最佳埋葬方位与时日。国姓赵所属为"角"音，必须"东南地穹、西北地垂"）。宋陵的营造充分考虑了"国音"问题②，帝王陵都选址于都城的东南，诸陵的朝向都坐北朝南，略有偏差（约6°），地势皆南高北低，由鹊台、乳台至上宫逐渐下降（这在中国历代帝王陵中所罕见）。北宋帝王陵不仅位置合乎音利，而且以史称周公测影，天地之中的上古圣山——嵩山为地标卜建[1]。

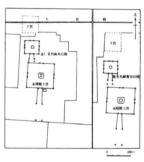

图 17 北宋皇陵孝义陵区帝后陵上下宫平面图
（引自河南文物考古研究所《北宋皇陵》，1997年）

（3）方形陵城，上下宫分设，陵区兆域"周以枳橘"。

宋代帝王陵的陵城（也就是上宫）以崇高的三层陵台为核心，四周环以神墙，一般为方形，四面开门，神道位于南神门外。上宫通常位于下宫的南偏东方向（图17）。兆域边界植篱为界，又称篱寨。篱寨有内外两重，最外一周称外篱。此外，在帝陵或后陵周围还各有一道内篱。

（4）陵区制的特征十分明显。

陵区制是指那些单座皇陵规模比较小，若干座甚至整个王朝之历代皇陵同处在一个相对独立的自然地理区域范围内；并且，各陵之间应该有明确的或比较明显的尊卑主从关系[1]。宋代诸陵集中布局，且各陵朝向与建制相同，故在总体上具有统一感，彼此呼应，陵区制的特征十分明显（图18）。这与汉、唐各陵布局分散而彼此孤立完全不同。宋陵的陵区制对于后来明清皇陵陵区的形成也有一定的影响。

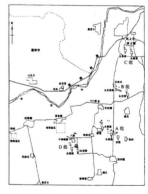

图 18 北宋皇陵陵墓分布图
（引自《中国古代建筑史》第三卷）

图19 内蒙古鄂尔多斯伊金霍洛旗成吉思汗陵

（图片来源于https://dp.pconline.com.cn/dphoto/list_2499339.html）

3.8 元代帝王陵的总体布局特征

元代帝王实行"秘葬"，诸帝驾崩后均归葬于"起辇谷"，不封不树，也不建陵园等设施，可以认为元代不存在正规的陵墓制度[1]。

现今的成吉思汗陵原为全体蒙古民众供奉的"总神祇"——八白宫（室），即八座白色的毡帐，是供奉祭祀的地方，本来是随负责供奉的盟旗迁徙，1954年，被奉迎回伊金霍洛后，改成固定式陵园（图19）。

3.9 明代帝王的总体布局特征

明代皇陵的陵园结构与唐宋迥然有别，中国古代帝王陵制度又有了一个全新的发展时期。

（1）新的选址规则。

明代帝王陵的选址规则迥异于汉、唐、宋等王朝，不是在高旷的平地或因山而藏，而是依据传为东晋郭璞所著《葬经》中的有关理论，坐南朝北，以高山（玄武）为依靠建于山坡前，注重左右各有小砂山（青龙、白虎），砂山内有水流，陵前要有一孤耸秀丽小山相对（朱雀）。

（2）改覆斗状方形陵体为圆形半球形陵体（宝顶）。

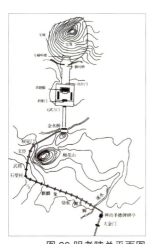

图20 明孝陵总平面图
（引自《中国文物地图集——江苏分册》，2008年）

由秦汉至唐宋，帝王陵的封土多为方形或长方形覆斗状，明陵则是圆形半球状（图20）。关于这一改变，刘敦桢先生认为是受了长江流域"无方坟之习"影响[13]。

（3）上下宫合一。

明代帝王陵革除了宫人守陵及日常供奉的内容，将唐宋两代帝王陵制度中的上、下宫合为一体，陵墓上的祭祀场所唯有棱恩殿一处，表明帝王陵祭祀中远古"灵魂"崇拜观念的逐步淡化与礼制观念的不断加强[14]。

（4）创立了以棱恩殿为中心，模仿宫室的长方形陵宫布局。

汉、唐、宋等朝的陵园皆模仿都城制度，方形城垣，四面辟门，陵体位于陵城中央。而明陵则改为以棱恩殿（享堂）居中，陵体居后，南北多进院落串联，明显是模仿宫室"前朝后寝"的制度（见图20）。

（5）创制顺势弯转曲折的神道格式。

始于明孝陵的明代帝王陵神道打破了唐宋帝王陵神道与陵寝相连形成统一南北中轴线直列的习惯做法，顺应自然，曲折深幽，自创形制，显出独特气派（见图20）。

（6）继承了两宋以来的陵区制。

明代十三陵各陵之间的距离，比之北宋距离要更近，另外，由于共用神道，各陵的独立性较宋陵也较小（图21）。

图21 明十三陵陵区总平面图
（引自《中国古代建筑史》第四卷）

3.10 清代帝王陵的总体布局特征

清代帝王陵是以明代十三陵为蓝本，斟酌损益，共同形成了中国古代陵墓制度发展变化的最后模式。

（1）清代早期帝王陵制度是以明陵为蓝本，兼保留了一些女真旧俗。

盛京三陵皆据高地而建（永陵在山阳，福陵在山巅，昭陵在平地高岗），这不仅是一般选择墓地的需要，更是女真先世据高岗而居的映射[1]，永陵前木栅栏门则是女真居住建筑的直接移植。

（2）康熙以后的关内九陵，全面汉化，与明代帝王陵大同小异。

明清两代帝王陵在总体布局方面的主要区别在于：①明代孝陵以后的诸陵均集中在十三陵一处陵区，而清代帝王陵则分置于东陵和西陵两处陵区（图22）；②明代十三陵除长陵外，各陵属于自身的只有陵宫及神库等附属建筑，清代诸陵则各有神功圣德碑、望柱和石像生、龙凤门等（图23），相对独立性更强一些[1]。

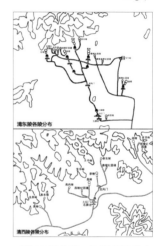

图22 清东陵、西陵各陵分布示意图
（据1981年俞进化《清东陵与西陵》改绘）

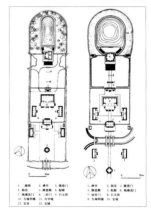

图23 清东陵孝陵与景陵平面图
（引自《中国古代建筑史》第五卷）

4 历代帝王陵的结构与总体布局特征总结

综合以上的研究，我们从选址与朝向、封土形态、陵城平面、上、下宫制度、神道设置以及陵与陵关系这六个方面对历代帝王陵的结构与总体布局特征进行系统性的归纳总结，见表1。

历代帝王陵的结构与总体分布特征　　　　表1

朝代	选址与朝向	封土形态	陵城（宫）平面	上、下宫制度	神道设置	陵与陵位置	代表案例
商代	—	不树不封	—	—	—	帝王陵集中	河南安阳殷墟西北冈王陵区大墓；河南安阳殷墟妇好墓遗址；河南安阳侯家庄大墓
东周战国	—	封土之制形成	出现陵体居中，周以城垣，模仿都城的陵城布局	—	—	—	河北平山战国中山王陵；河北邯郸赵王陵；陕西凤翔雍城秦公陵园
秦代	坐西朝东，向南直指骊山最高峰望峰	方形覆斗状封土，封土极为高大	陵体居中，周以城垣，模仿都城	—	—	—	秦始皇陵
汉代	卜选于高爽之地，坐西朝东	西汉时方形或长方形封土；东汉时，圆形、半球形封土	陵体居中，周以城垣，模仿都城	东汉皇陵兼有石殿（举行上陵礼）和寝殿（每日供奉墓主起居），这可能是唐宋上、下宫制的滥觞	东汉时可能出现神道	布局分散而彼此孤立	汉长陵；汉阳陵；汉茂陵；汉杜陵；河南洛阳白草坡东汉帝陵陵园
南北朝	南朝近山而葬，陵墓的朝向随山势而定有朝南也有朝东、朝西，甚至有朝北	南朝帝王陵依山而葬，山势低有封土，山势高则没有封土；北朝帝王陵有封土，封土底方上圆	—	—	南朝各陵均设神道	布局分散而彼此孤立	丹阳南朝齐梁帝陵；山西大同北魏永固陵；北魏宣武帝景陵
唐代	因山而葬，坐北朝南	除少数陵有封土外，大多因山而葬，没有封土	陵体居中，周以城垣，模仿都城	形成完善的上、下宫制度	各陵均有神道，线形直而无弯，与陵轴重合	布局分散而彼此孤立	唐献陵；唐昭陵；唐乾陵；唐泰陵；唐贞陵
宋代	坐北朝南，面朝山建于平川	方形覆斗状封土	陵体居中，周以城垣，模仿都城	沿袭上、下宫分立的制度	各陵均有神道，线形直而无弯，与陵轴重合	布局相对集中，陵区制特征明显	河南巩义北宋皇陵区；浙江绍兴南宋皇陵

续表

朝代	选址与朝向	封土形态	陵城（宫）平面	上、下宫制度	神道设置	陵与陵位置	代表案例
元代	均归葬起辇谷	不树不封	—	—	—	—	成吉思汗陵
明清	坐南朝北，以高山（玄武）为依靠建于山坡前，左右各有小砂山（青龙、白虎），砂山内有水流，陵前要有一孤耸秀丽小山相对（朱雀）	圆形、半球形封土（宝顶）	棱恩殿（享堂）居中，陵体居后，南北多进院落串联，模仿宫室"前朝后寝"之制	上下宫合二为一体	共用神道，线形随山势弯转，与陵轴不重合	陵区制，布局集中	明孝陵；明十三陵；清盛京三陵；清东陵；清西陵

5 结语

黄帝陵，作为中华民族始祖轩辕黄帝的陵寝，有"华夏第一陵"之称，是"中华民族的精神标识"，唐宋以降，历代对于黄帝陵的修缮维护，均非常重视，其中最早有记载的是唐大历五年的重修。以后，宋开宝、元至正、明天启、崇祯、清顺治、雍正、乾隆、道光、民国均有葺理。中华人民共和国成立后1960、1985、1987、1992、2003年也五度进行重修。正因为这么多次的重修，今天的黄帝陵的总体布局必然积淀了大量不同时代帝王陵制度的文化信息，因此，对历代帝王陵的总体布局特征及其发展演变进行系统的研究，将有助于对黄帝陵深厚的传统营陵文化"溯到源，找到根，寻到魂。找到历史和现实的结合点，深入挖掘历史文化中的价值观念、道德规范、治国智慧，做到以文化人，以史资政[3]。"

注释：

① 咸阳原是西起武功漆水河畔，东至泾渭交汇处，中间的黄土台塬地区，汉葬九帝，包括汉高祖、汉惠帝、汉景帝、汉武帝、汉昭帝、汉元帝、汉成帝、汉哀帝、汉平帝；白鹿原，是位于灞河、浐河之间的黄土台塬地区，葬有汉文帝霸陵；少陵原位于浐河、潏河之间的黄土台塬地区，葬有汉宣帝杜陵，汉代名为杜东原。

② 南宋赵彦卫《云麓漫钞》卷九中论两宋皇陵堪舆有云："永安诸陵，皆东南地穹，西北地垂，东南有山，西北无山，角音所利如此。七陵皆在嵩少之北，洛水之南，虽有岗阜，不甚高，互为胜势。"

③ 2015年2月，习近平总书记在陕视察时指出："黄帝陵是中华文明的精神标识"，同时还强调"对历史文化要注重发掘和利用，溯到源，找到根，寻到魂。找到历史和现实的结合点，深入挖掘历史文化中的价值观念、道德规范、治国智慧，做到以文化人，以史资政。"

参考文献

[1] 刘毅. 中国古代物质文化史：陵墓 [M]. 北京：开明出版社，2014.
[2] 杨鸿勋. 妇好墓上"母辛宗"建筑复原 [J]. 文物,1988(6):62–66,87.
[3] 胡进驻. 关于洛阳周都与东周王陵的几个问题 [J]. 考古与文物,2006(5):71–73.
[4] 傅熹年. 战国中山王墓出土的《兆域图》及其陵园规制的研究 [J]. 考古学报,1980.
[5] 陈伟. 凤翔、临潼秦陵壕沟作用试探 [J]. 考古,1995(1):78–80.
[6] 刘叙杰. 中国古代建筑史（第1卷：原始社会、夏、商、周、秦、汉建筑）[M]. 北京：中国建筑工业出版社,2009.
[7] 杨宽. 秦始皇陵园布局结构的探讨 [J]. 文博,1984(3):10–16.
[8] 武廷海，王学荣. 秦始皇陵规画初探 [J]. 城市与区域规划研究,2015,7(2):132–187.
[9] 司马迁,著.《史记·卷九九·刘敬叔孙通列传》[M]. 顾颉刚,等点校. 北京：中华书局,1982:2720.
[10] 罗宗真. 六朝陵墓埋葬制度综述 [C]// 中国考古学会第一次年会论文集. 北京：文物出版社,1980.
[11] 孙大章. 中国古代建筑史（第2卷：两晋、南北朝、隋唐、五代建筑）[M]. 北京：中国建筑工业出版社,2009.
[12] 郭黛姮. 中国古代建筑史（第3卷：宋、辽、金、西夏建筑）[M]. 北京：中国建筑工业出版社,2009.
[13] 刘敦桢. 明长陵 [J]. 中国营造学社汇刊,2006,4(2).
[14] 潘谷西. 中国古代建筑史（第4卷：元明建筑）[M]. 北京：中国建筑工业出版社,2009.

山水意象 中华圣地

文 _ 西安建大城市规划设计研究院：周庆华 杨彦龙

黄帝是中华民族的人文始祖，黄帝陵是中华文明的精神标识，是海内外中华儿女共同景仰的圣地。虞舜夏商始祭黄帝（《国语·鲁语》），秦灵公修上畤祭祀黄帝（《史记·封禅书》），汉武帝亲祭黄帝陵，唐代宗修建黄帝庙，国共两党共祭黄帝陵，毛泽东亲撰祭黄帝文。历史上黄帝陵曾多次修整，黄帝祭祀源远流长。

西安建大从1980年代开始集中参与黄帝陵的整修规划工作，本文不作全面梳理，只对规划的简略过程和本次规划的核心思路作概要介绍。

1 西安建大整修黄帝陵规划工作回顾

1990年4月，李瑞环同志在陕视察工作期间，专程到黄帝陵实地考察，并对重新规划整修黄帝陵作了重要讲话，相关工作随之展开。我校（时称西安冶金建筑学院）会同中国建筑西北设计研究院、陕西省城乡规划设计院一同进行黄帝陵整修规划的核心工作，并以我校为主汇总形成《整修黄帝陵规划设计大纲》，经过国内重要知名专家多次讨论研究和相关程序，《大纲》成为此后指导黄帝陵整修工作的纲领性文件。《大纲》首次提出使黄帝陵陵区具有雄伟、肃穆、庄严、古朴的气氛和"圣地"感的目标要求；强调改善陵区环境质量，既要保护好桥山也要保护好其周围山水生态环境和景观环境；同时，考虑谒陵与旅游人次规模日益增长的趋势，开辟具有吸引力的东湾、印台山、西湾等景区，满足较大规模的祭祀及旅游要求。现在看来，当时提出的很多思想，对于黄帝陵规划仍有重要意义。

2000年以后，随着陵前山水环境整治的完善和系列重要工程的完成，黄帝陵环境形象与祭祀功能等得到有效提升。但伴随城镇化进程加快，以及陵区管理权属不清等原因，黄陵县城建设没有得到有效控制，严重影响了黄帝陵圣地形象的整体营造。

2006年6月，西安建大城市规划设计研究院（我校更名为西安建筑科技大学）进行《黄帝陵风景名胜区总体规划》的编制工作。规划扩大了黄帝陵的保护范围，将沮水流域纳入保护地带，强调县城应向其他区域疏解，严格控制陵区范围内的建设规模，规划对黄帝陵及其周边生态景观环境的保护也提出了进一步的要求。

2009年年初，陕西省政府牵头组织黄帝陵文化园区规划设计，我院参与了前期竞标和后续整合工作。此轮工作在秉承《大纲》基础上继续深化，面对突出问题，紧抓圣地营造这条主线，较为系统地提出了对黄帝陵圣地感营造的实现思路。规划强调从黄帝陵是中华民族祖陵圣地与精神家园的高度，把握黄帝陵保护与县城及周围地区发展的关系，在更大的空间范围内实现祭祀、文化展示和旅游功能的安排，彰显黄帝陵核心价值。规划提出在印台山以南开辟过境线路，疏解内部功能和交通，结合沮水河谷在东湾形成新的谒陵线路，在恢复生态景观的同时，通过山林、湿地、水域等绿色手段，通过叙事手法突出文明初创特征，让谒陵人深度体验远古意蕴，生动感知黄帝文化，尽快在桥山外围营造出浓郁的圣地氛围。

经过近30年对黄帝陵的研究，西安建筑科技大学对黄帝陵整修规划既有一脉相承的坚持，也有与时俱进的探索，凝聚了众多学者专家的努力和奉献。在本次大师工作营中，我院在延续历次黄帝陵规划要义的同时，针对圣地感缺失、城陵矛盾突出等问题，再次对黄帝陵规划的提升作出了具体的展望。

2 定位与目标

大师工作营首次将黄帝陵定义为国家文化公园，从国家高度审视园区定位和发展目标。我们从黄帝作为民族血脉和中华文脉的两个源头切入，得出如下认识：

（1）战略定位：黄帝陵国家文化公园是祭祀中华人文始祖轩辕黄帝的祭祖圣地，是中华文明信仰的集中表征地，是展示、研究、传播中国优秀传统文化的中心引领地，是中华民族共有的精神标识。

（2）发展目标：黄帝陵国家文化公园要通过海内外华人共同向往的中华圣地的塑造，深刻揭示、生动展示黄帝文化所蕴含的开拓、创新、凝聚、和谐的思想价值，传承、传播中华传统文化精华，带动黄帝文化旅游，促进区域经济社会的综合发展。

3 风貌意韵

黄帝是中华人文始祖。黄帝文化集中体现了中华民族开创世界四大文明之一并使之延续至今的拓展与持续力量、图新意识。我们可以认为黄帝是其前中华文明久远基因的凝聚者和其后中华文明源远流长的肇始者，开启了集大成于协和万邦的历程，给我们留下立天地之中、统四方之域、开千般生态、创万世人文的中华文明信仰的形象符号，孕育了宇宙同构、天人共生的思想根源。从久远历史中延承而来的黄帝陵山水意象与整体格局正是这一思想的空间体现。由此，黄帝陵必然应该具有反映中国哲学思想和文化价值的、富有东方意蕴的道法自然风貌，这风貌来自于神话阶段的意识深处，来自于文明基因的直觉状态，从而产生不同于任何后世帝王陵寝、不受制于任何后世细处规制的形态，只求内在文化脉络的贯通。黄帝陵因沮水蜿蜒而生，因桥山葱郁而立，居龙脉祖位，成风水格局，浑然于黄土沟壑之内，同构于天地山水之中。因此我们认为，这次黄帝陵提升规划最为紧迫、重要的是恢复展现黄帝陵的山水文化风貌意蕴，以山川、河流、森林、湿地等生态景观为主要表达方式，绘就大自然的勃发生命图景；以实景山水画卷为生态修复途径，传达中华人文的价值观念和审美意识，在宏大的自然山水背景之上形成神圣、庄严、肃穆、古朴的祭祀圣地氛围。

4 多向线路与东部的选择

如何尽早实现这样的氛围？拜谒线路的选择是一个关键问题。现状从西部入口而来的拜谒线路有历史的过程和依据，但是从拥塞的县城进入，纷乱嘈杂，更难营造圣地感。西线十分重要，需要整治，但需要时间。南部进入，是近期最易之路，形成较西线宁静的祭祀线路，但南部居高临下，俯瞰桥山，与人们首望黄陵之期待难以相符，依然不理想，可以作为近期西线分流的一个选择。既能够形成理想的圣地感环境，时间又相对较短的方案，就是选择从东部进入。在自然条件相对最好的东湾川道内，以森林、沮水、湿地等相对简约的生态景观手法，形成逐水草而上、沿密林前行、蜿蜒龙脉、溯源祭祖、高山仰止、天地唯一的独特拜谒神道，作为整体祭祀空间系统的重要补充。

东湾为沮水河谷，川谷形若游龙，龙首在东，龙尾承陵，龙身曲回萦绕，栩栩如生。规划在约九公里的范围内种植适宜的高大乔木，将南北两山在东部用森林、水域等联通。神道设置松涛密林、沼泽湿地、农耕漫坡、文明肇造、百脉归宗、华夏共祖、天地同祭的序列空间，既是神道文化景观营造，更是黄帝陵周边环境生态系统恢复的重要开始，有效改善黄帝陵整体风貌，尽快形成黄帝陵本来具有的森林茂盛、沮水流长、恢宏壮阔、天人共生的山水意象。东湾为人们提供了感受黄帝陵的又一个视角，在保护修复东湾自然生态的同时，用景观元素营造生生不息的黄帝文化意蕴。这里满目葱郁，远离喧嚣，曲折回转，欲扬先抑，溯源徐行，步移景异。谒陵者在纯净而富有远古气息的大自然中逐沮水而上，跟随河谷的婉转迂回，渐渐接近高远之处若隐若现的黄陵桥山，神圣感油然而生，实现了人们对黄帝陵圣地形象的想象、期待。这种期待的实现，是通过龙形沮水河谷——这一山水自然形态的景观营造完成的，从而强化了黄帝陵祭祀空间和整体格局不同于任何后世帝陵的独特唯一性，与黄帝人文始祖的崇高地位相契合，与中国天人共生的哲学思想相贯通（图1）。

图 1 东湾整体环境意象

同时，选择东湾用生态景观方式营建新祭祀路线，可以避开县城短时间内大量拆迁带来的集中矛盾，照顾了现实要素的考量，用空间换时间，为西线改造争取更多主动。针对黄帝陵祭祀大殿环境容量不足和每年仍在迅速增长的祭祀人群，规划将桥山与凤凰岭之间的东湾川谷部分地带纳入祭祀区，结合生态景观设计，增设必要的绿色祭祀场地，使得殿堂祭祀与绿野祭祀同时展开，有效扩充环境容量，改变现状拥挤尴尬的祭祀状态，在更大范围内承载祭祀功能，在山水之间形成更加浓郁肃穆的祭祀氛围。东湾的引入可以大尺度延展黄帝陵的拜谒空间序列范围，提供静心拜谒祖先的前奏空间，并为营造华夏文明神韵和述说黄帝故事的景观提供载体，是当下尽快形成黄帝陵圣地环境的关键区域。

5 结语

黄帝陵的核心价值决定了对黄帝陵国家文化公园的规划设计需要从宏观区域的大视角和漫长历史的大维度切入研究。我们希望紧紧把握圣地形象这一主脉，以天人同构、有无相生的中国哲学为理念，以师法自然、独特唯一的空间格局为物象，综合处理各类关系，为尽快强化黄帝陵生态自然与人文形象的修复提升探索现实可行的路径。祝愿在此轮规划之后，未来黄帝陵的圣域图景能够早日呈现，不辜负全球华人的期待。

本书编写人员名单

整书框架结构由杨保军、黄晶涛、彭礼孝进行把握；

本书前言由杨保军撰写；

第一篇第一、二节，第二篇第五节，第三篇第一、二、三、四、五、八节由杨保军、白杨、刘迪、刘圣维、赵茜、谷月昆、宋梁、赵桠菁、朱慧超、古颖撰写；

第一篇第三、四节，第三篇第六、七、九、十节由黄晶涛、赵维民、韩继征、牛帅、于伟巍撰写；

第二篇第一、二、三、四、六节由彭礼孝、柳青、谭柳、刘婷玉、谢汐聪撰写；

第四篇学术文章分别由吕仁义；杨保军、白杨、谷月昆、刘圣维；吴唯佳、武廷海、黄鹤、孙诗萌、郭璐；马思思、郑耀；张麒、段进、王方亮；周庆华、杨彦龙等撰写；

后记由黄晶涛撰写；

由杨保军、白杨、赵维民、谭柳、赵茜、刘圣维、谷月昆统稿。

参考文献

[1] 西安建筑科技大学黄帝陵基金会. 祖陵圣地：黄帝陵历史·现在·未来[M]. 北京：中国计划出版社, 2000.

[2]（美）塞缪尔·亨廷顿. 文明的冲突[M]. 周琪, 译. 北京：新华出版社, 2013.

[3] 北京清华城市规划设计研究院, 西安建大城市规划设计研究院. 黄帝文化园总体规划（2011-2030）说明书[Z].

[4] 北京清华同衡规划设计研究院有限公司, 中国建筑西北设计研究院有限公司. 黄帝文化园区重点片区修建性详细规划（说明书）[Z],2014.

[5] 何炳武, 陈一梅, 等. 黄陵县志[M]. 西安：陕西人民出版社, 2009.

[6] 黄陵县志编纂委员会. 黄陵县志[M]. 西安：西安地图出版社, 1995.

[7] 陕西省地方志编纂委员会. 陕西省志·黄帝陵志·第七十五卷[M]. 西安：陕西人民出版社, 2005.

[8] 西安建大城市规划设计研究院. 黄帝陵风景名城区总体规划(2017-2030年)[Z].

[9] 陕西省城乡规划设计研究院, 黄陵县城总体规划（2010-2030）（说明书）[Z],2011.

[10] 贾康, 苏京春. 胡焕庸线：从我国基本国情看"半壁压强型"环境压力与针对性能源、环境战略策略——供给管理的重大课题[J]. 财政研究, 2015(4):20-39.

[11] 傅亚庶. 中国上古祭祀文化[M]. 第2版. 北京：高等教育出版社, 2005.

[12] 刘宝才. 黄帝祭祀与中华民族传统祭祀文化[J]. 协商论坛, 2008(4):37-43.

[13] 杨玲, 康永祥, 李小军, 等. 黄帝陵古柏群林下天然更新研究[J]. 西北林学院学报, 2015, 30(1):82-86.

[14] 汪洋. 基于景观安全格局的黄帝文化园区规划策略研究[D]. 西安：西安建筑科技大学, 2011.

[15] 黄帝陵国家风景名胜区"城""区"关系研究[D]. 西安：西安建筑科技大学, 2008.

[16] 张锦秋. 黄帝陵祭祀大院（殿）[J]. 建筑创作, 2005(9):22-27.

[17] 集纳. 黄陵发现九座古城遗址[J]. 民族论坛, 1999(3):26.

[18] 陕西省考古研究院. 2011年陕西省考古研究院考古发掘新收获[J]. 考古与文物, 2012(2):3-13.

[19] 佚名. 依陵而生：黄陵历史城市人居环境营建经验初探[C]// 共享与品质——2018中国城市规划年会论文集（04城市规划历史与理论）, 2018.

[20] 陕西省计划委员会. 关于黄帝陵区总体规划问题（讨论提纲）[Z], 1995.

[21] 赵元超, 主编. 长安寻梦：张锦秋建筑作品展实录[M]. 北京：中国建筑工业出版社, 2017.

后 记

据史料记载，对黄帝的祭祀最早可追溯到尧舜时代，而后汉武封陵、唐宋建庙、民国共祭、整修黄陵……对黄帝陵冢的修葺从古至今一直延续下来。黄帝陵作为民族精神的圣地，汇聚着海内外华夏儿女同宗共祖的家国情怀。其历经五千年的传承，泽被了中华民族的生生不息，每遇重大时刻，民族凝聚力都会在此源发。

新世纪，承载着中华民族伟大复兴之梦，又让我们的目光聚焦到了这片文化圣地。黄帝陵国家文化公园规划的编制，是再一次凝聚共识，启航未来的文化工程。我们要做的事情是在继承弘扬先哲智慧、贯彻发展现代理念的前提下，凝聚共识、探索未来。为此杨保军院长作为学术召集人、彭礼孝与我作为联合召集人，集各大院校力量，汇聚院士、专家智慧共议黄帝陵未来。

黄帝陵国家文化公园规划从目标、要求、管控、空间、功能、控制、交通与转型等八个方面凝聚共识，明确了发展格局与思路。这个过程是我们在规划编制中至关重要的阶段，也感受到了广大同仁们知识的广度、思辨的深度与投入其间的热情。一次次的调研、研讨、一次次的会议，或是激烈讨论，各抒己见；或是观点争执，互不相让；或是难题探索，殚精竭虑；亦或是共识形成，欢欣鼓舞。而这一切一切，就是为了这份责任。

而该书的编著，是对这段过程的一个总结，是将黄帝以及黄帝陵历史、文化的高度和内涵进行的一次整理，将专家学者们的智慧进行的一次汇集，将规划编制过程中的激烈思辨进行的一次梳理，将理解与成果进行的一次归纳。为去认知黄帝陵的人，保留一份记录。

付印之际，我们要感谢吴唯佳教授、周俭院长、段进教授、袁大昌院长、周庆华院长以及李琪院长的全身心投入，让我们可以采取"6+1"工作营的模式，共同去形成共识。更要感谢主持参与20世纪90年代黄帝陵整修工程的吴良镛院士、张锦秋院士，感谢对黄帝陵工作大力支持的孟兆祯院士，他们的真知灼见、指导评议为我们提供了宝贵的意见与建议。还要感谢韩骥、王其亨、刘庆柱、李毓芳、张茂泽、王向荣、魏小安、刘克成等先生在工作营期间精彩的讲解。

感谢陕西省政府、延安市政府、黄帝陵文化园区管委会、黄陵县政府以及陕西文化产业投资控股(集团)有限公司的各部门领导和配合同志全程给予工作营团队的充分信任和无私帮助。还要感谢工作营中青年同仁们，他们的忘我投入与历史责任感，保障了我们得以完成这一文化传承工程。

最后在此诚挚感谢中国建筑工业出版社的大力支持！感谢李东女士、陈夕涛先生的辛勤劳动！

我想参与到这个进程中的每一个人，就是构成我们民族不断前行的践行者，传承历史，同铸共识，面向未来，我们的脚步仍在前进中……

2019年9月